Leçons s

Dans Le Livre de Poche :

LEÇONS DE MÉTAPHYSIQUE
Présentation, traduction et notes de Monique Castillo
Préface de Michel Meyer

FONDEMENTS DE LA MÉTAPHYSIQUE DES MŒURS
Traduction et notes de Victor Delbos
Préface de Monique Castillo
Postface, *La Morale de Kant*, de Victor Delbos

EMMANUEL KANT

Leçons sur la théorie philosophique de la religion

Traduction des *Vorlesungen über die
Philosophische Religionslehre*, par William Fink

PRÉSENTATION ET LECTURE COMMENTÉE
PAR WILLIAM FINK ET GÉRARD NICOLAS

LE LIVRE DE POCHE
Classiques de la philosophie

William Fink est titulaire d'un D.E.A. en théologie et d'un doctorat en philosophie. Il a soutenu sa thèse de doctorat, consacrée à la philosophie religieuse de Kant, sous la direction de Luc Ferry. Il est actuellement formateur dans un établissement bancaire.

Gérard Nicolas, passionné de philosophie et de littérature contemporaine, est traducteur dans le même établissement.

Le présent ouvrage est donc le fruit de la collaboration de deux personnes qui, impliquées au cœur même du système financier moderne, ont éprouvé le besoin de s'intéresser à des questions morales et sociales.

Avertissement

Les Lumières se définissent comme la sortie de l'homme hors de l'état de minorité, où il se maintient par sa propre faute. La minorité est l'incapacité de se servir de son entendement sans être dirigé par un autre. Elle est due à notre propre faute quand elle résulte non pas d'un manque d'entendement, mais d'un manque de résolution et de courage pour s'en servir sans être dirigé par un autre. Sapere aude ! Aie le courage de ton propre entendement ! Voilà la devise des Lumières.

La paresse et la lâcheté sont les causes qui expliquent qu'un si grand nombre d'hommes, alors que la nature les a affranchis depuis longtemps de toute direction étrangère (naturaliter maiorennes), restent cependant volontiers, leur vie durant, mineurs ; et qu'il soit si facile à d'autres de se poser comme leurs tuteurs. Il est si commode d'être mineur. Si j'ai un livre qui me tient lieu d'entendement, un directeur qui me tient lieu de conscience, un médecin qui juge de mon régime à ma place, etc., je n'ai pas besoin de me fatiguer moi-même. Je ne suis pas obligé de penser, pourvu que je puisse payer ; d'autres se chargeront pour moi de cette besogne fastidieuse.

Réponse à la question : *Qu'est-ce que les Lumières ?*

Emmanuel Kant, 1784.

Selon les sources qui font autorité dans ce domaine [1], le cours sur la « Théorie philosophique de la religion » a été professé pour la première fois au cours du semestre d'hiver 1783-1784, c'est-à-dire à un moment où Kant développe

---

1. Voir plus loin, dans notre *Introduction*, la partie consacrée à la situation des *Leçons* dans l'œuvre de Kant.

pleinement sa philosophie critique. C'était la première fois
qu'il consacrait une leçon particulière à cette seule question, qu'il donnait un cours spécial sur le thème de la religion sans les préparatifs ontologiques et le contexte
philosophique habituels. C'est donc une approche spécifi-
que du problème religieux, dans tous ses aspects, parfois
difficiles.

Les difficultés de ce texte en font son intérêt. Car il s'agit
ici d'une entreprise de clarification. Kant entend nous
apprendre à maîtriser les tendances naturelles de l'esprit
humain qui veut progresser logiquement vers un sens toujours plus élevé, ce qui conduit bien souvent dans le
domaine des illusions. Il nous enseigne à être conscients et
responsables. Cette nécessité de faire la différence entre
une appréciation transcendantale, qui renvoie à la réalité, à
la vérité objective et qui est, donc, accessible à tout homme,
et une logique hors limites, débridée, qui n'a plus de sens,
est précisément, nous semble-t-il, l'intérêt majeur de ce
texte.

Pour reprendre une expression qui pourrait être la devise
humaniste de l'œuvre entière de Kant, l'effort critique peut
se résumer dans cette maxime qui figure au début de son
essai sur les Lumières : *Sapere aude !* « Aie le courage de
réfléchir ! »

Ces problèmes sont abordés dès le début des *Leçons* et
c'est pourquoi celles-ci méritent une lecture directe, sans
le préalable d'un commentaire, afin de suivre la démarche
pédagogique de Kant qui veut permettre au lecteur de faire
sa propre découverte du sens religieux. C'est dans l'effort
de réflexion, par l'utilisation de son intelligence, que tout
un chacun doit se rendre compte de sa responsabilité personnelle et sociale. *In media res !* Kant, professeur exigeant, plonge son lecteur au beau milieu du sujet, en plein
cœur de la problématique métaphysico-religieuse, pour lui
permettre de développer sa propre réflexion. Il s'agit, à
notre avis, de la manière la mieux appropriée pour essayer
de répondre aux questions que pose toute théorie de la religion et que Kant, plus que d'autres, a su saisir et présenter
dans tout leur sérieux.

Cela étant, nous avons cru bon, cependant, de proposer divers éléments qui permettront de compléter utilement cette lecture et, éventuellement, de l'éclairer. Dans notre introduction, nous présentons les idées principales de la première philosophie critique de Kant, de façon succincte. Ces éléments ne sauraient remplacer ce qui est la meilleure des introductions à la pensée critique du philosophe, c'est-à-dire les *Prolégomènes à toute métaphysique future qui pourra se présenter comme science*, publiés par Kant en 1783 et qui peuvent être considérés comme les préambules épistémologiques des *Leçons*. Les *Prolégomènes* constituent, en fait, un exposé des grandes lignes de la première œuvre critique de Kant, la *Critique de la raison pure*, qui est l'expression la plus complète des premières notions critiques de sa philosophie [1]. Dans le chapitre intitulé « Une lecture commentée des *Leçons* », on trouvera une analyse des *Leçons* et la signification profonde des idées de Kant sur la religion. Nos commentaires renvoient à d'autres œuvres du philosophe afin de mieux cerner les intentions fondamentales de l'auteur.

Ces compléments permettront de mieux situer ce texte, inédit en français, dans l'œuvre du philosophe et encourageront peut-être à aller plus loin dans la découverte de ses autres ouvrages. La lecture des *Leçons* elles-mêmes aura auparavant fait comprendre les dangers de la « *raison paresseuse* ». Du moins l'espérons-nous !

Une dernière remarque : si nous insistons sur l'importance du texte même des *Leçons*, c'est parce qu'il incite à la réflexion sur un sujet qui demeure d'une actualité préoccupante. Nul besoin d'évoquer les conflits sanglants de cette fin de millénaire, conflits souvent provoqués par des positivismes entre autres religieux. Qui plus est, de façon insidieuse, la religion constitue trop souvent, pour beaucoup, une sorte de facilité ou de refuge dans une époque où les valeurs humaines et philosophiques ont été profondé-

---

1. On ne saura trop recommander l'excellent travail de J. Rivelaygue sur la *Critique de la raison pure*, entre autres, in *Leçons de métaphysique allemande*.

ment remises en question. La distinction, si clairement établie par Kant il y a deux siècles, entre *opinion*, *foi* et
science, s'estompe, et avec elle la possibilité d'aborder de
façon rationnelle les problèmes. Les *Leçons*, en appelant le
lecteur à mener sa propre exploration du domaine religieux,
selon les principes de la raison, dissipent cette confusion.
Les trois postulats de la raison pratique, Dieu en tant que
loi morale pensée de façon personnifiée, la liberté de la
volonté humaine et un monde moral, qui définissent selon
Kant la *croyance* morale, permettent de considérer l'étude
de la question religieuse comme la tentative de définir un
royaume de toutes les fins pour tous les hommes.
Transgresser les limites de la raison pratique, transposer ces
postulats dans le domaine spéculatif pur, n'entraîne, nous
dit-il, qu'erreur, malheur, fanatisme. En demeurant dans
les limites clairement définies de la raison, il devient
possible d'envisager ce royaume comme un espace de
réconciliation, de communauté, un lieu de construction
et de recomposition pour toute l'espèce humaine.

W. FINK, G. NICOLAS,
Paris, 7 juin 1993.

INTRODUCTION

par

William Fink *et* Gérard Nicolas

1. *La philosophie critique de Kant : quelques repères*

La philosophie critique de Kant a pour double tâche principale de démontrer l'impossibilité d'une métaphysique dogmatique et spéculative, d'une part, et de montrer la nécessité d'une autre métaphysique, radicale et transcendantale celle-ci, d'autre part. Et pour Kant, cette tâche consiste essentiellement à déterminer les pouvoirs intellectuels de la raison, c'est-à-dire à découvrir les limites d'une connaissance qui se veut vraie, d'une connaissance objective. En butte à des attaques constantes de la part de Kant, la métaphysique dogmatique représente, pour lui, le comble de la prétention philosophique car elle affirme que, par le seul moyen de la pensée, l'esprit humain peut atteindre des vérités absolues, des vérités concernant des choses qui, de par leur nature même, dépassent ses capacités intellectuelles parce qu'elles ne sont pas, et ne peuvent jamais devenir, des objets de l'expérience. Considérées ainsi, les idées de Dieu, de liberté humaine et d'immortalité de l'âme, bien qu'en restant à la base de toute préoccupation métaphysique traditionnelle, ne sont aux yeux de Kant, lorsqu'elles sont posées en tant qu'affirmations par la philosophie dogmatique, qu'autant de déclarations exagérées car elles ne sont, en effet, que de pseudo-vérités, non pas de véritables réalités mais plutôt des chimères, parce que non examinées par la raison. Ici, le mot *raison* est à comprendre dans un sens général, comme l'ensemble des facultés intellectuelles, que Kant distingue et, par la suite, opposera au sens plus étroit de ce mot, c'est-à-dire l'intelligence appliquée uniquement aux objets de l'expérience, en d'autres termes l'entendement. Par conséquent, et c'est là le but authentique de toute philosophie critique, Kant s'intéresse avant tout aux capacités de la Raison Pure, à ce que la raison, agissant toute seule, sans rapport avec d'autres facultés, peut prétendre connaître. C'est donc une réflexion sur cette question précise qui donnera à Kant en 1781, dans sa *Critique de la raison pure*, la clé de la solution aux problèmes de la métaphysique. Car seule une solution de cette question fondamentale pourra ouvrir un accès à la possibilité d'une résolution des difficultés posées par les prétentions de la philosophie dogmatique. Par conséquent, c'est seulement lorsque la question des capacités de la philosophie, c'est-à-dire de ses conditions de possibilité, aura été résolue que l'on pourra procéder à une véritable détermination de ses légitimes revendications en matière de connaissance et d'objectivité.

L'importance de cette question est double. Dans certains domaines, comme les mathématiques et la physique, on peut très bien avancer que c'est la raison qui est la source de leur vérité scientifique. Mais il existe un autre domaine, celui de la métaphysique, qui a comme but d'établir une série de propositions dont la certitude devrait être indiscutable et dont les enjeux sont d'une importance suprême pour l'homme. Kant ne doute jamais de cette importance de la métaphysique mais il met en question sa compétence à s'affirmer en tant que vérité. Car le problème de la métaphysique, comme de toute discipline qui se veut une science, est, aux yeux de Kant, de pouvoir expliquer comment ses principes peuvent être à la fois nécessaires et universels, car telles sont les conditions de toute connaissance scientifique, mais aussi de lier ces conditions de la connaissance au réel, procurant ainsi au chercheur la vraie possibilité de nouvelles connaissances qui s'ajouteront à ce qui est déjà contenu de façon implicite dans sa connaissance initiale.

Or, la raison, une fois entrée dans ce domaine métaphysique, plonge dans l'obscurité et les contradictions, ce qui signifie que les guerres civiles, les disputes interminables des philosophes cachent en fait de profondes incertitudes à propos de ce qu'est vraiment la rationalité. Le fait qu'en métaphysique rien ne puisse être considéré comme certain ne concerne pas que les métaphysiciens. Car, si la philosophie ne peut pas établir de preuves sur les conditions nécessaires à sa propre possibilité, cette défaillance met alors en doute l'ensemble de ses conclusions, lesquelles portent sur la conviction en l'existence de Dieu, de l'âme immortelle et la liberté de l'homme. C'est donc par un réexamen radical en même temps que critique que Kant vise à sauvegarder l'essentiel de ces doctrines traditionnelles. Pour Kant, la solution du problème réside dans la découverte d'une nouvelle approche qui permette de rendre le domaine de la sensibilité aussi indispensable à toute revendication objective de vérité que la raison elle-même, ce qui impliquera de faire la distinction entre ce qui appartient au domaine de la connaissance, ce que la raison peut légitimement prétendre connaître, c'est là le domaine des sciences, et ce qui appartient au domaine de la croyance rationnelle, ce que l'homme doit raisonnablement croire, un domaine où les idées de Dieu, de l'âme et de la liberté sont posées comme des articles d'une foi rationaliste.

Pour résoudre ce problème, et satisfaire à ces conditions, Kant va analyser le fonctionnement de la faculté de raison, seul moyen intellectuel de formuler effectivement les réponses aux exigences de la vérité. Son rôle est de penser et, puisque pour Kant « penser » c'est « juger », il va dans un premier temps analyser les jugements.

Dans la première préface à la *Critique de la raison pure*, Kant formule cette question de la façon suivante : « *Que peuvent connaître, et jusqu'où, l'entendement et la raison, libres de toute expérience ?* » Dans son introduction, il développe les premiers éléments d'une réponse. Il distingue d'abord une catégorie spéciale de propositions qu'il nomme *a priori* ; un jugement *a priori* a pour caractéristique d'être nécessaire et rigoureusement universel, de telle façon qu'aucune exception ne puisse être possible à son encontre. Ce caractère double de nécessité et d'universalité est le propre même des jugements *a priori*, caractère qui n'est en aucun cas attribuable aux conclusions de l'expérience qui, elle, ne peut nous procurer que des vérités accidentelles. Dans ce sens, *a priori* signifie ce qui précède, non pas dans le temps, mais logiquement, tout contact avec le monde sensible. Ces jugements ne sont pas *innés*, mais produit graduellement par l'influence de l'expérience sur la structure de notre esprit. Compris ainsi, tout jugement *a priori*, appelé aussi analytique, est nécessairement ou vrai ou faux parce que sa véracité dépend uniquement de la non-contradiction des termes de son contenu. Mais il y a une autre catégorie de jugements, synthétiques ceux-ci, qui exigent, pour déterminer leur véracité, une vérification additionnelle, au-delà du simple principe de non-contradiction, celle de l'expérience qui permet de déterminer si la relation entre sujet et prédicat s'avère. Ceux-ci sont donc *a posteriori*, le prédicat ne pouvant se découvrir par simple analyse du sujet. Sont donc analytiques les jugements dont le prédicat est déjà contenu, du moins de façon implicite, dans le concept du sujet. Kant les nomme *explicatifs*, parce qu'ils ne font que dénombrer en éléments séparés les concepts qui y sont déjà pensés. Sont synthétiques, en revanche, les jugements qui contiennent dans leur prédicat quelque chose qui n'est pas contenu dans le concept de leur sujet. Un tel jugement « *augmente ma connaissance dans la mesure où il ajoute quelque chose à mon concept et doit être, par conséquent, nommé jugement synthétique ou expansif, ou encore extensif* ».

A ce point, Kant n'a fait que préciser les formes classiques de jugements ; la première forme, analytique *a priori*, appartient aux règles strictes de la logique (principe de non contradiction, valable pour tout jugement) et la deuxième, synthétique, appartient au domaine de l'empirique car c'est uniquement par référence au réel, au monde sensible, qu'elle peut prétendre rassembler, rajouter les nouveaux éléments nécessaires à l'établissement des jugements des « faits ». Mais Kant va plus loin et affirme qu'il existe une troisième forme de jugements qui sont à la fois *a priori* et synthétiques, revendiquant ainsi une nouvelle sorte de jugement ayant sa propre nécessité. Ces jugements, tout en restant *a priori*, c'est-à-dire nécessaires et universels, portent sur le réel et sont donc objectifs. Ils sont nécessaires de façon transcendantale, c'est-à-dire nécessaires si l'on veut expliquer la connaissance et l'expérience objectives que l'on prétend détenir. La science naturelle (la physique) comporte de tels jugements *a priori* synthétiques comme principes[1]. De plus, ce type de jugement démontre que la raison possède une connaissance toute spéciale, ce qui laisse croire aussi aux revendications métaphysiques. Mais avant d'accepter cela, il faut poser, selon Kant, l'ultime question et déterminer sous quelles conditions ce type de jugement est susceptible d'affirmer objectivement dans les divers domaines concernés. Ce sera seulement après avoir répondu à cette question que l'on pourra décider si la métaphysique, elle aussi, peut appartenir au domaine scientifique.

Ce problème de la connaissance objective se pose donc dans trois domaines : les mathématiques, la physique et la métaphysique ; et les trois divisions principales de la *Critique de la raison pure* (1781, deuxième édition en 1787) et des *Prolégomènes* (1783, dont le titre complet est *Prolégomènes à toute métaphysique future qui pourra se présenter comme science*) traitent respectivement de ces trois disciplines.

---

1. La loi de la gravitation universelle en est un bon exemple.

*

Qu'est-ce que la *Critique de la raison pure* ? Par *critique* il faut entendre une analyse critique de la raison pure et non pas une attaque contre celle-ci, car Kant veut démontrer sa possibilité ainsi que ses limites et la placer au-dessus d'une connaissance objective ou empirique qui, puisqu'elle ne nous parvient qu'au moyen des sens, n'est, elle, pas pure. Par *raison pure* il faut entendre une connaissance qui est, pour Kant, indépendante de toute expérience sensible, une connaissance qui nous est donnée par la nature et la structure de notre esprit, une connaissance dont la vérité nous est par conséquent certaine *a priori*, avant toute expérience.

« *L'expérience nous dit bien ce qui est, mais elle ne nous dit pas qu'il faut que cela soit, d'une manière nécessaire, ainsi et pas autrement. Elle ne nous donne, par conséquent, aucune véritable universalité, et la raison qui est si avide de connaissances de cette espèce est plus excitée par elle que satisfaite.* »

Les mathématiques constituent un « *excellent* » exemple de la connaissance *a priori*. La connaissance mathématique, en effet, est nécessaire et certaine ; il est impossible d'imaginer qu'une quelconque expérience la contredise[1]. Une telle vérité est donc *a priori*, c'est-à-dire qu'elle précède toute expérience passée, présente ou à venir. Elle est donc une vérité absolue et universelle ; il est inconcevable qu'elle devienne fausse.

D'où provient ce caractère de nécessité et d'universalité ? Il ne peut provenir de l'expérience puisque celle-ci ne nous fournit que des sensations et des événements dispersés qui, dans leur nature et leur structure, sont modifiables dans le temps. Ce qui caractérise les vérités *a priori* c'est qu'elles sont inhérentes à la nature de notre esprit. Elles sont rendues nécessaires par le fonctionnement naturel et inévitable de notre esprit. Selon Kant, en effet, l'esprit de

---

1. Le fait qu'une courbe et une droite puissent se rapprocher indéfiniment sans jamais se rejoindre est par exemple vrai en mathématiques. Cela est vrai « à l'infini », ce qui est bien sûr hors du domaine de l'expérience.

l'homme n'est pas une *tabula rasa* sur laquelle viendraient s'inscrire la sensation et l'expérience : il n'est pas non plus une simple abstraction ou association d'états mentaux. L'esprit est une *faculté active* qui organise et façonne les idées, une faculté qui saisit et transforme en unité de pensée ordonnée la diversité chaotique de l'expérience.

Cette structure active de l'esprit, ou si l'on veut ces lois de la raison, Kant les expose dans une nouvelle science qu'il appelle « *philosophie transcendantale* », parce qu'elle traite des problèmes qui dépassent, ou *transcendent*, toute expérience simplement sensible. « *J'appelle transcendantale toute connaissance qui s'occupe en général non pas tant d'objets que de notre mode de connaissance des objets en tant qu'il est possible en général. Un système de tels concepts s'appellerait philosophie transcendantale.* »

Or, le propre d'un tel système est d'organiser nos expériences en connaissance et il y a deux éléments, deux étapes, dans ce processus d'organisation des *matières brutes* de la sensibilité en un *produit fini* de la pensée. La première étape consiste dans la coordination des sensations, ce qui s'obtient en appliquant, ou en imposant, les formes de la perception, c'est-à-dire les formes de l'espace et du temps. La seconde étape consiste à coordonner les perceptions ainsi développées en appliquant ou en imposant à leur tour les formes de la conception, ce que Kant appelle, d'après Aristote, les catégories de la pensée. Utilisant le mot esthétique dans son sens étymologique, pour signifier sensation ou perception, Kant appelle l'étude de cette première étape *Esthétique transcendantale*, et le mot logique pour signifier une science des formes de la pensée, il nomme la seconde étape *Logique transcendantale*.

Kant commence l'étude de l'esthétique transcendantale par un examen de notre compréhension de l'espace et du temps qui, toujours selon lui, ne sont pas matériels en eux-mêmes, ne sont pas donnés comme s'ils étaient des objets. Ils représentent plutôt les *formes* de l'expérience, de toute expérience possible parce que c'est grâce à eux que l'on construit ce qui est donné par les sens dans l'acte même de sensation. Vus ainsi, l'espace et le temps ne sont pas et ne peuvent pas être des données empiriques, dérivées de l'expérience, mais précèdent ou, si l'on veut, accompagnent chaque perception sensible. L'espace et le temps constituent ainsi le cadre dans lequel la diversité, cette matière informe donnée par les sensations brutes, s'organise et s'unifie. C'est cette capacité de *collecter* la diversité et de l'organiser selon les formes de l'espace et du temps que Kant appelle *intuition* ; et puisque ces formes sont des conditions nécessaires à toute sensation empirique, Kant les nomme *intuitions a priori*. Par conséquent, tout ce qui est donné, c'est-à-dire donné par l'expérience empirique, tout ce dont nous sommes conscients, est déjà forcément ordonné. Mais, parce qu'ils sont précisément les conditions nécessaires de toute expérience empirique, de l'expérience de la nature, l'espace et le temps ne sont pas des propriétés objectives des choses ; ils sont des conditions subjectives, des exigences formelles, donc transcendantales, de l'esprit humain. D'une part, puisqu'ils sont présents dans toute expérience, l'espace et le temps, selon Kant, sont empiriquement réels, mais d'autre part, et en même temps, transcendantalement *idéaux* puisqu'ils sont aussi les formes que l'esprit impose aux données sensibles.

Pour Kant, cette *idéalité* transcendantale de l'espace et du temps, cette condition nécessaire de l'esprit qui exige de toute perception sensible qu'elle soit déjà précisément perçue comme ordonnée, est d'une importance capitale pour toute sa philosophie critique car elle implique que tout ce que nous connaissons par la sensibilité, par l'espace et le temps, est *phénomène*, c'est-à-dire simple apparence et non pas la chose telle qu'elle serait en soi. En d'autres termes, la forme des apparences est déterminée par la nature de notre sensibilité ; toutes nos expériences sensibles, et donc toutes nos intuitions, sont soit dans l'espace et le temps, soit dans l'espace ou le temps, et tout ce que nous pouvons percevoir ou même imaginer ne peut être connu de façon *a priori* que selon ces formes spatiales et temporelles et doit donc se conformer à leurs lois.

Or, Kant distingue ces deux formes d'intuitions pures : il y a d'une part le *sens externe*, sens au moyen duquel on perçoit des objets qui nous sont extérieurs, sens qui nous représente des objets comme extérieurs à nous-mêmes, et d'autre part le *sens interne* au moyen duquel on perçoit ce qu'il nomme nos états intérieurs. L'espace est donc la forme de toutes les apparences des sens externes, c'est-à-dire la condition subjective de la sensibilité, seule condition qui nous rende possible l'intuition spatiale. Tous les objets qui nous sont extérieurs sont nécessairement représentés comme étant dans l'espace. Le temps, en revanche, est la forme du sens interne, c'est-à-dire de l'intuition de nous-mêmes et de nos états intérieurs. Nos états psychiques sont perçus dans le temps comme se succédant les uns aux autres, ou bien comme simultanés, mais non comme toujours ou forcément dans l'espace.

C'est dire que le temps est la condition formelle *a priori* de toute apparence, quelle qu'elle soit, tandis que l'espace est la condition formelle des apparences extérieures seulement. Ce que Kant veut signifier par-là c'est que toutes nos représentations, qu'elles aient ou non des apparences extérieures en tant qu'objets, sont des déterminations de l'esprit. Comme telles, elles appartiennent à notre état interne et doivent être, par conséquent, toutes conformes à la condition formelle du sens interne, c'est-à-dire le temps. Dans ce sens, l'espace n'est que la condition médiate, indirecte, des apparences extérieures, tandis que le temps est la condition immédiate des apparences intérieures. La géométrie, par exemple, n'est possible qu'à condition de s'accorder aux formes de la sensibilité. Toute théorie mathématique n'est que l'élaboration de ces formes d'intuitions présupposées nécessairement dans toute expérience sensible qui nous est possible. De cette façon, nous sommes capables de connaître *a priori* et de manière synthétique *quelque chose* concernant toutes nos expériences. Mais ceci ne nous dit absolument rien sur les choses elles-mêmes, sur les choses en soi.

Mais alors, comment l'homme connaît-il le réel ? Comment, au-delà des mathématiques qui sont pure invention intellectuelle, qui ne posent donc pas la question de compréhension de l'esprit humain, puisque celui-ci en est leur instigateur, comment, donc, l'homme peut-il connaître objectivement, c'est-à-dire connaître des objets donnés dans la diversité de l'expérience ?

Se pose, ici, tout le problème de l'épistémologie, ou théorie de la connaissance, que Kant va résoudre par sa théorie de la représentation. Selon Kant, toutes nos représentations sont organisées par l'entendement, ce qui donne lieu à des jugements d'expériences tout à fait universels, c'est-à-dire véritables, pour tout esprit humain ou, comme le dit Kant, pour toute conscience en général. Cette organisation des expériences sensibles par l'entendement est ce que Kant appelle la nature, c'est-à-dire l'ensemble des phénomènes liés par les lois formées par l'entendement. Mais une fois encore, ces lois qui sont nécessaires à toute expérience qui se veut objective, que l'on pourrait donc nommer *intersubjective* parce qu'elle est objectivement connaissable par des esprits semblables, ne sont pas déduites de l'expérience. Tout comme les intuitions pures, ces lois sont des fonctions *a priori*, des règles de l'entendement qui s'appliquent à toutes nos expériences.

Or, si les synthèses des apparences doivent procéder selon ces lois nécessaires, il faut qu'elles se fassent selon ce que Kant appelle les *concepts a priori*, ou catégories, qui sont des formes de l'entendement et non pas des formes de l'expérience de la matière. En ce sens, ces catégories ne nous donnent aucune connaissance des objets particuliers tels quels, car elles ne sont valables pour nous que lorsqu'elles sont appliquées, ou tout au moins applicables, à des données empiriques. C'est alors qu'elles prennent tout leur sens, toute leur utilité.

Ces catégories, ou concepts purs *a priori*, sont déduites du fait que l'entendement ne pense qu'à partir de jugements, autrement dit de formes logiques qui sont à la base des catégories.

Voici donc les tables que Kant a établies pour les jugements comme pour les catégories :

TABLE DES JUGEMENTS	TABLE DES CATÉGORIES

1. Selon la quantité

Universels
Particuliers
Singuliers

1. Selon la quantité

Unité (la mesure)
Pluralité (la grandeur)
Totalité (le Tout)

2. Selon la qualité

Affirmatifs
Négatifs
Infinis

2. Selon la qualité

Réalité
Négation
Limitation

3. Selon la relation

Catégoriques
Hypothétiques
Disjonctifs

3. Selon la relation

Substance
Cause
Communauté

4. Selon la modalité

Problématiques
Assertoriques [1]
Apodictiques [2]

4. Selon la modalité

Possibilité
Existence
Nécessité

---

1. Assertorique : qui énonce une vérité de fait, distincte d'une vérité éventuelle ou nécessaire.
2. Apodictique : qui énonce une vérité nécessaire.

Que signifient ces tables, qu'indiquent-elles ? Pour soumettre la multiplicité de la représentation à l'unité de la pensée, pour établir ainsi le principe d'unification des fonctions de l'entendement, pour « saisir la diversité », ce qui est le propre de toute opération scientifique et objective, il faut un principe d'ordre, un « *fil conducteur* » qui est constitué des formes du jugement. Les catégories ordonnées par les jugements expriment ainsi l'ordre de ce qui est objectivement réel, la *connaissance* des objets que l'esprit peut saisir. Cet ordre est une progression : dans chaque série de trois catégories, la dernière résulte de la réunion en un seul concept des deux précédentes : ainsi, pour les catégories de la grandeur, la Totalité exprime la fusion de l'unité et de la pluralité en un concept, dans une progression. Et c'est ce qui se produit dans un jugement, où le prédicat ajoute quelque chose au sujet. De même pour les catégories de la relation, la communauté (ou inter-activité des sujets) est le rapport réel (*commercium*) qu'entretient la substance (sujet, unité première) avec sa cause. Pour les catégories des modalités, on voit bien que le possible (condition formelle) joint au réel (l'existence, condition matérielle) détermine le nécessaire.

Mais se pose alors une nouvelle question : comment cette objectivité de l'expérience s'organise-t-elle ? Quelles sont ces lois qui s'appliquent à l'intuition ? Bref, comment pouvons-nous savoir qu'en utilisant les règles de l'entendement nous avons une connaissance réelle des objets existants ? Car tel est l'objectif de la *Critique de la raison pure*, délimiter les pouvoirs de la raison pure. En un mot, et pour anticiper la réponse de Kant, on peut dire que la solution réside dans la thèse selon laquelle ces concepts purs peuvent démontrer la vérité déterminée d'un objet dans la mesure où celui-ci est un phénomène [1]. En revanche, quand on essaye d'utiliser ces mêmes concepts purs pour caractériser une chose en soi, il n'y a alors plus aucune garantie de leur vérité, voire de leur signification.

---

1. C'est-à-dire, rappelons-le, un objet de l'expérience possible dans l'espace et dans le temps.

La tâche de la *Logique transcendantale* est de faire le point sur ce sujet. Dans une partie qui s'appelle l'*Analytique transcendantale*, Kant va en premier lieu faire l'inventaire des éléments de l'entendement, des concepts purs, ou, comme il les nomme désormais, des catégories, puis l'analyse de leur fonction dans l'établissement de la connaissance humaine.

Ici, tout se base sur des arguments de type transcendantal, comme dans l'*Esthétique transcendantale*, c'est-à-dire sur une exposition des conditions de possibilité sans lesquelles toute affirmation de connaissance objective serait vaine et vide de sens. Vue sous cet angle, l'*Analytique transcendantale* est une logique de la vérité parce qu'aucune connaissance ne peut la contredire sans perdre tout contenu ou, si l'on veut, toute relation à un objet possible. Elle traite donc de l'emploi légitime de ces concepts *a priori*, c'est-à-dire de l'emploi qui leur est propre quand ils fonctionnent comme des principes organisateurs des recherches empiriques.

Par conséquent, si toute synthèse doit se conformer à ses propres lois nécessaires, il est clair que cette synthèse implique non seulement ses éléments empiriques mais aussi ses éléments *a priori*, ce que Kant appelle concepts purs ou catégories. Celles-ci sont, tout comme les notions de l'espace et du temps, des formes de l'expérience possible. Telles quelles, ces catégories ne nous fournissent aucune connaissance d'objets particuliers ; elles ne sont opérationnelles que tant qu'elles sont appliquées aux données empiriques.

On peut résumer ce qui précède en disant que Kant, à ce stade de la *Critique de la raison pure*, a une double préoccupation :

— Déterminer les conditions requises pour que la conscience discursive, c'est-à-dire médiate, accède à la connaissance objective. Cette question vise plus précisément la conscience humaine dans la mesure où celle-ci ne reçoit les données que de façon passive et, de plus, les reçoit sous les conditions formelles de l'espace et du temps ;

— Comprendre comment ces concepts, qui ne tirent pas leur origine de l'expérience, peuvent trouver, pourtant, leur application dans l'expérience. Car il doit y avoir une connexion, une liaison, entre les catégories abstraites et la diversité à laquelle elles sont censées s'appliquer. Il doit être possible de préciser les circonstances empiriques dans lesquelles les concepts purs trouvent leur application.

Pour Kant, la solution de cette difficulté réside dans la faculté d'imagination qui est conçue comme un pouvoir médiateur entre la sensibilité et l'entendement, car l'imagination produit ce que Kant appelle des « *schemata* », ou règles de procédure pour la production des images qui *schématisent* ou délimitent une catégorie en sorte que celle-ci puisse s'appliquer aux apparences. Sans cette schématisation, les catégories n'auraient pas de sens ; elles seraient vides. Mais une fois schématisées, ces mêmes catégories se limitent aux objets que renferment les formes du temps et de l'espace, c'est-à-dire aux phénomènes.

Une fois cette règle de procédure établie, Kant va dresser la liste des principes physiques qui, suivant le classement des catégories, se divisent également en quatre types :

1. *Axiomes de l'intuition* (quantité).
2. *Anticipations de la perception* (qualité).
3. *Analogies de l'expérience* (relation).
4. *Postulats de la pensée empirique en général* (modalité).

En raison de l'importance de ces principes dans la philosophie critique en général et du rôle qu'ils vont jouer dans les *Leçons sur la théorie philosophique de la religion*, il faut considérer ceux-ci chacun à leur tour, même si l'on ne peut en faire ici une analyse complète.

En premier lieu, Kant nous parle des axiomes de l'intuition et du principe que « *toutes les intuitions sont des grandeurs extensives* » ! Déjà traitée dans l'*Esthétique transcendantale*, Kant reprend ici, pour l'approfondir, la discussion de l'application des mathématiques au monde. Il insiste sur le fait que ce premier des principes physiques subordonne tous les phénomènes, en tant qu'intuitions dans l'espace et le temps, au concept de quantité. C'est donc un principe de l'applicabilité des mathématiques à l'expérience car un élément spatial, la taille ou la dimension de grandeur (notion d'extension), est toujours nécessaire quand on s'occupe d'objets qui *ont lieu* dans l'espace dans la mesure où chaque objet doit être considéré comme un *agrégat* de parties produit par l'observateur quand il synthétise ses expériences.

Sous l'expression « *les anticipations de la perception* », deuxième principe physique, Kant examine l'applicabilité des mathématiques aux sensations, c'est-à-dire la possibilité de quantifier, en principe, le degré de toute sensation. Pour ce faire, Kant en appelle aux propriétés formelles des sensations car, bien que l'on ne puisse jamais anticiper la matière particulière concrètement donnée dans l'expérience, on peut affirmer avant toute expérience que toute sensation aura une grandeur intensive, c'est-à-dire un degré d'intensité déterminé. Il est, en effet, possible de penser chaque sensation donnée comme s'amenuisant jusqu'à l'imperceptibilité et, inversement, comme s'intensifiant par des transitions continues sur une échelle du degré zéro au degré qu'elle possède.

Le troisième principe, que Kant nomme les « *analogies de l'expérience* », peut être exposé ainsi : l'expérience n'est possible que par la liaison nécessaire des perceptions. Il y a donc nécessité d'une unité synthétique de la diversité donnée des perceptions ; c'est uniquement grâce à cette unité que toutes les perceptions se trouvent en relation avec leur objet et, par conséquent, en relation entre elles. Kant considère ces analogies de l'expérience comme des règles ou des guides pour l'utilisation empirique de l'entendement dans la découverte des relations physiques concrètes. Elles correspondent aux trois modes du temps : la permanence, la succession et la simultanéité. Pour permettre une première appréciation de leur signification, on peut les citer ainsi :

— En premier lieu, dans tout changement des phénomènes, la substance persiste et sa quantité n'augmente ni ne diminue dans la nature ;

— En second lieu, tous les changements arrivent suivant la loi de cause à effet ;

— En dernier lieu, toutes les substances, en tant qu'elles peuvent être perçues comme simultanées dans l'espace, ont une action réciproque universelle.

Or, l'expérience objective — et il ne faut jamais oublier que Kant entend uniquement par-là la connaissance des objets sensibles — est impossible sans la synthèse des perceptions, ce qui signifie une conscience d'une unité synthétique de la diversité. Puisque l'unité synthétique, dont le rôle est d'établir des relations, est donnée par le sujet, donc *a priori*, et puisque toute liaison *a priori* est nécessaire, il en résulte que l'expérience n'est possible que par la représentation des rapports nécessaires entre des objets de perception. Mais *a priori*, ces principes d'analogie précèdent toute expérience concrète et, tels quels, ne sont pas eux-mêmes perçus mais seulement pensés. Car, bien qu'ils énoncent et annoncent des relations et des proportions, ils ne prédisent pas et ne permettent pas de prédire l'objet concret.

C'est précisément, pour Kant, le sens de l'expression « *analogie de l'expérience* » : elle signifie qu'il existe « quelque chose », un « X », qui a un certain rapport avec des éléments donnés, sans pour autant nous préciser ce *quelque chose*. Pour prendre l'exemple de la causalité, son principe, ou analogie, nous indique seulement que pour chaque événement donné il en existe un autre qui en est la cause. Mais, puisque ces analogies guident nos recherches sur les nouveaux objets existants, Kant les appelle des principes régulateurs, ou dynamiques, et les distingue des principes mathématiques qui, eux, sont constitutifs.

Kant affirme que trois règles, correspondant aux trois modes du temps, la permanence, la succession et la simultanéité, qui s'appliquent par conséquent à toutes les relations temporelles, selon lesquelles l'unité de chaque apparence est déterminée par rapport à l'unité du temps, précèdent logiquement toute expérience objective et la rendent effectivement possible. Il s'agit : 1) du principe de la permanence, 2) du principe de la succession, 3) du principe de la réciprocité, lesquels déterminent les fonctions 1) de la substance, 2) de la causalité, 3) de la communauté.

Comme nous l'avons déjà vu, le premier principe, ou analogie, s'exprime ainsi : dans tout changement des phénomènes la substance persiste et sa quantité n'augmente ni ne diminue dans la nature. Plus loin dans la *Critique*, Kant formule cette analogie ainsi : toute transformation (succession) des phénomènes n'est que changement. Son intention est d'insister sur le fait que dans tout événement qui se produit, rien ne disparaît complètement et rien de totalement nouveau n'est créé. On peut inverser cette seconde formulation : tout changement n'est que transformation. La justification de cette affirmation, qui, encore une fois, ne concerne que les phénomènes, réside dans le fait que, si elle était fausse, il n'y aurait pas de synthèse d'unité temporelle. En d'autres termes, le temps, qui est la forme de toutes les perceptions empiriques, est lui-même inchangeable mais, il n'est donné, en chaque perception empirique, qu'indirectement dans le constat du changement, constat qui n'est possible, selon Kant, que par la comparaison des éléments changeants et persistants dans la diversité perçue. Sans un élément persistant dans la perception, sans la *substance*, il n'y aurait pas de durée et, donc, aucune relation temporelle. La succession et la simultanéité n'ont de sens que sur cette « *toile de fond* » qui, elle, persiste. Il est vrai qu'ici on peut dire que Kant se sert à l'avance des arguments qu'il va développer plus en profondeur par la suite lorsqu'il abordera les autres analogies. Mais l'important est de constater que cette imbrication d'arguments est déjà objectivement nécessaire pour donner sens à ce point de vue initial : les autres analogies procéderont de façon *analogue*.

Toute apparence doit ainsi être ramenée au concept de substance qui, en tant que concept d'une chose, est le fondement de toute détermination ou existence. Cela ne signifie pas que l'on peut déterminer *a priori* la forme du permanent éventuel. C'est là la tâche des scientifiques, et leurs précisions évoluent au fur et à mesure de leurs expérimentations. Cette première analogie de l'expérience ne nous annonce pas, en effet, ce qu'il y a de permanent ou de substantiel dans la nature ; elle indique seulement que tout changement implique une idée de substance quelle qu'elle soit et que celle-ci, qui est à chercher empiriquement, conservera sa quantité.

En bref, seul le permanent permet la perception du changement ; sans lui, tout serait chaos, flou perpétuel vide de sens. Seul le permanent nous permet de distinguer cette transformation du subsistant. « *Au milieu de tous les changements dans le monde, la substance demeure et seuls les accidents changent.* » C'est pourquoi Kant peut dire que la permanence est « *la condition de possibilité de toute unité synthétique de perceptions* ».

La deuxième analogie, qui a pour principe que toute succession dans le temps s'effectue selon la loi de la causalité, est formulée par Kant ainsi : « *Tous les changements arrivent selon la loi de la liaison des effets et des causes.* » On voit le lien direct avec la première analogie : celle-ci affirmait que tout changement dans le temps, c'est-à-dire toute succession des apparences dans le temps, n'était que transformation d'une substance, et celle-là établit les règles qui vont ordonner ces transformations selon une loi qui sera objectivement vraie dans toutes les circonstances temporelles. Cela permettra de résoudre le problème de ce que Kant nomme les perceptions réversibles : bien que la manière dont l'esprit humain appréhende soit toujours successive, c'est-à-dire toujours dans le temps, on peut regarder quelque chose, quoi que ce soit de stable, de haut en bas, de droite à gauche et inversement ; tous ces regards, toutes ces perceptions, ne nous donnent pas pour autant l'ordre des phénomènes observés ; il peut y avoir confusion entre phénomène antérieur et phénomène postérieur. Il faut donc trouver une règle pour éviter de *tourner en rond* ! En d'autres termes, il faut accepter l'existence d'une relation objective entre des événements successifs ; il faut accepter qu'il y ait, pour tout événement, une cause qui le précède de façon régulière ! Sinon, il ne peut y avoir aucune connaissance de la succession objective, aucune succession régulière des objets. Il faut donc distinguer d'une part les successions qui se produisent uniquement à l'intérieur de notre conscience, c'est-à-dire seulement dans notre appréhension des faits, et, de l'autre, les successions qui arrivent réellement dans le monde objectif, dans la nature, et qui sont indépendantes de nous. Cela n'est possible que si une succession, ou séquence objective, est déterminée comme un événement qui se produit en obéissant à une règle. « *Cette règle*, nous dit Kant, *qui permet de déterminer quelque chose selon la succession du temps, est qu'il faut trouver dans ce qui précède la condition selon laquelle l'événement suit toujours, de manière nécessaire.* » Sans la loi de la causalité, le monde ne serait que chimère, que rêve. Considéré ainsi, le monde objectif est un monde d'événements où chaque occurrence détermine la *position* temporelle de tout autre événement. C'est le principe auquel il faut adhérer si l'on veut faire des jugements objectifs sur les séquences des apparences dans le temps. Par conséquent, saisir par catégorie, par principe, un événement c'est le saisir comme un phénomène nécessairement successif à un autre.

Cette deuxième analogie ne remplace bien sûr pas la recherche des relations causales effectives ; elle affirme seulement que la condition nécessaire de possibilité de toute quête des causes, donc de toute investigation scientifique, est cette loi de la causalité qui est la condition même de l'expérience.

Kant formule la troisième analogie, basée sur le principe de la simultanéité en fonction de la loi de l'action réciproque, ou de la communauté, ainsi : « *Toutes les substances, en tant qu'elles peuvent être perçues comme simultanées dans l'espace, sont dans une action réciproque universelle.* » Il explique cette notion de simultanéité ainsi :« *Les choses sont simultanées lorsque, dans l'intuition empirique, la perception de l'une et celle de l'autre peuvent se suivre réciproquement (ce qui ne peut arriver dans la succession des phénomènes dans le temps). Ainsi je peux me mettre à percevoir la lune, puis la terre, ou, inversement, d'abord la terre puis la lune, et du fait que les perceptions de ces*

objets peuvent se suivre réciproquement, je dis qu'ils exis-
tent en même temps. »

Cette dernière analogie résume en les replaçant ensemble les deux analogies précédentes et en exprime l'interactivité. Elle est donc la synthèse du principe de substance et de celui de causalité. Tout comme il n'était possible de rendre objective la succession que par la liaison des éléments dif-férents sous une règle causale considérée comme néces-saire, de même l'objectivité de la simultanéité n'est assurée que lorsque deux éléments sont liés dans une relation dyna-mique où l'un et l'autre sont perçus comme également cause et effet. « *Le rapport des substances dans lequel l'une contient des déterminations dont le fondement est contenu dans l'autre, est le rapport d'influence ; et quand, réciproquement, la seconde contient la raison des détermi-nations de la première, c'est le rapport de communauté ou d'action réciproque. »* Le principe de substance montre l'existence des substances dans le temps ; le principe d'ac-tion réciproque montre leur *co-existence.* Mais, comme le précise Kant, cette co-existence ne peut pas être perçue elle-même, car nos perceptions sont toujours successives dans le temps. C'est donc par un retour vers la causalité ou, plutôt, par un dédoublement de la notion de causalité réciproque que l'on peut imaginer comme nécessaire à l'esprit une interactivité causale. L'exemple que nous avons cité plus haut n'est évidemment pas gratuit ; il se réfère aux lois physiques de la gravitation élaborées par Newton : « *La simultanéité des substances dans l'espace ne peut donc être connue dans l'expérience que sous la supposition d'une action réciproque des unes sur les autres ; cette supposition est donc aussi la condition de la possibilité des choses mêmes comme objets de l'expérience. »*

Les postulats de la raison pure n'ajoutent rien à la déter-mination constitutive du réel objectif, contrairement aux trois analogies précédentes qui, elles, déterminent nos connaissances en se synthétisant autour des données de la sensation. Ce sont plutôt des moments de réflexion de la métaphysique immanente sur elle-même, moments où la pensée fait le bilan, où elle estime la valeur de ses acquis.

Le premier postulat est celui de la possibilité : « *Ce qui s'accorde avec les conditions formelles de l'expérience (quant à l'intuition et aux concepts) est possible.* » Seul est connaissance ce qui satisfait aux conditions valables de formalité. « *Pour que l'imagination ne rêve pas (...) mais puisse imaginer sous l'étroite surveillance de la raison, il faut toujours qu'elle s'appuie auparavant sur quelque chose de parfaitement certain et qui ne soit pas imaginaire ou de simple opinion, et ce quelque chose est la possibilité de l'objet même.* » Le deuxième postulat, celui de l'existence, s'exprime de façon plus lapidaire encore : « *Ce qui s'accorde avec les conditions matérielles de l'expérience (de la sensation) est réel.* » Le réel est donc ce qui est donné dans l'expérience comme *correspondant* aux exigences formelles. Enfin, le troisième postulat, celui de la nécessité, se présente, bien sûr, comme la synthèse des deux précédents : « *Ce dont l'accord avec le réel est déterminé suivant les conditions générales de l'expérience est nécessaire.* » En d'autres termes, « *la nécessité est l'existence d'un objet en tout temps* », c'est la totalité, c'est-à-dire le système de l'entendement pur, le pays de la vérité.

À la fin de l'*Analytique transcendantale*, dans cette section qui clôt ce qu'il appelle la philosophie transcendantale, Kant nous propose un bref résumé sous la forme d'une belle métaphore : « *Nous avons maintenant non seulement parcouru le pays de l'entendement pur, en en examinant chaque partie avec soin, mais nous l'avons aussi mesuré et nous y avons déterminé à chaque chose sa place. Mais ce pays est une île, enfermée par la nature même dans des limites immuables. C'est le pays de la vérité...* »

Dans la partie suivante, que Kant nomme *Dialectique transcendantale*, les jugements synthétiques *a priori* sont de nouveau considérés mais, cette fois, dans le domaine de la métaphysique spéciale, cette partie de la métaphysique qui traite des questions de Dieu, du monde comme totalité et de l'âme immortelle. Mais ici, la situation est diamétralement opposée à celle que l'on avait dans la philosophie

transcendantale. Car la métaphysique spéciale, dans sa tentative de dépasser le sensible, se détache de toute expérience possible et ce faisant échoue dans son projet d'atteindre à son tour à des vérités synthétiques *a priori*. Kant nie ainsi la possibilité d'une connaissance par des concepts purs tant que ceux-ci prétendent saisir les choses en soi. Telles étaient la préoccupation et la préconception de l'ontologie classique que Kant va s'occuper à enterrer définitivement en complétant le côté négatif de sa *Critique* par un examen en détail de la psychologie rationnelle, de la cosmologie rationnelle et de la théologie naturelle. C'est seulement lorsque cette dialectique de l'illusion spéculative aura été accomplie que Kant pourra revenir sur les thèmes de la vieille métaphysique pour tenter de restaurer ses valeurs propres par l'introduction de la notion de foi rationnelle, de foi pratique pure mais centrée, loin de la spéculation, sur la morale et le devoir. En le suivant, nous allons examiner tout d'abord la notion de raison par rapport à celle d'entendement, car la raison est le *siège* de l'illusion transcendantale. Ici, le mot raison au sens général, c'est-à-dire le pouvoir de raisonner, va être précisément défini :
« *Si l'entendement peut être défini comme pouvoir de ramener les phénomènes à l'unité au moyen de règles, la raison est le pouvoir de ramener à l'unité les règles de l'entendement au moyen de principes. Elle ne se rapporte donc jamais immédiatement à l'expérience, ou à quelque objet que ce soit, mais à l'entendement pour donner à la diversité des connaissances de celui-ci une unité* a priori *grâce à des concepts ; cette unité peut être appelée unité de raison et diffère essentiellement de celle que l'on peut tirer de l'entendement.* »

Il y a toutefois une similitude d'approche entre ces deux facultés ; car, comme dans l'*Analytique transcendantale*, Kant va utiliser sa *trouvaille* des catégories pour dresser la liste complète des Idées de la Raison, c'est-à-dire, ici, toutes les formes de pouvoir inférer de façon médiate. Il en résulte un strict parallèle : l'entendement juge selon des principes qui permettent de faire entrer les objets dans des catégories ; la raison déduit de façon médiate, selon des principes, des idées qui organisent l'entendement. Mais, séparée ainsi de tout contact avec le perceptible, l'idée ne peut correspondre à aucune donnée sensible.

Or, l'illusion transcendantale, dont le siège est la raison, nous trompe en nous faisant croire que les règles de notre entendement s'appliquent de façon tout aussi valable pour déterminer de façon *objective* des choses en soi. Illusion inévitable parce que inséparable de la raison humaine, mais que la philosophie critique permet de contourner. Car s'il est vrai, et telle était la conclusion principale de l'*Analytique transcendantale*, que nous sommes capables de produire des jugements synthétiques *et a priori* dans les mathématiques et la physique, et ce parce que la nature de notre sensibilité et de notre entendement, et leur liaison, permettent cette connaissance *a priori*, cette capacité de notre esprit ne s'applique cependant qu'aux objets d'une expérience sensible possible. Par conséquent la *Dialectique transcendantale* va principalement examiner en détail les causes de cet échec de la raison à distinguer entre les apparences et les choses en soi, échec qui nous induit en erreur, surtout dans le domaine de la métaphysique spéculative.

La solution réside dans l'opposition de la faculté de raison à celle d'entendement qui était examinée dans l'*Analytique transcendantale*. Pour Kant en effet, la raison est une faculté supérieure à l'entendement, tout comme ce dernier est une faculté supérieure à la sensibilité. Elle est une faculté de principes tandis que l'entendement est une faculté de règles. En d'autres termes, l'entendement fournit, au moyen de catégories, des règles pour organiser les intuitions pures et sensibles ; mais la raison, par ses idées, cherche à nous procurer des principes qui ordonnent des concepts et des jugements produits par l'entendement. Vue ainsi la raison, la fonction de raisonner, est source d'inférence syllogistique [1] ou médiate tandis que l'entendement est source d'inférence immédiate. Et le mécanisme de la

---

1. Un syllogisme est un argument composé de trois propositions telles que la conséquence est contenue dans une des deux premières, et l'autre fait voir qu'elle y est contenue.

fonction de raisonner s'explique alors ainsi : « *Dans tout raisonnement, je conçois d'abord une règle* (major) *au moyen de l'entendement. Ensuite, je subsume* [1] *une connaissance sous la condition de la règle* (minor) *au moyen de la faculté de juger. Enfin, je détermine ma connaissance par le prédicat de la règle* (conclusio) *et, par conséquent a priori, au moyen de la raison.* » En voici un exemple tout à fait classique :

— Tous les hommes sont mortels (*majeur*);
— Les Grecs sont des hommes (*mineur*);
— Donc les Grecs sont mortels (*conclusion*).

Logique classique, logique impeccable mais où l'important est, pour Kant, l'aspect de conclusion. La conclusion « Les Grecs sont mortels » n'est vraie qu'à condition que la proposition « Tous les hommes sont mortels » le soit ! Mais d'où provient ce majeur ? Il a également besoin d'être démontré. En d'autres termes, il faut une condition à cette condition et ainsi de suite. Le rôle de la raison est précisément de chercher, et de trouver, une condition qui soit enfin inconditionnée : « *Le principe propre de la raison en général dans son usage logique est de trouver, pour la connaissance conditionnée de l'entendement, l'inconditionné qui doit en achever l'unité.* » Ce qui revient à supposer que si le conditionné est donné, la série entière des conditions est donnée également, ce qui est évidemment une procédure synthétique ; car, bien que le conditionné se rapporte toujours de façon analytique à quelque condition, à une autre condition elle-même toujours conditionnée, il ne se rapporte absolument pas à un inconditionné. D'une part, l'entendement n'a affaire qu'aux objets d'une expérience possible, dont la connaissance et la synthèse sont toujours conditionnées, de l'autre l'inconditionné, pour autant qu'on puisse le supposer réellement, doit être distingué rigoureusement du conditionné. Il ne peut donc jamais y avoir un emploi empirique adéquat de la raison.

Or, puisque les concepts purs de la raison visent l'intégralité, c'est-à-dire l'unité collective de toute expérience

---

1. Subsumer ou mettre une idée sous une idée plus générale.

possible, ils dépassent par-là toute expérience donnée et tombent ainsi dans l'illusion. Et puisque toute illusion consiste à tenir pour objectif le fondement subjectif du jugement, la raison devient elle-même dialectique.

Pour Kant, il est tout aussi naturel de chercher l'origine des Idées dans les trois formes du raisonnement que de trouver l'origine des catégories dans les quatre formes logiques des jugements de l'entendement. Ces trois formes du raisonnement et les idées qui leur correspondent sont :

1. Le raisonnement catégoriel et l'idée du sujet complet, autrement dit la notion de substantiel;

2. Le raisonnement hypothétique et l'idée d'une série complète de conditions, en d'autres termes la notion de causalité;

3. Le raisonnement dit disjonctif et l'idée du tout complet de toute réalité, c'est-à-dire la notion de communauté.

La première idée est psychologique, la deuxième cosmologique et la troisième théologique, et, comme chacune d'elles donne l'occasion d'une dialectique de la raison, la *Dialectique transcendantale* est divisée en trois sections : le paralogisme [1], l'antinomie et l'idéal, chacune traitant de l'objet correspondant de la métaphysique classique : l'âme, le monde et l'être suprême.

Le but de l'*Analytique transcendantale* était pourtant de condamner tout emploi transcendant de tels concepts. Il y a donc danger, comme nous venons de l'examiner, de voir la raison dépasser imperceptiblement l'emploi immanent de ces concepts purs pour les utiliser en dehors de tout contact avec l'expérience. Et l'objet de la *Dialectique* est bien d'exposer ce danger par une investigation critique de ces prétentions de la raison pure même si cela nécessite un grand effort de par la nature de cette illusion inévitable. Tout le travail d'analyse de l'entendement serait en effet superflu si nous n'avions pour but que la connaissance de la nature telle qu'elle est donnée dans l'expérience. L'entreprise critique de l'entendement doit rejoindre les Idées de la raison

---

1. Ou faux raisonnement fait de bonne foi.

même si la finalité de ce processus reste, provisoirement, au-delà de son emploi empirique.

La raison exige l'intégrité, l'unité de l'ensemble. Puisque cette intégrité ne peut pas être celle des intuitions, ni celle des objets, mais seulement une unité complète des principes, la raison conçoit donc ses idées comme si elles étaient la connaissance d'un objet. Les règles de cette soi-disant connaissance sont tout à fait déterminées. Mais son *objet* n'est qu'une idée pour mener la connaissance de l'entendement le plus près possible de la complétude que désigne cette idée.

L'*Esthétique transcendantale* et l'*Analytique transcendantale* avaient pour but de démontrer les conditions de possibilité de toute connaissance objectivement vraie dans le domaine de l'expérience et selon ses principes. La *Dialectique transcendantale*, en revanche, a une fonction négative, celle de nous garder de prendre pour vrais des objets hyperboliques, de faux objets, à cause de la transgression de ces conditions. Les deux premières sections traitaient de la logique de la vérité, celle-ci traite de la logique des apparences. Ce processus dialectique s'opère en effet chaque fois que l'on tente de transformer une relation déterminée qui est vraie dans les limites du domaine de l'expérience, car elle vise à unir des éléments séparés, en une substance indépendante antérieure à toute expérience. Mais cette transformation du *simple relationnel* en *substantiel absolu* est l'œuvre de la fausse logique, un *sophisme* de la raison elle-même.

Si l'on fait alors entrer en jeu la distinction entre vraie et fausse logique d'une part et, de l'autre, les formes du raisonnement, on est en mesure de comprendre l'illusion qui résulte de cette transformation, dans le domaine de la psychologie rationnelle, de la fonction unifiante de la conscience en âme-objet, en sujet absolu hypostasié en substance :

« *Or, il semble que, dans la conscience que nous prenons de nous-mêmes (dans le sujet pensant), nous ayons ce substantiel et, à vrai dire, dans une intuition immédiate ; en effet, tous les prédicats du sens interne* [du temps] *se* *rapportent au "**moi**" en tant que sujet, et ce dernier ne peut pas être pensé comme prédicat de quelque autre sujet. Ainsi, la complétude dans le rapport des concepts donnés comme prédicats à un sujet paraît être, en ce cas, donnée dans l'expérience, non comme une simple idée, mais comme l'objet, le sujet absolu lui-même.* » Pourtant, le sujet pensant n'est pas un concept, mais seulement l'indication, le point de référence des objets du temps. La fameuse déduction cartésienne « *cogito, ergo sum* » n'est en fait qu'une tautologie puisque le *cogito* n'est autre que le *sum cogitans* qui exprime son existence immédiatement. Du simple fait que le *moi* qui pense appartient toujours à la pensée en tant que sujet — et non en tant que prédicat — il ne s'en suit pas que je suis un être subsistant en soi, une substance. La catégorie de substance exige une intuition avant toute application qui se veut objectivement vraie. Elle ne peut donc pas être appliquée au concept du sujet, du simple fait de la conscience de soi. Par conséquent, toute tentative de prouver par un raisonnement spéculatif la substantialité, partant la permanence (voire l'immortalité), de l'âme-sujet est vouée à l'échec.

Mais, simultanément, Kant insiste sur le fait que toute tentative de prouver le contraire, c'est-à-dire de prouver l'impossibilité de l'existence d'une âme immortelle, est, pour les mêmes raisons, également vouée à l'échec. La question reste en effet ouverte de croire que l'immortalité de l'âme est un postulat de la raison pratique et une présupposition de la moralité.

Ce premier type d'illusion transcendantale que nous venons d'étudier se nomme *paralogisme* et est basé sur une projection d'apparence simple. Il en existe une autre, que l'on désigne sous le nom d'*Antinomie de la raison pure*, qui s'applique à quatre propositions transcendantales avec, dans chaque cas, une thèse et une antithèse ayant chacune une même apparente légitimité. Il s'agit des affirmations suivantes :

I

Thèse : Le monde a un *commencement* (une limite) quant au temps et à l'espace.
Antithèse : Le monde est *infini* quant au temps et à l'espace.

II

Thèse : Tout dans le monde est constitué par le simple.
Antithèse : Il n'y a rien de simple, mais tout est composé.

III

Thèse : Il y a dans le monde des causes par liberté.
Antithèse : Il n'y a pas de liberté, mais tout est nature.

IV

Thèse : Dans la série des causes du monde, il y a quelque être nécessaire.
Antithèse : Il n'y a dans cette série rien de nécessaire mais tout y est contingent.

Comme on peut le remarquer, les thèses sont de l'ordre dogmatique tandis que les antithèses sont de l'ordre empirique, ou sceptique. Or, à l'intérieur du monde de l'expérience, ce qu'affirme l'empirique est vrai ; pourtant, nous pouvons toujours penser, sinon croire, que certaines choses dépassent l'expérience, à condition de ne pas prétendre les connaître. Selon Kant, en effet, l'erreur des deux positions est d'ignorer la distinction entre apparences, ou phénomènes, d'une part, et choses en soi de l'autre. Une fois comprise, cette différence de point de vue nous livre la clé de leur solution.

Examinons la première et la troisième antinomie afin d'illustrer ces difficultés métaphysiques. Affirmer que le monde, considéré comme une chose en soi, est fini dans le temps ou dans l'espace ou, inversement, infini, est voué à l'échec car la thèse comme l'antithèse présupposent une notion du monde en tant que totalité absolue et complète, ce que nous serons toujours incapables de déterminer tant que nous resterons dans le domaine de l'expérience. « *Car comment voudrions-nous établir par l'expérience que le monde existe de toute éternité ou qu'il a un commencement, que la matière est divisible à l'infini ou qu'elle est constituée de parties simples ? De tels concepts ne se laissent donner dans aucune expérience, fût-elle la plus étendue possible et, par suite, l'inexactitude de la proposition affirmative ou négative ne peut se découvrir par cette pierre de touche.* » Nous ne pouvons jamais prétendre dans le domaine de l'expérience avoir examiné toutes les apparences possibles, car la série des apparences est indéfinie et dans le temps et dans l'espace. La proposition selon laquelle le monde est fini ou celle selon laquelle il est infini exigent, toutes deux, quelque chose qui, par principe, nous est impossible, c'est-à-dire de déduire une conclusion concernant des choses en soi à partir de propositions qui ne relèvent que des apparences. C'est pourquoi Kant nous invite à utiliser le principe régulateur de la raison en supposant un double point de vue : le monde, en tant qu'apparence, est étendu indéfiniment dans le temps et dans l'espace, mais ce qu'est le monde, en tant que chose en soi, dépasse notre capacité de connaissance. En d'autres termes, thèse et antithèse sont des *positions* opposées et leur vérité réside dans une troisième possibilité, un concept nécessaire pour résoudre le conflit, concept qui n'est ni celui d'infini ni celui de fini mais le concept d'indéterminé.

La troisième antinomie concerne la notion de causalité. Il n'y a selon Kant que deux types de causalité possibles : la causalité d'après la nature qui consiste dans la connexion entre un état des choses et un état précédent qui le produit — celle-ci est une causalité d'événement naturel ou objectif — et la causalité qui agit selon la liberté, qui est la puissance de produire spontanément. Kant a déjà montré que toutes les apparences sont liées par les lois de la causalité naturelle. La question est donc de savoir s'il y a place pour une causalité de la liberté en même temps. Car, si les apparences étaient des choses en soi, aucune liberté ne serait possible. Mais il est possible de considérer un événement comme l'effet de la liberté en le regardant sous un autre angle, d'un autre point de vue : considéré en tant que phénomène, l'événement est déterminé par la causalité naturelle, objective, tandis que considéré en tant que noumène, en tant qu'objet de la raison, réalité intelligible, l'événement est causé, déterminé par la liberté.

Nous ne savons pas s'il existe vraiment une causalité spontanée, libre. Kant, dans la *Critique de la raison pratique*, affirmera que cette raison pratique exige que nous postulions une telle causalité libre, c'est-à-dire que nous considérions que l'homme soit capable d'agir librement, à l'encontre de toute détermination empirique de la sensibilité, c'est-à-dire des désirs, des appétits naturels, si son devoir, la loi morale, le lui demande. Dans la *Critique de la raison pure*, il se borne à montrer qu'il n'y a pas contradiction entre ces deux types de causalité : les actions humaines possèdent un caractère *et* empirique *et* intelligible, c'est-à-dire libre. On ne peut démontrer ce caractère de spontanéité dans les actions libres des hommes, mais il n'est pas plus possible de prouver que les hommes sont uniquement le jouet des enchaînements naturels de causes et d'effets.

Kant désigne la troisième illusion transcendantale sous le nom d'Idéal de la Raison Pure. Selon lui, un idéal de la raison en général est un être individuel pensé comme contenant en lui tous les attributs nécessaires à son idée : l'idéal de l'humanité, par exemple, est pensé comme un homme parfait, une sorte d'archétype, « *la perfection suprême de chaque espèce d'êtres possible, le fondement originaire de toutes les copies dans le phénomène* ». C'est une référence absolue par rapport à laquelle la copie peut être mesurée, déterminée complètement. L'idéal transcendantal, l'idéal de la raison pure, est alors la notion d'un *Ens Realissimum*, l'être le plus parfait et le plus complet car contenant en lui tous les attributs possibles : c'est le Dieu de la tradition.

Tout comme on peut se servir de l'idéal de l'humanité sans pour autant supposer l'existence réelle d'un homme correspondant à cet archétype, on peut utiliser le concept d'un être suprême sans supposer son existence réelle. Mais, puisque l'homme a une tendance naturelle à vouloir démontrer l'existence d'un être absolument parfait, Kant va consacrer cette dernière section de la *Logique transcendantale*, qui s'intitule *L'Idéal de la raison pure*, à la critique des preuves spéculatives de l'existence de Dieu. Il n'y a, pour lui, que trois, et seulement trois, preuves possibles de l'existence d'un être suprême : la preuve ontologique, laquelle fait abstraction de toute expérience, la preuve cosmologique, qui raisonne à partir de la notion de l'expérience d'existence en général, et la preuve physique, qui raisonne à partir de l'expérience du monde présent.

La preuve ontologique tente de démontrer l'existence de Dieu par le concept même de Dieu. Son argument est le suivant : Dieu est, par excellence et par définition, l'*Ens Realissimum*, l'être qui contient en lui toute réalité, l'être absolument parfait ; or, un être qui posséderait tous les attributs de la perfection mais à qui manquerait l'attribut de l'existence serait un être moins parfait qu'un autre qui, lui, posséderait tous les attributs y compris celui-ci. L'être absolument parfait doit donc posséder aussi l'attribut de l'existence, en d'autres termes Dieu existe et existe nécessairement. Les termes de l'affirmation « Dieu n'existe pas » seraient donc aussi antinomiques que ceux de la proposition « un triangle n'a pas trois angles ». Mais Kant souligne combien cet exemple du triangle est trompeur. Car si l'on considère un triangle, on constate alors qu'il a effectivement trois angles ; mais rien n'empêche d'affirmer que l'objet considéré n'est pas un triangle, ou que les triangles n'existent pas, ce qui est une proposition fausse mais dont les termes ne sont pas antinomiques. En revanche, il serait contradictoire de dire que Dieu n'est pas tout-puissant car la toute-puissance est comprise dans le concept de Dieu en tant qu'*Ens Realissimum*. Mais nier l'existence d'un être infini n'est pas une affirmation contradictoire dans ses termes. C'est une chose que de nier l'appartenance d'un prédicat à un sujet qui contient cet attribut dans son concept même, mais c'en est une autre, et qui ne présente aucune contradiction, que de nier le sujet et ses prédicats à la fois. L'essentiel du problème posé par l'argument ontologique réside, selon Kant, dans la tentative d'introduire le concept d'existence dans le concept d'une chose, c'est-à-dire de passer, par pure logique, de la pensée d'une chose à son affirmation comme existant réellement. La proposition « une chose existe » est ou analytique (indépendante de l'expérience, basée uniquement sur le principe de non-contradiction) ou synthétique (dont la véracité de la relation entre sujet et prédicat dépend d'une vérification empirique) : si la proposition « un être parfait existe » est analytique, elle n'est en effet pas contradictoire dans les termes et on ne peut donc la nier, mais elle n'est qu'une tautologie et n'apporte rien quant à l'existence réelle de cet être ; si, en revanche, elle est synthétique (et toute affirmation portant sur l'existence est par nature synthétique), on peut alors la nier car la vérification par l'expérience de la relation entre sujet et prédicat est impossible. L'argument ontologique commet l'erreur de confondre pensée et être. L'être, l'existence, n'est pas un prédicat réel. C'est, bien sûr, un prédicat logique, mais cela ne donne aucune possibilité d'affirmer ou d'infirmer la véracité d'une proposition. La pensée, le concept d'une chose, n'est absolument pas affecté par la considération de savoir s'il existe réellement une chose correspondant à ce concept. Dans le domaine des concepts « *le réel ne contient pas plus que le simplement possible* ». La pensée de cent Thalers réels, exemple fameux pris par Kant, n'est pas, en tant que concept, différente de la pensée de cent Thalers simplement possibles. Ce n'est pas la pensée, le concept seul, qui constitue l'existence de quelque chose. L'objet, dans son existence réelle, n'est pas contenu dans le concept que j'ai de lui de façon analytique, mais ajouté à mon concept de façon synthétique, c'est-à-dire déterminé par mon état d'aperception objective de l'objet comme effectivement donné. Dire qu'un objet d'une expérience possible existe réellement revient donc à affirmer la relation objective qu'entretient l'esprit avec l'expérience réelle, l'expérience réelle que saisit l'esprit concernant cet objet. L'existence de Dieu, telle qu'elle est présentée par l'argument ontologique, est totalement indépendante de l'expérience vraie, ou même possible. Cet argument ne prouve donc rien.

La deuxième preuve, cosmologique, part du contingent pour tenter d'atteindre l'existence nécessaire. Son argument s'expose de la façon suivante : si quelque chose existe, il existe alors aussi un être absolument nécessaire comme cause ultime de cette chose ; or moi-même, au moins, j'existe, donc un être absolument nécessaire existe également, et cet être est donc l'être suprême, l'être parfait, l'*Ens Realissimum*, c'est-à-dire Dieu. Kant oppose à cette démonstration deux objections principales. En premier lieu il souligne le glissement illégitime effectué par cet argument qui passe du concept de causalité, lequel n'est applicable qu'à l'intérieur du monde sensible, à une notion de causalité impliquant un agent hors du monde sensible qui est supposé avoir un effet sur les choses dans le monde. Par conséquent, le principe de causalité, qui n'a pas de sens en dehors du monde de l'expérience, ne peut servir à prouver l'existence d'un être hors de l'expérience. Il n'est pas possible d'avoir une connaissance d'un tel être et, donc, il est impossible d'établir une relation de causalité entre lui et le monde sensible. En second lieu, même si l'on arrivait à parvenir à cette idée d'une cause originaire, elle ne pourrait pas plus, étant donné son caractère d'idée, démontrer l'existence réelle de cet être que ne le pouvait l'idée proposée par l'argument ontologique. Il n'est pas possible d'inférer d'un concept l'existence réelle du contenu de ce concept.

La preuve physique, ainsi désignée parce qu'elle est basée sur l'ordre de la nature, le dessein du monde tel qu'il apparaît, est la dernière preuve spéculative de l'existence de Dieu. Son argument est, pour Kant, le plus naturel de tous et le plus convaincant psychologiquement, il renforce la croyance religieuse et aide à l'étude de la nature, du monde : on trouve dans le monde les signes d'un ordre et d'une finalité qui ne peuvent être le produit d'un pur hasard, de causes totalement inanimées. Par analogie avec la connaissance de la sagesse humaine, nous en déduisons qu'il doit exister une cause sage de cet ordre que nous constatons, une cause qui opère par intelligence. Cet argument est erroné pour les mêmes raisons qui invalidaient les deux précédents : tant que l'on avance des faits d'ordre empirique pour glisser vers des conclusions hors de l'expérience possible, la démonstration est invalide et ne peut prouver ce qu'elle voulait établir. De plus, même si l'on acceptait ce dernier argument, il ne nous donnerait au mieux que le concept d'un Dieu architecte mais pas celui d'un Dieu créateur, tout-puissant.

Pour Kant, cependant, cette critique systématique des preuves de l'existence de Dieu n'implique pas que l'idée de Dieu n'a aucune utilité pour l'esprit humain. Car, même si cet idéal de la raison pure, ce concept de la perfection suprême, ne subsiste que sous forme de « trace », il permet d'unifier le système de l'entendement. Il peut être considéré comme un principe qui guide nos recherches, qui nous invite à considérer toutes les relations dans le monde « comme si » elles prenaient leur origine dans une cause nécessaire auto-suffisante. Qui plus est, l'échec de ces preuves à démontrer l'existence de Dieu a pour corollaire l'impossibilité de prouver son inexistence. La spéculation ne nous permet ni d'affirmer ni de nier l'existence de Dieu : « *L'être suprême demeure donc pour l'usage purement spéculatif de la raison un simple idéal, mais un idéal exempt de défauts, un concept qui termine et couronne toute la connaissance humaine. La réalité objective de ce concept ne peut sans doute être prouvée par cette voie, mais elle ne peut pas non plus être réfutée.* » Ce sera le rôle du théisme moral de combler cette carence, de nous pourvoir, d'un point de vue pratique, de « raisons » pour accepter une idée d'un Dieu libre et créateur, intelligent et juste.

2. *Situation des* Leçons sur la théorie philosophique de la religion *dans l'œuvre de Kant*

De l'avis quasi unanime, ces *Leçons sur la théorie philosophique de la religion* [1] ont été, pour la première fois, professées par Kant entre l'automne 1783 et le printemps 1784, c'est-à-dire au cours du *Wintersemester* de 1783-1784. Nous acceptons cette opinion et nous efforcerons de montrer dans les pages qui suivent les raisons historiques et de cohérence interne à l'œuvre de Kant qui militent en sa faveur.

A notre connaissance, la discussion la plus complète quant à la datation de ce texte se trouve dans l'édition, considérée comme définitive, des œuvres complètes de Kant, les *Gesammelte Schriften*, Berlin Akademie Aufgabe [2], commencée au début de ce siècle et comprenant à ce jour plus d'une trentaine de volumes, et plus particulièrement dans le volume XXVIII, 2,2, édité en 1972 par Gerhard Lehmann, où les pages 1338 à 1372 sont consacrées aux *Vorlesungen* de Kant en général, et les pages 1360 à 1364 aux leçons sur la théologie rationnelle. Notons d'emblée que les *Leçons* [3] sont un texte fort peu connu et que peu d'écrits leur ont été consacrés. C'est pourquoi nous proposons, dans un premier temps, un bref historique des discussions dont il a été l'objet, avant de nous intéresser à sa situation interne dans l'œuvre de Kant.

Selon Karl H. L. Pölitz, qui a publié les *Leçons* pour la première fois en 1817, puis dans une deuxième édition en 1830 [4], ces notes de cours sur la religion, donnés par Kant dans les années 1780, étaient « *soigneusement recopiées* ». Outre une datation précise, Pölitz nous informe que ce texte est la transcription des cours de Kant par Fr. Th. Rink,

---

1. *Vorlesungen über die Philosophische Religionslehre*. Dans ce qui suit, ce texte sera appelé les *Leçons*.

2. A laquelle nous nous référerons désormais sous le nom d'*Akademie*.

3. Elles sont reprises dans l'édition de l'*Akademie*, volume XXVIII, 2, 2, pp. 988-1126.

4. Notre traduction est basée sur cette deuxième édition de Pölitz (Taubert'schen Buchhandlung, Leipzig) réimprimée (fac-similé en gothique) par la Wissenchaftliche Buchgesellschat (Darmstadt) en 1982.

ancien étudiant puis collègue de Kant à Königsberg[1], qui travailla avec G. B. Jäsche sur l'ensemble des cours que le philosophe avait souhaité voir publier, sans pouvoir lui-même s'en occuper en raison de sa santé déjà défaillante. La collaboration entre Jäsche et Rink a donné lieu, pour ne citer que deux exemples, à la publication en 1800 par Jäsche des *Leçons de logique* et à la publication par Rink en 1803 des *Réflexions sur l'éducation*[2]. C'est dire que Rink, auquel Pölitz attribue la version authentique des *Leçons*, travaillait en plein accord avec le maître[3].

Cette attribution de la transcription des *Leçons,* au cours des années 1780, à Rink par Pölitz, est confirmée par Waterman et Delbos. C'est Waterman qui y fait référence le premier dans les *Kantstudien*[4] en citant Hamman qui affirme que Kant a donné ses cours sur la religion pendant l'année scolaire 1783-1784 devant « une foule[5] » d'étudiants dont la plupart étaient des théologiens. En dix pages, Waterman trace une esquisse des *Leçons* et indique que « *bien qu'il soit difficile de nos jours d'en trouver une copie*[6] » elles méritent toute sa considération. Il souligne de plus les nombreux parallèles[7] entre certains passages de ce texte et la *Critique de la raison pure* (première édition 1781) ainsi qu'avec les *Prolégomènes*. C'est dire qu'il existe une synergie réelle entre les toutes premières œuvres critiques de Kant.

Pour sa part, Delbos, dans le chapitre II de sa *Philosophie pratique de Kant*, fait suivre ses observations sur les

---

1. Pölitz, Deuxième préface, p. x et suivantes, *Akademie*, p. 1518 et suivantes.

2. Voir A. Philonenko, *Kant*, volume II, pp. 280.

3. *Cf.* la discussion in *Akademie*, pp. 1511 et suivantes ainsi que la deuxième préface de Pölitz, *passim*.

4. *Kantstudien* III, février 1899, pp. 301-310 : « *Kant's Lectures on the Philosophical Theory of Religion* », W. B. Waterman (Boston, Massachusetts).

5. Hamman, *Schriften* (Roth), VI, p. 354 et suivantes, cité par Waterman in *Kantstudien, op. cit.*, p. 306.

6. Waterman, *op. cit.*, p. 306.

7. *Ibid.*, pp. 302-305.

Prolégomènes par une brève discussion des *Leçons*[1]. Ce faisant, il a le mérite de juxtaposer ces deux textes, faisant ainsi du second la suite naturelle du premier. Pour l'essentiel, Delbos reprend, plus brièvement, la présentation des *Leçons* faite par Waterman. Suivant celui-ci, il souligne l'importance d'une nouvelle théologie, ce que Kant nomme le théisme moral, et indique le rôle capital que joue la notion de royaume des fins, de finalité, dans ce texte, sans, pourtant, l'analyser en profondeur. Telle est tout au moins notre opinion. Cependant, Delbos nous fournit de précieuses indications sur l'histoire de ce texte et l'importance toute particulière de ce premier cours sur la religion : « *C'est dans le semestre d'hiver de 1783-1784 que Kant enseigna à part pour la première fois la théologie philosophique, devant un nombre étonnant d'auditeurs*[2]... » Notons que le paragraphe concernant l'idée théologique des *Prolégomènes* se termine par ces mots : « *Je n'ai par suite rien de plus à rappeler sur les prétentions de la théologie transcendantale, parce que ce que dit la* Critique *à ce sujet est compréhensible, lumineux et décisif*[3]. »

En d'autres termes, la partie analytique de sa philosophie critique ayant déjà été exposée à deux reprises, Kant pouvait se passer, dans les *Leçons*, de ces analyses transcendantales proprement dites pour attaquer dans toute leur ampleur les illusions dialectiques de la métaphysique (la métaphysique contient tout[4]) afin de procéder à une décomposition de l'ontothéologie traditionnelle et, ainsi, révéler à l'homme les conséquences de sa situation véritable et lui indiquer sa vocation. Dans ce sens, les *Leçons*, que Kant enseigna à part pour la première fois, viennent compléter le travail déjà entrepris dans les *Prolégomènes*.

---

1. Voir Delbos, *La Philosophie pratique de Kant*, pp. 256-263.
2. Delbos, *op. cit.*, p. 256.
3. *Prolégomènes*, § 55, et le renvoi de Kant à la *Critique de la raison pure*, A 571 et suivantes (Pléiade, vol. II, p. 131).
4. Voir la *Critique de la raison pure*, première préface, *passim*.

Plus près de nous, James Collins, dans un excellent ouvrage sur les origines de la philosophie religieuse [1], mentionne les *Leçons* et s'y réfère fréquemment. Il confirme la date du semestre d'hiver 1783-1784 comme étant celle où, pour la première fois, Kant a donné ce cours, ainsi que le fait qu'il s'agisse d'une transcription effectuée par Rink [2]. Il faut peut-être faire remarquer ici que Collins est le seul chercheur, à notre connaissance, à utiliser de façon suivie les *Leçons*, en même temps que la *Raison pure* et les *Reflexionen* [3], pour élucider certains aspects de la philosophie religieuse de Kant, en particulier dans le chapitre qu'il consacre au théisme moral [4].

Jean-Louis Bruch également, dans un travail d'une érudition remarquable [5], évoque en ces termes les *Leçons* : « *Les* Vorlesungen über die philosophische Religionslehre, *professées en 1783-1784 et publiées par Pölitz en 1817 [.....] s'inspirent de Baumgarten et de la partie de la* Critique de la raison pure *consacrée à la théologie rationnelle. Elles divisent la théologie rationnelle en théologie transcendantale, théologie naturelle et théologie morale. Elles n'abordent pas le problème de la religion au sens usuel du mot* [6]. » Il est seulement à regretter que Bruch n'ait pas développé ce point. Car, à notre avis, c'est justement le sens usuel de la religion que Kant expose, c'est la religion considérée sous l'angle de la relation traditionnelle homme-Dieu qui fait l'objet, dans ce texte, d'un examen critique. Notons, à la décharge de Bruch qui écrivait en 1968, qu'il n'a jamais eu connaissance du texte intégral qui ne fut édité par l'*Akademie* qu'en 1982.

Abordons maintenant la discussion des *Leçons* par Lehmann dans le volume XXVIII, 2, 2, de l'édition de l'*Akade-*

---

1. *The Emergence of Philosophy of Religion*, Yale University Press, 1967.

2. *Ibid.* p. 97.

3. *Akademie*, vol. XVIII, p. 486 et suivantes.

4. Collins, *op. cit.*, voir surtout la section intitulée : « A Worldly Theory of Religion », pp. 92 et suivantes.

5. *La Philosophie religieuse de Kant*, Paris, 1968.

6. *Ibid.*, p. 45.

mie [1]. Il existe, selon cette édition, quatre *Vorlesungen über Rationaltheologie* : I, *Philosophische Religionslehre nach Pölitz, Anhang : Geschichte der natürlichen Theologie nach Meiners* (pp. 989-1126), II, *Natürliche Theologie Volkmann nach Baumbach* (pp. 1127-1226), III, *Danziger Rationaltheologie* (pp. 1227-1320), IV, *Fragment einer späteren Rationaltheologie* (pp. 1321-1332). D'après les premières remarques de Lehmann, il est certain que les trois dernières leçons ne témoignent que d'un caractère fragmentaire des cours transcrits par des étudiants au cours des années 1780. Se pose alors la question de savoir si la première, attribuée à Rink et publiée par Pölitz, est elle aussi fragmentaire, ou si elle n'est qu'un assemblage de différents fragments de ces cours. Deux remarques s'imposent : tout d'abord, la version de Pölitz, dont l'original n'existe plus ou n'a toujours pas été trouvé, est de loin la plus longue et la plus consistante des quatre *Vorlesungen*, les trois autres ressemblant beaucoup plus aux fragments que l'on trouve dans les *Leçons sur la métaphysique*, par exemple ; ensuite, et rendons ici hommage à l'honnêteté intellectuelle de Lehmann qui, selon Kurt Beyer qui a publié une édition des *Leçons* en 1937, reste sceptique sur le caractère intégral du texte de Pölitz, ce texte est à la fois « *systématique et philosophique* [2] ». Ce sont précisément ces qualités systématiques et philosophiques qui sont à la base de l'interprétation, de la lecture que nous en proposons.

Pouvons-nous corroborer par un examen de la cohérence interne de ce texte dans l'œuvre de Kant la datation qui en est faite, ce qui pose le problème de sa signification profonde ? Nous examinerons cette question en détail dans notre lecture commentée des *Leçons*. Notons cependant ici qu'il existe certains passages du texte qui sont repris mot pour mot de la *Critique de la raison pure* et des *Prolégomè-*

---

1. Vol. XXVIII, 2, 2, pp. 988-1331.
2. *Akademie*, XXVIII, 2,2, p. 1362 et les pages 1361-1363 sur le caractère intégral du texte. Voir aussi l'édition des *Vorlesungen* faite par K. Beyer, Halle, 1937.

nes [1]. Les *Leçons* sont donc postérieures aux *Prolégomènes*,
publiés en 1783. De plus, une remarque au sujet de la
nature de la substance, figurant à la page 170 des *Leçons* [2],
utilise la notion de phlogistique, notion invalidée par Lavoisier en 1785 [3]. A notre connaissance, Kant n'évoquera plus
le phlogistique après cette date. Rappelons qu'il continuait
ses cours de sciences naturelles et qu'il n'aurait pas ignoré
un fait scientifique d'une telle importance. Ces faits
confirment donc que ces *Leçons* ont bien été données entre
1783 et 1784.

Enfin, et nous conclurons sur ce point avant d'entreprendre une lecture de ce texte, les *Leçons* font preuve d'une
distanciation de la philosophie critique par rapport à la
métaphysique traditionnelle tout en s'approchant, de
manière encore tâtonnante, de ce qui constituera les grandes
lignes de la philosophie kantienne ultérieure. On trouve *in
nuce* la notion d'impératif catégorique (philosophie pratique, morale) et les notions de beauté et de finalité qui seront
à la base de la critique du jugement (philosophie esthétique
et téléologique). En ce sens, la question religieuse n'est que
le catalyseur qui permet une reprise des grandes questions
philosophiques afin d'aller vers une solution à la fois réaliste (scientifique) et idéaliste (morale) ouvrant à l'homme,
désormais repère central, un horizon nouveau [4].

---

1. Par exemple, comparer les pages 101-102 et 104-106 des *Leçons* avec
la *Critique de la raison pure*, A 619-21 et 626-27, et les pages 92-93 des
Leçons avec les *Prolégomènes*, § 57.
2. Pölitz, p. 178.
3. Voir l'*Encyclopedia universalis*, éd. 1968, vol. 19, p. 1485.
4. Trois articles récents témoignent de cette orientation fondamentale
dans les premières œuvres critiques de Kant. In *Le Magazine littéraire*
(avril 1993), numéro consacré à Kant et la modernité, voir : 1) L. Ferry :
« Kant penseur de la modernité », p. 16 et suivantes ; 2) A. Philonenko :
« La Philosophie critique », p. 28 et suivantes ; 3) Ph. Raynaud : « Le Droit
et la Civilité », p. 32 et suivantes. Ces trois articles soulignent ensemble le
rôle de la religion comme foyer théorético-pratique (Philonenko) dans la
libération de l'homme de toute emprise faussement métaphysique (Ferry)
pour l'amener à sa véritable vocation politique et morale (Raynaud).

Leçons sur
la théorie philosophique
de la religion

INTRODUCTION

La raison humaine a besoin d'une idée de la perfection suprême qui lui serve d'échelle à laquelle se référer pour pouvoir se déterminer [1] *. Dans le domaine de la philanthropie, par exemple, l'idée la plus élevée de l'amitié qu'il nous soit possible de penser nous sert à déterminer sur quel degré se situe telle ou telle amitié par rapport à ce maximum. On peut rendre un service amical à quelqu'un tout en prenant en considération sa propre fortune ; mais on peut aussi tout offrir à un ami sans prendre en considération son propre intérêt. On s'approche, dans ce dernier cas, au plus près de l'idée de l'amitié la plus parfaite [2]. Un tel concept, nécessaire comme échelle de référence pour apprécier tel ou tel cas, sans avoir besoin d'observer la réalité elle-même, s'appelle une idée. N'est-elle pas une simple utopie, comme la République de **Platon** [3] ? En aucune façon ! Nous apprécions, au contraire, chaque cas d'après cette idée. Un souverain peut, par exemple, gouverner

---

* les notes sont regroupées à la fin des *Leçons*, pp. 209 à 222.

l'État d'après l'idée d'une république idéale afin de le
conduire, ainsi, au plus près de la perfection. Trois éléments
sont nécessaires pour constituer une telle idée [4] :

1. La totalité dans la détermination du sujet, en tenant
compte de tous ses attributs (on trouve, par exemple, toutes
les réalités dans le concept de Dieu) ;

2. La totalité dans la déduction de l'existence des choses
(le concept de l'être suprême ne peut, par exemple, être
déduit d'aucun autre mais est plutôt celui dont tout autre
est déduit) ;

3. La totalité de la communion, ou l'entière détermination de la communion, la liaison du tout.

Le monde dépend d'un être suprême ; les choses dans le
monde sont toutes, en revanche, liées entre elles [5]. Prises
ensemble, elles constituent un tout intégral. L'entendement
cherche toujours à construire une unité dans toutes choses
et à atteindre un maximum [6]. Ainsi imaginons-nous, par
exemple, le ciel comme le degré le plus élevé de la moralité
lié au degré le plus élevé de la félicité, et l'enfer comme le
degré le plus haut du mal lié au degré le plus haut de
misère. Et quand nous imaginons le mal au plus haut degré,
nous le pensons comme un penchant qui cherche à se satisfaire sans remords ni relâche, sans considération aucune de
profit ni d'intérêt, simplement parce qu'il est le mal. Et
cette idée nous sert à déterminer les degrés intermédiaires
du mal [7].

Quelle est la différence entre l'idée de la raison et l'idéal
de l'imagination ? L'idée est une règle universelle *in abstracto*, l'idéal est un cas particulier que nous plaçons sous
cette règle. *L'Emile* de **Rousseau** et l'éducation à donner à
Emile constituent, par exemple, une idée véritable de la
raison [8]. Mais on ne peut rien dire de déterminé de l'idéal.
On peut attribuer les meilleures qualités à une personne
quant à la façon dont elle se comporte en tant que souverain, père ou ami, sans pour autant, épuiser tout ce qu'elle
doit faire dans tel ou tel cas ; la *Cyropaidie* de **Xénophon** [9]
en est un exemple. Cette exigence de totalité est nécessaire
car, sans elle, nous ne pouvons avoir aucun concept de la

perfection. Il en est ainsi pour la perfection morale, par exemple. La vertu humaine est toujours imparfaite ; il nous faut pourtant une mesure pour déterminer à quel point cette imperfection s'écarte du degré de vertu le plus élevé. Il en va de même pour le vice. Nous éliminons de cette idée de vice tout ce qui peut en diminuer le degré. Dans la moralité il est nécessaire de représenter les lois morales dans leur perfection et leur pureté morale. Mais c'est tout autre chose que de vouloir réaliser de telles idées. Et même si ce n'est pas pleinement possible, l'idée de vertu parfaite reste pourtant d'une grande utilité. **Rousseau** lui-même, dans son *Emile*, avoue qu'une vie entière ou, plus exactement, la majeure partie d'une vie serait nécessaire pour donner une telle éducation à un seul individu. Ceci nous conduit à l'idée de l'être suprême. Nous nous le représentons comme :

1. Un être qui exclut toute imperfection (un être humain qui serait savant et vertueux à la fois, par exemple, aurait effectivement déjà atteint un grand degré de perfection mais il lui resterait beaucoup d'imperfections);

2. Un être qui contient toutes les réalités en lui ; c'est de cette façon uniquement que ce concept peut être déterminé exactement. Il peut être pensé, aussi, comme la nature la plus parfaite où tout est réuni (l'entendement et le libre arbitre, par exemple);

3. Le bien suprême dont la sagesse et la moralité font partie [10]. La première représentation s'appelle perfection transcendantale, la deuxième perfection physique et la troisième pratique.

*

Qu'est-ce que la théologie ? C'est notre système de connaissance de l'être suprême. En quoi la connaissance ordinaire se distingue-t-elle de la théologie ? La connaissance ordinaire est un agrégat où un élément est placé à côté d'un autre sans considérer leur relation ou leur unité.

Un système est présent là où règne l'idée de totalité dans
son ensemble. Le système de connaissance de Dieu n'inclut
pas le contenu de toutes les connaissances possibles à son
sujet mais, plutôt, la connaissance de ce qui peut être
découvert par la raison humaine. La connaissance de tout ce
qui se trouve en Dieu est ce que nous appelons *Theologia
Archetypa* et ne peut se trouver qu'en Dieu lui-même. Le
système de connaissance de Dieu qui peut être atteint par
la nature humaine s'appelle *Theologia Ectypa* [11] et peut être
très imparfait. La *Theologia Ectypa* constitue pourtant un
système puisque ce que nous reconnaissons par la raison
peut être pensé comme une unité. Le contenu de toutes les
connaissances possibles de Dieu ne peut être atteint par
l'être humain, même par la voie d'une révélation véritable.
Mais un des efforts les plus estimables de notre raison reste
pourtant d'avancer le plus loin possible dans la connaissance de Dieu. La théologie rationnelle ne peut ainsi arriver
à la perfection que lorsque plus aucune raison humaine
n'est capable d'atteindre une connaissance et une compréhension plus grande de Dieu. C'est pour cette raison qu'il
est positif que la raison puisse déterminer précisément ses
limites. C'est ce que permet la théologie dans le domaine
de la possibilité d'une connaissance totale de Dieu.

Notre connaissance présente une double nature : elle est
positive et négative. Les connaissances positives sont très
restreintes mais le bénéfice des connaissances négatives en
est d'autant plus grand. La connaissance positive de Dieu
n'est pas plus étendue que n'importe quelle autre connaissance positive ; mais notre connaissance négative de Dieu
est plus importante.

Le sens commun ne distingue pas les sources auxquelles
il puise sa connaissance et, par conséquent, ignore s'il n'y
a pas davantage de sources auxquelles il pourrait puiser.
Cela est dû au fait qu'il ne connaît pas les limites de son
entendement. Quel intérêt la raison a-t-elle dans la connaissance de Dieu ? Non un intérêt spéculatif mais un intérêt
pratique. L'objet en est bien trop élevé pour pouvoir spéculer. La spéculation risque plutôt de nous induire en erreur.
Notre moralité a, toutefois, besoin de cette idée de Dieu

pour souligner sa propre importance. Ainsi doit-elle rendre non pas plus savant mais plus moral, plus honnête, plus sage. Car s'il y a un être suprême qui peut et veut nous rendre heureux et s'il y a une autre vie, nos convictions morales prennent, de ce fait, plus de nourriture et de force et notre conduite devient plus ferme. Même si notre raison trouve dans le concept de Dieu un petit intérêt spéculatif, celui-ci demeure très inférieur à l'intérêt pratique qu'elle peut y trouver. L'intérêt spéculatif réside dans le fait que notre raison a toujours besoin d'un maximum afin de déterminer et de mesurer les degrés inférieurs.

Nous attribuons souvent un entendement à Dieu. Dans quelle mesure pouvons-nous le faire ? Alors que nous ne connaissons même pas les limites de notre entendement, il nous est encore bien moins possible d'imaginer l'entendement divin. Mais il nous faut ici aussi un maximum que nous ne pouvons obtenir que par la suppression de toutes les restrictions ; c'est pourquoi nous affirmons : notre entendement ne peut connaître quelque chose que par le moyen des caractéristiques universelles, ce qui constitue une limitation de l'entendement humain, limitation qui ne peut se trouver en Dieu. Nous imaginons, par conséquent, le maximum de l'entendement, c'est-à-dire un entendement intuitif. Or, nous n'en avons aucun concept mais ce maximum nous sert, pourtant, à déterminer les degrés inférieurs, puisque le maximum est, lui, déterminé. Si nous voulons déterminer l'amabilité d'un homme, par exemple, nous ne pouvons le faire qu'en imaginant l'amabilité la plus haute, qui se trouve en Dieu, et il est facile, ensuite, de déterminer les degrés intermédiaires. Ainsi le concept de Dieu que nous fournit notre connaissance n'est pas aussi étendu qu'il est déterminé, car un maximum doit toujours être déterminé. Le concept de droit est, par exemple, entièrement et exactement déterminé. Le concept d'équité, en revanche, est tout autant indéterminé. Il dit : je dois céder une partie de mon droit. Mais dans quelle mesure ? Si j'en cède trop, je nuis alors à mon propre droit.

Dans la moralité également nous sommes donc renvoyés au concept de Dieu ; ce qui signifie que nous devons viser l'idée suprême de la moralité selon l'être suprême. Comment pouvons-nous le faire ? Il nous faut, pour cela, déterminer jusqu'à quel point notre moralité s'écarte de celle de l'être suprême. Nous nous servons, donc, du concept de Dieu et nous pouvons l'utiliser comme une jauge afin de déterminer les plus petites distinctions morales. Nous avons donc, ici aussi, un intérêt spéculatif ; mais n'est-il pas tout à fait insignifiant ? Car il n'est jamais qu'un moyen qui nous permet de représenter ce qui se trouve entre le maximum et le néant. Comme cet intérêt spéculatif est faible comparé à l'intérêt pratique qui, lui, contribue à nous transformer en hommes meilleurs, à élever les concepts de la moralité et à placer devant nos yeux les concepts de la conduite morale !

La théologie ne peut pas servir à nous éclairer les phénomènes de la nature. Vouloir placer en Dieu le fondement de tout ce qui ne nous est pas d'emblée évident, ce n'est pas, tout bien considéré, faire un usage correct de la raison. Nous devons, au contraire, apprendre à distinguer d'abord les lois de la nature afin de pouvoir, ainsi, connaître et expliquer ses fonctionnements. De plus, nous n'utilisons pas du tout la raison quand nous disons : cela est dû à la toute-puissance de Dieu, car, ainsi, nous n'expliquons rien. Il s'agit alors d'une raison paresseuse [12] dont nous parlerons davantage par la suite. Mais si nous demandons qui a fondé si solidement les lois de la nature et qui a réglementé si complètement leurs fonctionnements, nous arrivons alors à Dieu comme cause suprême de toute raison et de la nature également. Mais interrogeons-nous plus avant : dans quelle mesure notre connaissance de Dieu, ou, si l'on veut, la théologie rationnelle, a-t-elle une valeur ? Aucune du simple fait qu'elle s'occupe du sujet le plus élevé ; pas plus du fait qu'elle a Dieu comme objet. Notre question doit plutôt être : avons-nous, oui ou non, une connaissance de cet objet, une connaissance qui est adéquate à sa valeur ? Dans la moralité nous voyons non seulement que l'objet mais aussi sa connaissance ont de la valeur. Il ne faut pas, pour autant, que la théologie se vante du fait que l'objet de sa connaissance soit la valeur suprême. Tout bien considéré, notre connaissance reste seulement une ombre par rapport à la grandeur de Dieu qui dépasse notre compréhension. La question est simplement : notre connaissance a-t-elle aussi toujours de la valeur ? Oui, dans la mesure où elle a une relation à la religion car celle-ci n'est rien d'autre que l'application de la théologie à la moralité[13], c'est-à-dire à une bonne disposition morale et à une conduite agréable à l'être suprême. La religion naturelle est ainsi le substratum de toute religion, le soutien, et assure la stabilité de tous les principes moraux ; en tant qu'hypothèse de toute religion, et dans la mesure où elle donne de l'importance à tous nos concepts de vertu et d'intégrité, la théologie naturelle [14] a une valeur qui l'élève au-dessus de toute spéculation.

Pouvons-nous dire qu'il y a des érudits de la théologie naturelle ? Un érudit naturel n'existe pas. Dans la religion révélée, l'érudition existe bien ; car celle-ci doit être un objet d'étude. Mais dans la religion naturelle il n'y a pas d'érudition puisque, ici, il n'y a rien à faire si ce n'est tenir bon et ne pas se laisser glisser dans l'erreur et, au fond, on ne peut pas appeler cela de l'érudition. Tout bien considéré, toute connaissance rationnelle *a priori* ne s'appelle pas érudition. L'érudition est le contenu des connaissances de ce qui doit être étudié. Le théologien ou, si l'on veut, l'érudit de Dieu, doit avoir une érudition véritable car, dans ce domaine, il faut interpréter la Bible et, pour cela, il faut une connaissance des langues et de beaucoup d'autres choses. A l'époque des Grecs, les écoles philosophiques étaient divisées en *Physicas* et *Theologicas*. Mais on ne doit pas comprendre par écoles *Theologicas* celles qui traitaient des coutumes religieuses de cette époque et qui enseignaient les formules des offices sacrés et autres non-sens superstitieux ; elles regroupaient, au contraire, des chercheurs de la raison. Ceux-ci examinaient quels concepts de Dieu se trouvaient dans la raison, jusqu'à quel point celle-ci pouvait s'introduire dans la connaissance de Dieu, où étaient les limites dans le domaine de la connaissance, etc. Tout cela dépendait uniquement de la raison, alors que, dans la connaissance de Dieu, tout dépendait de l'érudition.

Interrogeons-nous à présent : quel est le minimum de théologie nécessaire à la religion ? Quel est le strict minimum de connaissance de Dieu pour pouvoir nous motiver à croire en Lui et à régler à partir de là notre manière morale de vivre ? Quel est le plus petit et le plus étroit concept de la théologie ? C'est celui qui affirme que l'on a besoin d'une religion et que le concept de Dieu est suffisant pour la religion naturelle. Il n'est, toutefois, suffisant que si nous nous rendons compte que notre concept de Dieu est possible et qu'il ne contredit pas les lois de l'entendement. Tout le monde peut-il en être convaincu ? Oui, tout le monde le peut car personne n'est en mesure de dérober ce concept à quiconque et de prouver qu'il n'est pas possible. Il constitue donc la condition nécessaire la plus petite possible d'une religion. Et si cela seulement est posé comme fondement, la religion est toujours possible. Cette possibilité du concept de Dieu s'appuie, néanmoins, sur la moralité qui, sans cela, n'aurait pas de motivation. De plus, la seule possibilité d'un tel être a suffi à faire naître la religion dans l'espèce humaine. Ce n'est pas, toutefois, le maximum de la théologie. Car il est préférable de savoir, aussi, qu'un tel être existe réellement. Et il faut croire que les hommes de l'Antiquité, qui, à Athènes et à Rome, se dévouaient à une vie intègre, n'ont eu d'autre concept de Dieu que celui de la possibilité de ce concept et que cela leur fut suffisant pour les inciter à avoir une religion. Nous réalisons, à stade, que ce concept nous satisfera d'un point de vue pratique mais que notre raison ne sera pas assouvie du point de vue spéculatif. Dans notre effort de présentation du concept de Dieu, nous nous garderons des erreurs et des contradictions engendrées par la spéculation et devrons maintenir fermement la raison dans son champ afin de nous protéger des agressions des ennemis de la théologie. Dans un projet de caractère moral, il est préférable de se tenir à distance de telles erreurs qui auraient une influence sur notre moralité.

La théologie naturelle se divise en :

a) une *Theologia Rationalis*, qui s'oppose à

b) une *Theologia Empirica*.

Mais, puisque Dieu ne peut en aucune façon être un objet des sens et, donc, en aucune façon être un objet de l'expérience, la *Theologia Empirica* sera donc celle qui nous sera rendue possible uniquement grâce à la révélation divine. Il n'y a d'autres théologies, en conséquence, que celle de la raison et celle de la révélation. La théologie de la raison est soit spéculative, lorsqu'elle a le savoir théorique comme fondement, soit morale lorsqu'elle a la connaissance pratique pour objet. La première peut s'appeler théologie spéculative et la seconde que nous déduisons de principes pratiques peut se nommer théologie morale. La théologie spéculative se divise de plus en :

1. Théologie transcendantale, c'est-à-dire une théologie qui est indépendante de toute expérience et a son origine dans l'entendement pur et la raison uniquement;

2. Théologie naturelle [15]. Celle-ci se distingue de la première car elle nous permet de nous représenter Dieu en comparaison avec nous-mêmes en considérant une nature de laquelle nous tirons des propriétés et les attribuons à Dieu. Mais elle n'atteint jamais cette pureté des concepts que l'on trouve dans la théologie transcendantale qui les déduit tous de la seule raison pure.

La nature est l'ensemble des objets de l'expérience. Nous pouvons la considérer comme la nature d'un monde en général ou comme la constitution de toutes les choses existantes. La théologie naturelle peut être de deux types :

1. Une théologie cosmologique où il est possible de considérer la nature comme la nature d'un monde en général et, de là, de conclure à l'existence d'un créateur de cette nature;

2. Une théologie physique où nous reconnaissons Dieu à partir de la constitution du monde existant.

Cette division est faite entièrement selon des règles logiques mais, pour être précis, nous divisons la théologie rationnelle en : a) *Transcendantalis*, b) *Naturalis*, c) *Moralis*. Dans la première, nous concevons Dieu uniquement à partir de concepts transcendantaux, dans la deuxième nous le concevons à partir de concepts physiques et, dans la troisième, à partir de concepts qui sont tirés de la moralité. Si nous voulons maintenant définir plus précisément encore ce sujet[16], il nous faut alors penser Dieu comme l'être originel qui 1) n'est pas un *Derivativum*, un être qui n'est ni déterminé par un autre ni dépendant d'un autre, 2) est la cause de tous les êtres possibles et existants. Donc :

1) Nous penserons Dieu comme *Ens Originarium*, comme *Ens Summum*, quand nous le comparerons à toutes choses en général et quand nous le considérerons comme l'être suprême, comme l'origine de toutes choses possibles. Le concept d'*Ens Originarium*, en tant qu'*Ens Summum*, fait partie de la philosophie transcendantale. Ce concept transcendantal est même à la base de la philosophie transcendantale et il existe, en conséquence, une théologie tout à fait spéciale dans laquelle l'être originel est pensé comme l'*Ens Originarium* auquel appartient le fait de ne provenir d'aucun être et d'être à l'origine de tout ;

2) Nous penserons aussi l'*Ens Originarium* comme *Summa Intelligentia*, c'est-à-dire comme l'être suprême considéré en tant que rationalité suprême. Celui qui pense Dieu uniquement en tant qu'*Ens Summum* laisse sans réponse la question : comment est-il constitué ? Mais celui qui pense Dieu en tant que *Summa Intelligentia* le pense comme un être vivant, comme un Dieu vivant qui possède connaissance et libre arbitre. Celui-là pense Dieu non comme cause du monde mais comme créateur du monde qui a dû utiliser une intelligence pour le créer et qui a donc un libre arbitre. C'est le cas de la *Theologia Rationalis* ;

3) Nous représenterons l'*Ens Originarium* comme *Summum Bonum*, comme le bien suprême ; c'est-à-dire Dieu pensé non seulement comme la plus haute puissance de connaissance mais aussi comme l'ultime base de connaissance, comme le système de toutes les fins. C'est le cas de la *Theologia Moralis*.

Dans la théologie transcendantale, nous représentons Dieu comme cause du monde ; dans la théologie naturelle, comme créateur du monde, c'est-à-dire comme un Dieu vivant, comme un être libre qui, de son propre choix libre, sans aucune contrainte, a donné existence au monde ; dans la théologie morale enfin, comme souverain du monde. Car

Dieu aurait pu créer quelque chose de son libre choix sans, pour autant, s'être fixé une fin additionnelle ; mais, ici, nous le considérons comme législateur du monde en ce qui concerne les lois morales.

Divers termes concernant
ces différents modes de connaissance

Celui qui n'accepte aucune théologie est un athée, celui qui suppose une théologie purement transcendantale est un déiste. Ce dernier veut bien admettre qu'il existe une cause du monde bien qu'il laisse ouverte la question de savoir s'il s'agit d'un agent libre ou non. Dans la théologie transcendantale, nous pouvons même employer des attributs ontologiques et dire, par exemple, que Dieu a une réalité. Celui qui accepte une *Theologia Naturalis* est un théiste. Les deux noms, déiste et théiste, ne sont guère différents si ce n'est par le fait que l'un provient du latin et l'autre du grec. On a pourtant considéré cette origine comme une différenciation significative de ces deux types de théologie. Le théisme consiste à croire non seulement en un Dieu mais aussi en un Dieu vivant qui, grâce à la connaissance et au libre arbitre, a créé le monde. Et on voit ici clairement que la *Theologia Transcendantalis* ne repose absolument pas sur l'expérience et est, donc, établie uniquement par la raison pure. Ce n'est pas le cas de la théologie naturelle car celle-ci comprend, au moins, une certaine dose d'expérience ; nous devons, là, avoir un modèle comme celui d'une intelligence, la faculté humaine d'entendement, par exemple, d'où déduire un entendement supérieur. La théologie transcendantale, quant à elle, représente Dieu entièrement séparé de toute expérience ; tout bien considéré, comment l'expérience pourrait-elle, en effet, nous apprendre quelque chose d'universel ? Dans la théologie transcendantale, nous pensons Dieu comme un être sans aucune limitation ; nous élargissons notre concept jusqu'au plus haut degré et contemplons Dieu comme un être infiniment distant de nous. Mais ce faisant, connaissons-nous la moindre chose sur Dieu ? Le concept qu'ont les déistes de Dieu est donc totalement inutile et inepte et n'a, de plus, aucune influence sur nous si nous le concevons isolément. Quand la théologie transcendantale, en revanche, est envisagée comme une propédeutique ou une introduction aux deux autres théologies, elle est alors d'une excellente et très grande utilité. Car elle nous permet de penser Dieu d'une façon entièrement pure et empêche, ainsi, que l'anthropomorphisme ne s'introduise dans les autres théologies ; la théologie transcendantale, ainsi envisagée, est de la plus grande utilité négative et nous prémunit des erreurs.

Comment appelle-t-on cette théologie dans laquelle Dieu est pensé comme *Summum Bonum*, comme le bien moral suprême ? Jusqu'à présent on ne l'a pas encore correctement distinguée et on ne lui a pas, par conséquent, donné de nom. On peut l'appeler *Theismus Moralis* car Dieu y est considéré comme l'auteur de nos lois morales ; elle est la véritable théologie qui sert de fondement à la religion. Car si nous pensons Dieu comme créateur du monde mais non comme maître du monde en même temps, il n'en résulte aucune influence sur notre comportement. Dans la théologie morale, nous ne pensons pas Dieu comme le principe suprême de la nature mais, plutôt, comme le principe suprême du royaume des fins. La théologie morale est totalement différente de la moralité théologique, c'est-à-dire de la moralité où le concept de l'obligation présuppose le concept de Dieu. Une telle moralité théologique n'a aucun principe ou, tout au plus, n'est-il que le fait que la volonté de Dieu soit révélée et découverte. La moralité ne doit pas être fondée sur la théologie, mais doit avoir son propre principe en elle, le fondement de notre comportement ; la théologie peut, alors, être liée à la moralité qui gagne, ainsi, plus de motivation et une puissance moralement active. Dans la moralité théologique, le concept de Dieu doit déterminer nos obligations ce qui est le contraire de la moralité car, dans ce cas, on s'imagine toutes sortes d'attributs horribles et effrayants comme faisant partie du concept de Dieu. Ceci peut, évidemment, nous faire effectivement peur et nous amener, par contrainte ou pour éviter le châtiment, à suivre les lois morales, mais cela ne rend pas l'objet digne d'intérêt pour autant. Car, ainsi, nous ne nous rendons pas compte de l'horreur de certaines actions mais nous nous en abstenons par peur du châtiment. La moralité naturelle doit être constituée de telle sorte qu'elle puisse être pensée indépendamment de tous les concepts de Dieu et qu'elle trouve en nous, grâce à sa propre dignité et à son excellence, de fervents serviteurs. De plus, la théologie morale nous incite, une fois que nous nous sommes intéressés à la moralité elle-même, à nous intéresser également à l'existence de Dieu, d'un être qui peut récompenser notre bonne conduite ; nous y gagnons de fortes incitations qui nous disposent à l'observance des lois morales. Ceci est une hypothèse d'une grande nécessité.

La théologie spéculative peut être classée en 1) Ontologie, 2) Théologie cosmologique et 3) Théologie physique. La première envisage Dieu uniquement à partir de concepts, comme principe de toute possibilité (ce qui est le cas de la *Theologia Transcendantalis*). La seconde présuppose une existence et déduit l'être suprême de l'existence d'un monde en général. Enfin, la théologie physique se sert de l'expérience du monde présent en général et en déduit l'existence d'un auteur du monde et les attributs qui lui appartiennent en tant que tel.

Anselme [17] fut le premier à vouloir démontrer, uniquement à partir de concepts, la nécessité d'un être suprême en partant de celui d'*Ens Realissimum*. Si cette théologie n'est pas d'une utilité immédiate très grande d'un point de vue pratique, elle présente pourtant l'avantage de purifier nos concepts et de les purger de tout ce que nous risquons, en tant qu'hommes sensibles, d'attribuer au concept abstrait de Dieu. Elle est le fondement de toute théologie possible.

Ce sont essentiellement **Leibniz** [18] et **Wolff** [19] qui ont élaboré la théologie cosmologique. Celle-ci suppose qu'il existe un objet de l'expérience puis cherche, à partir de cette expérience pure, à démontrer l'existence de l'être suprême. **Wolff** doutait que l'existence d'un tel être puisse être démontrée par le simple concept d'un être contenant le fondement de toute possibilité. Il affirmait par conséquent :

il existe quelque chose ; or cette chose doit exister par elle-même ou doit avoir une cause comme fondement de son existence. La cause première doit être l'être de tous les êtres. Nous voyons donc que la théologie cosmologique est aussi abstraite que la théologie ontologique ; car, que nous importe que cette chose existe par elle-même ou ait une cause extérieure comme fondement ? Si nous examinons, en revanche, si elle contient en elle toute perfection, nous arrivons au concept de l'existence d'un être de tous les êtres, un être primordial qui ne dépend d'aucun autre.

Chacun aspire à la popularité en essayant de faire comprendre ses concepts par des exemples faciles ; et on a, ainsi, raison de vouloir arriver au concept suprême de l'intuition. On exige aussi, à juste titre, la capacité de représenter l'idée absolue *in concreto* afin de prendre pied de façon sûre et de ne pas tomber dans un labyrinthe hors du domaine de l'expérience. C'est pourquoi on est arrivé à une théologie physique qui a été élaborée par de nombreux philosophes. **Anaxagore** [20] et **Socrate** [21] la fondèrent, jadis, par leurs enseignements. La théologie physique présente l'avantage de nous présenter l'être suprême comme l'intelligence suprême et comme l'auteur de la finalité, de l'ordre et de la beauté. Elle est adaptée à toute l'humanité car elle peut illustrer et éclairer nos concepts de Dieu. Mais il faut noter que nous ne pouvons avoir, dans ce domaine, aucun concept déterminé car seule la raison peut se représenter la perfection et la totalité. Dans la théologie physique, nous distinguons bien une puissance. Mais pouvons-nous dire avec certitude qu'il s'agit de la toute-puissance ou du degré le plus élevé de la puissance ? Nous ne pouvons donc pas en déduire la perfection suprême.

La preuve ontologique

La démonstration de cette preuve constitue la théologie ontologique où nous pouvons contempler la perfection suprême de façon déterminée dans tous ses attributs. Les jugements que notre raison porte sur les choses sont soit négatifs, soit affirmatifs, ce qui signifie que l'attribut que nous imputons à une chose, quand nous faisons une affirmation à son sujet, exprime : soit que quelque chose existe dans cette chose, ou peut y être trouvé, soit que quelque chose n'y est pas. Un prédicat qui exprime l'existence dans une chose contient une réalité ; mais un prédicat qui en exprime la non-existence contient sa négation. Toute négation suppose, pourtant, une réalité. Nous ne pouvons, donc, connaître aucune négation à moins de ne connaître également la réalité qui lui est opposée. Comment pourrions-nous éprouver un pur manque sans connaître ce qui fait défaut ? Toutes les choses du monde contiennent et réalité et négation en elles-mêmes. Quelque chose d'entièrement négatif, auquel tout manquerait donc, serait un néant, une non-chose. Par conséquent, toute chose, censée être une chose, doit avoir certaines réalités. Chaque chose dans le monde a aussi, pourtant, ses négations et c'est, précisément, cette relation entre réalités et négations qui permet de distinguer entre les choses. Nous trouvons, toutefois, des négations dans des choses dont les réalités ne sont nullement à trouver dans le monde. Comment ces négations sont-elles possibles, elles qui ne sont rien d'autre que des limitations des réalités ? Autrement dit, pouvons-nous apprécier la dimension de la réalité des choses, déterminer le degré de leur perfection ? Si la raison le veut, elle doit, pour ce faire, penser une réalité maximum d'où partir et à laquelle comparer toutes les autres choses puisque, conformément aux principes de sa propre nature, elle ne peut déduire le particulier de l'universel qu'en déterminant le degré de réalité des choses. Un tel maximum, dans lequel toute la réalité se trouve, est l'unique chose totale, parce que parfaitement déterminée à l'égard de tous les attributs possibles. Voilà pourquoi un tel *Ens Realissimum* est également le fondement de la possibilité de toutes les autres choses. Nous pouvons, en effet, penser la possibilité de choses infiniment nombreuses, en pensant simplement la réalité suprême comme limitée de façon infiniment nombreuse. Si nous retenons certaines réalités, mais les limitons, et laissons entièrement de côté d'autres réalités, nous obtenons alors une chose qui a à la fois des réalités et des négations mais dont les limitations supposent absolument, pourtant, une réalité supérieure. Ainsi peut-on imaginer, par exemple, une seule lumière, mais aussi d'infinies modifications de celle-ci quand on la mélange avec des ombres. La lumière serait donc la réalité et les ombres ses négations. Or, nous pouvons concevoir beaucoup de lumière et peu d'ombres, ou beaucoup d'ombres et peu de lumière et, selon les règles de mesure du plus ou du moins, ce que nous imaginons pour chaque cas en constitue les facettes et les modifications. La gravure sur cuivre et l'estampage sont nés de là. De même que, dans ce domaine, la lumière est à l'origine de toutes les modifications possibles occasionnées par l'apport d'ombres, l'*Ens Realissimum*, quand nous le limitons de façon à en faire apparaître les négations, est lui aussi à l'origine de toutes les autres choses possibles. Ce concept pur de l'entendement d'un Dieu conçu comme une chose qui a toute réalité en lui est présent dans tout entendement humain ; mais il est souvent exprimé en d'autres termes.

L'objet de ce concept est-il réel ? Voilà une tout autre question . Pour prouver l'existence d'un tel être, **Descartes** [22] conclut qu'un être qui contient toutes les réalités en lui doit exister aussi de façon nécessaire, car l'existence est bien une réalité. En pensant donc un *Ens Realissimum*, nous devons aussi penser cette même existence réelle. Il déduit également, ainsi, l'existence nécessaire d'un tel être à partir d'un simple concept pur de l'entendement. Une chose magnifique, certes, si la preuve était bonne ! Car notre propre raison nous forcerait alors à accepter l'existence d'un tel être et nous serions obligés d'abandonner notre raison si nous voulions nier son existence. Nous pourrions, de plus, prouver alors de façon incontestable qu'il ne peut y avoir qu'un seul être de ce genre ; car nous ne pouvons penser plus d'une chose qui comprenne tout ce qu'il y a de réel. S'il y en avait plusieurs, elles ne seraient pas *Realissima* ou elles seraient toutes une même chose.

La preuve cosmologique

Avec cette preuve, nous supposons que quelque chose existe, donc aussi une expérience, et, par conséquent, la preuve établie sur cette supposition n'est plus déduite de la raison pure comme l'était précédemment la preuve transcendantale. Elle est pourtant l'expérience la plus simple que je puisse supposer, à savoir l'expérience que j'existe. Raisonnons avec **Leibniz** et **Wolff** : je suis nécessaire ou contingent. Mais les changements qui se passent en moi montrent que je ne suis pas nécessaire ; je suis donc contingent. Toutefois, si je suis contingent, il doit y avoir quelque part, en dehors de moi, un fondement de mon existence qui fait que je suis ainsi et pas autrement. Ce fondement de mon existence doit être absolument nécessaire, car s'il était aussi contingent, il ne pourrait pas alors être le fondement de mon existence mais aurait besoin d'un autre qui contiendrait le fondement de sa propre existence. Cet être absolument nécessaire doit donc contenir en lui-même le fondement de son existence, tout comme celui du monde entier, car le monde entier est contingent et ne peut pas, en conséquence, contenir la raison pour laquelle il est ainsi et pas autrement. Cet être, qui contient en lui-même le fondement de l'existence de toutes choses, doit, au contraire, avoir le fondement de sa propre existence en lui-même car il n'y a rien de quoi il pourrait dériver. Et cet être est Dieu ! **Wolff** conclut, ainsi, à la perfection suprême d'un tel être à partir de son absolue nécessité. Cette preuve cosmologique est fondamentalement aussi abstraite que la preuve transcendantale, si ce n'est que sa source première est empirique ; mais pour le reste elle ne traite que de concepts purs.

On voit facilement qu'ici la preuve transcendantale est supposée être la bonne, que c'est elle qui donne à la preuve cosmologique toute sa force et que, en revanche, si la première n'est pas bonne, la seconde s'annule d'elle-même ; car c'est seulement dans le cas où nous pouvons prouver que la chose la plus parfaite doit exister de façon absolument nécessaire que nous pouvons en déduire, à l'inverse, qu'un être absolument nécessaire doit être le plus parfait.

La preuve physicothéologique

La preuve physicothéologique déduit de la constitution du monde présent la nature de son auteur. Cette preuve est similaire à la preuve cosmologique, à ceci près que cette dernière est abstraite des concepts d'un monde en général, tandis que la preuve physicothéologique abstrait, à partir du monde présent, le concept d'un auteur du monde. Sa source est donc entièrement empirique ; la preuve est populaire et attrayante. Les preuves ontologique et cosmologique sont, en revanche, sèches et abstraites à la fois.

Il nous faut, à ce stade, introduire un correctif qui concerne l'application systématique des preuves de l'existence de Dieu, correctif nécessaire parce que, jusqu'ici, nous n'avons pas été suffisamment précis. Ce correctif consiste dans le fait que les preuves ontologique et cosmologique font toutes deux partie de la théologie transcendantale parce qu'elles sont déduites de *principii a priori*. Le caractère *a priori* de la preuve ontologique, en tant que telle, a déjà été suffisamment démontré. En revanche, la preuve cosmologique pourrait paraître être empruntée à l'expérience, comme nous l'avons d'ailleurs affirmé peu avant. Mais, tout bien considéré, on voit qu'aucune expérience d'un monde n'est à présupposer dans la preuve cosmologique proprement dite mais qu'au contraire, l'existence d'un monde est à supposer purement comme hypothèse. Le raisonnement est le suivant : si un monde existe, il doit alors être contingent ou nécessaire, etc., mais non celui-ci : il y a un monde, etc. Aucune expérience d'un monde ou de la façon dont il est constitué n'est donc nécessaire pour arriver à cette conclusion ; au contraire, seul le concept du monde, quel qu'il soit, le meilleur ou le pire, comme l'on veut, est utile. Toute la preuve cosmologique est ainsi construite sur de purs concepts de l'entendement et, en tant que telle, appartient à la théologie transcendantale qui raisonne selon les *principii a priori*. La preuve physicothéologique, en revanche, est entièrement établie sur des principes empiriques car elle utilise comme base des perceptions réelles du monde existant. Mais la théologie physique n'aboutit pas si la théologie transcendantale échoue car elle ne peut jamais fournir un concept déterminé de Dieu sans l'aide de cette dernière, et un concept indéterminé est inutile. Le concept précis de Dieu est celui qui le définit comme la chose la plus parfaite. Mais nous ne pouvons jamais déduire un tel concept de l'expérience car la perfection suprême ne se trouve jamais dans le domaine possible de l'expérience. C'est ainsi qu'il nous est impossible de prouver par l'expérience la toute-puissance de Dieu, par exemple, même en supposant des millions de soleils dans l'immensité de l'espace, chacun d'eux entouré de millions de planètes, elles-mêmes habitées par des créatures rationnelles et irrationnelles. Car une grande puissance aurait pu produire cent, mille, voire des millions de soleils. De chaque *factum* on ne peut déduire qu'une grande puissance, qu'une puissance immense. Mais qu'est-ce qu'une puissance immense ? C'est une puissance par rapport à laquelle notre propre puissance est si petite que nous ne pouvons pas la mesurer. Mais elle n'est pas la toute-puissance. Nous pouvons de même admirer la grandeur et l'ordre de toutes les choses dans le monde présent, ainsi que leur relation hiérarchique ; nous ne pouvons pas en déduire, toutefois, qu'un seul être les a produits. Il pourrait y avoir, en effet, plusieurs êtres puissants, dont chacun aurait plaisir à façonner son domaine. Il nous est impossible, en tout cas, de réfuter cette possibilité à partir de l'expérience du monde. Et c'est justement pourquoi les Anciens, qui fondaient leurs preuves de l'existence de Dieu sur ce qu'ils avaient appris du monde, ont produit des résultats si contradictoires ; tels **Anaxagore** puis **Socrate** qui croyaient en un seul Dieu, tandis qu'**Epicure** [23] ne croyait en aucun ou que, s'il existait, il n'avait aucun rapport avec le monde ; d'autres croyaient en de multiples dieux ou, tout au moins, en un bon et un mauvais principe. Cela était dû au fait que chacun considérait le monde d'un point de vue

différent ; l'un remarquait l'harmonie suprême dirigée par
un entendement infini, l'autre envisageait la totalité mais
uniquement du point de vue des lois physiques de la naissance et de la mort, un troisième notait les intentions complètement contradictoires, les tremblements de terre, par
exemple, les volcans et les ouragans furieux, en somme la
destruction de tout ce qui était si magnifiquement établi. Le
fait d'abstraire des concepts de Dieu de perceptions fondées
empiriquement seulement ne peut produire, en effet, que
des systèmes contradictoires. Notre expérience du monde
est trop restreinte pour que nous puissions en déduire la
réalité suprême. Nous devons connaître la totalité du
monde, en premier lieu, tous ses moyens et tous ses buts
atteints, avant de pouvoir en conclure que le monde présent
est le plus parfait de tous les mondes possibles et est, en
conséquence, la preuve de la perfection suprême de son
auteur. Les théologiens naturels ont bien compris cela.
C'est pourquoi ils ne s'attachent à la démonstration de leur
preuve que jusqu'au point où ils croient avoir prouvé avec
certitude qu'une *prima causa mundi* existe puis ils sautent
à la théologie transcendantale grâce à laquelle ils prouvent
que cette *prima causa mundi* (l'*Ens Originarium*) doit être
absolument nécessaire, qu'elle doit donc être, aussi, l'*Ens
Realissimum*. Nous voyons bien, ainsi, que la théologie
physique se base entièrement sur la théologie transcendantale. Si celle-ci est correcte et bien fondée, la théologie physique nous rend, alors, un immense service et toutes les
objections à la perfection suprême, tirées des conflits dans
la nature, disparaissent. Car nous avons alors gagné une
conviction plus grande ; que l'*Ens Originarium* est un *Ens
Realissimum* et que, par conséquent, il a dû laisser partout
la marque de sa perfection suprême ; seules notre myopie
et nos limitations, qui ne nous permettent pas de surveiller
la totalité et d'envisager les événements futurs qui auront
certainement pour conséquence le résultat le meilleur et
le plus grand, nous empêchent de la distinguer en toutes
choses.

Il n'y a pas d'autres preuves spéculatives de l'existence
de Dieu que les trois que nous venons d'étudier. Le concept

de *Primo Motore* des Anciens, et de la nécessité de son existence en raison de l'impossibilité pour la matière d'avoir pu se mettre initialement en mouvement seule, est déjà contenu dans la preuve cosmologique, bien qu'il soit loin d'être aussi universel qu'elle qui prend également comme fondement les notions de changement et de contingence et pas seulement le mouvement du monde physique. Si, enfin, on tente de prouver l'existence de Dieu par le fait de l'accord de tous les peuples sur une croyance en Dieu, on ne démontre rien car l'histoire et l'expérience nous apprennent également que tous les peuples ont cru à des fantômes et des sorcières et y croient sans doute encore.

Ainsi, toute spéculation dépend en principe du concept transcendantal. Mais, devrions-nous abandonner la connaissance de Dieu si ce concept n'était pas correct ? Absolument pas ; car il ne nous manquerait alors que la connaissance scientifique de l'existence de Dieu ; mais il nous resterait un domaine très vaste, celui de la croyance à l'existence de Dieu. Et nous déduirions cette croyance de principes moraux *a priori*. Si, dans ce qui suit, nous devions susciter des doutes concernant ces preuves spéculatives et sembler nous en prendre à ces prétendues démonstrations de l'existence de Dieu, nous ne voulons pas, pour autant, miner la croyance en Dieu mais, au contraire, frayer la voie aux preuves pratiques. Nous ne faisons que renverser cette prétention illusoire de la raison humaine à vouloir démontrer d'elle-même, et de façon apodictique, l'existence de Dieu ; mais selon les principes moraux, nous considérons la croyance en Dieu comme le principe de toutes les religions.

L'athéisme (le fait d'être sans Dieu ou de nier Dieu) se divise en deux types, le sceptique et le dogmatique. Le premier ne dispute que les preuves de l'existence d'un Dieu, essentiellement leur certitude apodictique, mais pas l'existence de Dieu elle-même, tout au moins pas la possibilité de son existence. Par conséquent, un athée sceptique peut encore avoir une religion car il admet de bonne foi qu'il est bien plus impossible de prouver qu'il n'existe aucun Dieu que de prouver qu'il en existe un. Il nie seulement que la raison humaine puisse arriver à la certitude de son

existence par la spéculation. Mais, d'un autre côté, il voit
bien également, et avec autant de certitude, que la raison
humaine ne peut établir que Dieu n'existe pas. Or, la
croyance en un Dieu simplement possible comme souverain
du monde est, bien sûr, le minimum de la théologie. Et une
telle croyance est d'une influence suffisante pour pouvoir
engendrer la moralité chez un homme qui, en outre, a préalablement reconnu, avec certitude, la nécessité de ses
devoirs comme apodictique. Le cas est totalement différent
pour l'athée dogmatique qui nie, catégoriquement, l'existence d'un Dieu et qui déclare, dans tous les cas, l'impossibilité de son existence. Ou de tels athées dogmatiques n'ont
jamais existé, ou ils ont été les hommes les plus malicieux.
Car chez eux, toutes les incitations à la moralité ont disparu
et le théisme moral est opposé à ce type d'athéisme.

Le théisme moral

Le théisme moral [24] est d'abord critique, c'est-à-dire
qu'il suit pas à pas toutes les preuves spéculatives de l'existence de Dieu et les reconnaît comme insuffisantes ; il
affirme, en effet, qu'il est purement et simplement impossible pour la raison spéculative de démontrer avec certitude
l'existence d'un être suprême ; il est convaincu, néanmoins,
de l'existence d'un tel être et a une croyance imperturbable
en son existence pour des raisons pratiques. Le fondement
sur lequel il établit cette croyance est inébranlable et ne
peut jamais être détruit, même si tous les hommes s'asso-
ciaient dans ce but. Il est une forteresse dans laquelle
l'homme moral peut s'abriter sans crainte d'en être chassé
car toutes les attaques se brisent contre ses murailles. Parce
qu'elle est bâtie sur un tel fondement sa croyance en Dieu
est aussi certaine qu'une démonstration mathématique. Ce
fondement est la moralité — tout le système de ses devoirs
— qui est reconnue *a priori* de façon certaine et apodictique par la raison pure. Cette moralité des actions absolument nécessaire provient de l'idée d'un être libre de ses
actes et rationnel, ainsi que de la nature de l'action elle-

même. Rien de plus certain et de plus ferme que notre obligation aux actions morales ne peut être pensé en aucune science. La raison devrait cesser d'être si elle pouvait nier cette obligation d'une manière ou d'une autre. Car les actions morales se règlent non pas selon leur résultat ni selon les circonstances ; elles sont déterminées, une fois pour toutes, pour les hommes par leur nature. Ainsi seulement — c'est-à-dire en prenant pour but le fait de suivre son obligation morale — devient-on un être humain ; sans cela, on est un animal ou un monstre. Sa propre raison témoigne contre un homme s'il s'oublie au point d'agir contre son devoir et elle le rend, alors, méprisable et affreux à ses propres yeux. Mais quand un homme devient conscient de son devoir d'obéissance morale, il est alors certain d'être, lui aussi, un maillon de la chaîne qui nous relie au royaume de toutes les fins et cette pensée lui procure réconfort et soulagement ; elle le rend, intérieurement, noble et digne du bonheur ; elle l'élève à l'espoir de former un tout dans le royaume de la moralité avec tous les êtres rationnels, tout comme dans le royaume de la nature tout est lié à l'ensemble. L'homme a, ainsi, un fondement solide sur lequel il peut construire sa croyance en Dieu ; car, bien que sa vertu doive être dépourvue de tout intérêt personnel, malgré les multiples appels de tentations séduisantes, il ressent une pulsion d'espoir d'un bonheur durable. Il essaie sans relâche d'agir selon les devoirs qu'il trouve fondés dans sa propre nature ; mais il a également des penchants qui en permanence lui illuminent les avantages d'une conduite opposée et, s'il n'avait plus aucune force ni motivation pour les contrer, il serait alors aveuglé par leur éclat. Pour ne pas être obligé d'agir contre ses propres forces, il est donc contraint, par sa propre raison, de penser un être dont l'intention est indissociable de ses commandements, que l'homme reconnaît comme étant donné *a priori* pour eux-mêmes de façon certaine et apodictique. Il devra penser cet être comme le plus parfait car, sinon, sa moralité ne pourrait en contenir aucune réalité. Cet être doit être omniscient pour qu'il puisse connaître les sentiments les plus faibles au plus profond du cœur de l'homme, ainsi que tous les mobiles et toutes les intentions de ses actions ; une connaissance qui ne serait que grande n'est certes pas suffisante pour cela ; seule l'omniscience le permet. Il doit être tout-puissant également afin de pouvoir accorder la nature entière à une façon morale d'agir. Il doit être juste et saint car, sinon, nous ne pouvons avoir aucun espoir que l'accomplissement de notre devoir lui soit agréable. Le théiste moral peut bâtir, de cette manière, un concept de Dieu tout à fait précis et déterminé en le réglant selon la moralité. Ainsi, il rend superflu, en même temps, tout ce que l'athée sceptique attaque. Car il n'a pas besoin de preuves spéculatives de l'existence de Dieu ; il en est convaincu avec certitude car, sans cela, il devrait répudier les lois absolument nécessaires de la moralité qui ont leur fondement dans la nature de son être. Il déduit ainsi la théologie de la moralité, non pas à cause d'une évidence spéculative, mais à cause d'une évidence pratique, c'est-à-dire non par le savoir mais par la croyance. Une hypothèse pratique nécessaire est à notre connaissance pratique ce qu'est précisément un axiome à la connaissance spéculative. C'est pourquoi l'existence d'un sage souverain du monde est un postulat nécessaire de la raison pratique.

PREMIERE PARTIE
La théologie transcendantale

Dans la connaissance de Dieu par la raison pure, nous avons trois concepts constitutifs [25] :

1. Dieu en tant qu'être originel (*Ens Originarium*). Dans ce concept, nous pensons Dieu comme une chose en général qui n'est dérivée d'aucune autre, comme l'être primordial, l'unique être qui ne soit pas un dérivé. Nous concevons donc Dieu totalement isolé de tout, comme un être qui existe en soi et par soi et n'a de relation avec aucun autre être. Ce concept d'un *Ens Originarium* est le fondement de la théologie cosmologique qui en déduit la nécessité absolue et la perfection suprême de Dieu.

2. Dieu en tant qu'être suprême (*Ens Summum*). Dans ce concept, on pense Dieu comme un être ayant toute réalité et, de ce concept d'*Ens Realissimum* et de ses attributs, on déduit son originalité et sa nécessité. Ce concept de Dieu en tant qu'*Ens Maximum* est la base de la théologie ontologique.

3. Dieu en tant qu'être de tous les êtres (*Ens Entium*). Dans ce concept, Dieu est pensé non seulement comme l'être primordial qui existe en soi, qui n'est dérivé d'aucun

autre, mais aussi comme source de toutes les autres choses, c'est-à-dire comme l'être duquel tous les autres sont dérivés. Nous pouvons appeler ceci la Toute-suffisance de Dieu.

Ces trois concepts de Dieu, être originel, être suprême et être de tous les êtres, sont le fondement de tous les autres concepts de Dieu. Nous leur ajouterons, il est vrai, des attributs différents par la suite, mais ce sont là les seules déterminations spécifiques du concept fondamental de Dieu.

Première section

La théologie ontologique

Dans cette première section, nous considérerons Dieu comme l'être suprême ou, tout au moins, nous poserons dès le début ce concept de Dieu comme fondement. Mais comment pourrions-nous, au moyen de la raison pure, penser un être suprême, simplement comme une chose ? Un tel être doit posséder quelque chose de positif qui en exprime l'existence. Un pur non-être ne peut constituer une chose. Le concept de *Ente Omni Modo Negativo* est celui d'un *Non Ens*. Par conséquent, puisque toute chose doit avoir de la réalité, nous pourrons concevoir, parmi toutes les choses possibles, soit un *Ens Realissimum*, soit un *Ens Partim Reale, Partim Negativum*. Mais une chose qui n'a qu'une part de réalité n'est pas une chose complète, car il lui manque quelque chose. Une chose suprême devra donc posséder toute la réalité car, seulement dans ce cas, nous aurons une chose dont la détermination entière sera également liée à son concept, car celui-ci sera déterminé fondamentalement et complètement par rapport à tous les *Praedicta Opposita*[26] possibles. Par conséquent, le concept d'un *Ens Realissimum* est précisément le concept d'un *Ens Summum*, car toutes les choses sauf lui sont *Partim Realia Partim Negativa* et leur concept n'est donc pas complètement déterminé. Lorsque nous considérons, par exemple, le concept d'un être humain parfait en tant qu'être humain, le

fait qu'il soit jeune ou vieux, grand ou petit, instruit ou
ignorant, ne le détermine pas totalement ; ces caractéristiques ne sont donc pas des choses parfaites car elles ne comprennent pas toute la réalité mais contiennent des éléments
négatifs. Que sont les négations ? Rien que des limitations
des réalités, car aucune négation ne peut être pensée si
l'élément positif ne l'a pas été préalablement. Comment
peut-on penser un pur manque ? Comment penser l'obscurité sans le concept de la lumière, ou la pauvreté sans le
concept de prospérité ? Si tous les concepts négatifs sont
donc déduits d'une réalité déjà présupposée, toute chose,
déterminée totalement en tant qu'*Ens Partim Reale et Ens
Partim Negativum*, présuppose alors également un *Ens Realissimum* car ses réalités et ses négations ne sont rien d'autre que des limitations de la réalité suprême. Quand nous
ôtons totalement certaines réalités au concept d'*Ens Realissimum*, en effet, des négations se découvrent qui, lorsqu'on
les combine avec les réalités restantes, nous donnent le
concept d'un *Ens Partim Reale, Partim Negativum*. Le
concept d'*Ens Realissimum* contient donc le fondement de
tous les autres concepts. Par conséquent, il est la mesure
fondamentale d'après laquelle nous devons penser, voire
juger, toute autre chose. Nous ne pouvons penser, par exemple, le concept d'ignorant que si nous avons préalablement
pensé un être qui sait tout puis avons limité totalement ce
dernier jusqu'à lui avoir ôté toute réalité. Il s'ensuit donc
que le concept d'un tel *Ens Realissimum* est aussi le
concept d'un *Ens Originarium* duquel tous les autres
concepts sont déduits. Mais, à vrai dire, il est seulement
un *Ens Originarium Logice Talis*, c'est-à-dire un être
dont le concept ne peut être déduit d'aucun autre parce
que tous les autres concepts doivent être déduits de celui-
là. En conséquence, un *Ens Realissimum* est aussi un *Ens
Logice Originarium*. En revanche, l'*Omne Ens Limitatum*
est aussi un *Ens Derivatum*. Et il est impropre de parler
de réalités mélangées. Car un mélange entre une réalité
et une négation, entre quelque chose et rien, n'est pas
pensable. Quand on mélange une chose à une autre, le
résultat doit être réel ; mais les négations ne sont que

des purs manques. Si donc une chose a une part négative
en plus d'une part réelle, comme dans le cas d'une pièce
obscure, par exemple, il n'y a pas d'addition du négatif,
mais plutôt une restriction de la réalité. Dans cet exemple
en effet, on n'a pas ajouté l'obscurité comme une sorte
de négation à la réalité de la lumière ; la négation,
l'obscurité, est intervenue lorsque nous avons limité et
réduit la réalité de la lumière. Le mélange logique de
concepts est, en revanche, complètement différent. Nous
pouvons dire, là, en effet, que le concept de négation est
ajouté à mon concept de réalité. Car notre concept de
négation est bien un concept, tout autant que le concept
de réalité. Nous avons donc, là, quelque chose que nous
pouvons mélanger avec autre chose. Ceci n'est pas le
cas pour l'objet lui-même, mais uniquement pour l'idée
de l'objet.

Encore plus importante est la thèse des théologiens scolastiques qui affirme que chaque attribut de Dieu est effectivement Dieu lui-même. Exprimée clairement et avec
précision, cette thèse est la suivante : une réalité singulière
considérée sans restriction en tant que fondement est également un concept entier de Dieu. Si nous examinons cette
thèse, nous la trouvons effectivement fondée, car toute réalité, pensée sans limitation, est Dieu lui-même, ce qui signifie que Dieu est omniscient, tout-puissant, éternel. Nous ne
considérons, ici, que des réalités singulières sans limitation
et nous représentons Dieu entièrement en ces termes puisque nous pensons chaque réalité sans restriction comme un
fondement grâce auquel nous comprenons toute autre réalité sans restriction. Quand nous nous représentons l'omniscience, par exemple, nous la considérons en même temps
comme un fondement grâce auquel nous posons aussi la
toute-puissance, etc., et en déduisons avec raison que l'être
à qui appartient sans restriction cette réalité toute singulière
est l'être à qui appartiennent aussi toutes les autres réalités,
ce qui nous donne le concept de Dieu. Dieu est une idée
nécessaire à notre compréhension, parce qu'il est le substratum de la possibilité de toutes choses. Ceci a déjà été
amplement expliqué. La question qu'il nous faut mainte-

nant poser est : cette idée que nous avons de Dieu a-t-elle
également une réalité objective, en d'autres termes, existe-
t-il réellement un être qui corresponde à notre idée de
Dieu ? On a voulu répondre positivement à cette question
en soulignant le fait que rien ne contredit ce concept. Ce
qui va de soi. Car notre concept total de Dieu est constitué
de réalités. Et une réalité ne peut absolument pas en contredire une autre car, pour qu'il y ait contradiction, il est
nécessaire qu'une chose soit et ne soit pas en même temps.
Mais un tel non-être serait une négation et, en tant que tel,
ne pourrait pas correspondre au concept de Dieu. Pourtant,
le fait qu'il n'y ait rien de contradictoire dans notre concept
de Dieu ne démontre que la possibilité logique de ce
concept, c'est-à-dire la possibilité que notre entendement
peut former ce concept. Car un concept qui est en soi
contradictoire n'est pas du tout un concept. En revanche,
pour donner une réalité objective à notre concept, afin de
pouvoir démontrer qu'il existe réellement un objet qui lui
correspond, le simple fait qu'il n'y ait rien de contradictoire
en lui ne suffit pas. Comment un concept peut-il, en effet,
par le simple fait d'être logiquement possible, constituer
aussi la possibilité réelle d'un objet ? Pour en arriver à une
telle possibilité, il faut non seulement un jugement analytique, mais aussi un jugement synthétique, c'est-à-dire qu'il
faut que nous puissions savoir que les effets de la réalité
considérée ne s'annulent pas l'un l'autre. La détermination
et la précaution, par exemple, sont toutes deux des réalités,
mais elles ont souvent pour effet de s'annuler l'une l'autre.
Or, nous n'avons pas *a priori* la capacité de juger si les
réalités qui sont associées au concept de Dieu n'annulent
pas leurs effets respectifs et nous ne pouvons, donc, même
pas établir la possibilité précise de notre concept ; mais il
est également certain qu'aucun homme ne peut prouver
son impossibilité.

Si nous nous demandons, maintenant, comment arriver
au concept d'un maximum de toutes les réalités, d'un
concept *Realissimum*, il faut ôter du concept de réalité, pour
autant qu'elle soit finie, toutes les limitations. Car, fondamentalement, nous ne pouvons penser Dieu autrement

qu'en lui attribuant toute la réalité que nous éprouvons déjà
en nous-mêmes, mais sans aucune limitation. Or, il nous
est souvent très difficile d'en ôter toutes les limitations
parce que, en tant que créatures limitées, il nous est rarement possible de nous représenter le réel autrement que
sous l'aspect de limitations. Lorsque nous ne serons pas en
mesure d'ôter toutes les limitations à notre concept de réalité, nous n'aurons cependant pas à abandonner ce concept
lui-même ; nous l'attribuerons à Dieu, mais sans aucune
limitation, car, en fait, quelque chose de réel le fonde. Il
nous est, par exemple, très difficile de penser l'éternité sans
aucune limitation ; mais cette notion est, malgré cela,
nécessaire à notre concept de Dieu parce qu'elle est une
réalité. Aussi l'attribuons-nous à Dieu tout en admettant la
faiblesse de notre raison à pouvoir penser ce concept de
façon entièrement pure. Nous devons, de même, penser
l'entendement divin comme intuitif alors que le nôtre est
discursif puisqu'il ne peut former de concepts qu'à partir
de caractéristiques universelles. Ce caractère discursif est
une limitation qu'il nous faut ôter de la réalité de l'entendement que nous voulons attribuer à Dieu. L'entendement
divin n'est donc pas à penser comme une faculté mais
comme une intuition.

Le concept de l'infini est emprunté aux mathématiques
et n'appartient qu'à cette science. Les mathématiques ne
déterminent jamais une grandeur absolue mais seulement
une grandeur relative. L'infini est le concept d'une grandeur
dont l'unité de mesure est plus grande que tout nombre.
L'infini ne détermine donc jamais la dimension de quelque
chose car il n'en détermine ni la mesure ni l'unité et ce fait
est d'une importance décisive. Si nous nous représentons
l'espace comme infini, par exemple, nous pouvons alors
prendre, comme mesure ou unité par rapport à laquelle il
est infini, soit la lieue soit le diamètre terrestre. Si nous
prenons la lieue comme mesure, nous pourrons dire que
l'espace est plus grand que tout nombre de lieues qu'il nous
est possible d'imaginer, même des centillions de lieues. Si,
au contraire, nous prenons le diamètre terrestre ou même la
distance solaire, nous pourrons dire aussi que l'espace est

plus grand que tout nombre ou, plus exactement dans ce cas précis, plus grand que toutes les distances terrestres additionnées ou que toutes les distances solaires additionnées même si, encore une fois, nous les pensons par centillions. Mais qui ne voit pas que, dans ce dernier cas, l'infini est plus grand que dans le premier cas parce que, si nous prenons des dimensions terrestres, l'unité de base est plus grande que si nous considérons des lieues ? Mais, précisément pour cette raison, nous voyons que le concept d'infini exprime seulement notre incapacité à concevoir le concept d'une grandeur qui soit plus élevée que tout nombre que nous pouvons penser et ne nous donne, donc, aucun concept déterminé de cette grandeur. Fondamentalement, nous n'avons d'autre avantage à attribuer à un objet le qualificatif d'infini que le fait de souligner, par ce moyen, notre incapacité à en exprimer la grandeur en chiffres. Bien sûr, nous pouvons en être très émus et nous ébahir devant cet objet mais, d'un autre côté, nous ne pouvons rien apprendre de cette grandeur absolue elle-même. Le concept d'infini peut donc être d'une grande beauté et nous ravir mais il ne nous aide pas, pour autant, à pouvoir exprimer avec précision la taille exacte de l'objet considéré. De plus, si nous devons considérer un objet comme infini, nous devons alors le considérer aussi comme semblable à quelque chose d'autre car, par rapport à ce quelque chose comme par rapport à sa mesure, l'infini n'est que *Relative*.

Si, par exemple, nous qualifions l'entendement divin d'infini, nous devons considérer également notre entendement comme une mesure de cette unité et donc admettre que la magnitude de l'entendement divin est plus grande que tout ce que nous pouvons penser uniquement par l'entendement. Mais tout ceci n'a pas la moindre utilité pour nous aider à déterminer de façon précise la grandeur de l'entendement divin. Nous voyons donc que nous ne nous rapprochons pas d'un pas de la connaissance de Dieu quand nous utilisons notre concept d'infini mathématique. Car, ce faisant, nous n'apprenons que notre incapacité à pouvoir exprimer jamais le concept de Sa grandeur au moyen de chiffres. Nous apprenons à ne pouvoir rien comprendre de la grandeur absolue de Dieu. Nous ne pouvons même pas trouver une mesure pour Dieu ; car quelle est l'unité qui lui serait semblable ? Peut-être, en revanche, obtient-on une telle mesure par le concept de l'infini métaphysique ? Qu'est-ce, alors, qu'un infini métaphysique ? Par infini métaphysique on comprend toutes les perfections au degré suprême ou, mieux, sans aucun degré. L'*Omnitudo Realitatis* serait précisément ce que l'on appelle l'infini métaphysique. Et il est vrai que, par ce moyen, nous obtenons un concept précis de la grandeur de Dieu. Car cette réalité totale détermine sa grandeur d'une façon absolue. Nous n'avons, donc, besoin d'aucune mesure homogène, d'aucune unité à laquelle nous prétendrions comparer Dieu, par rapport à laquelle nous pourrions exprimer sa grandeur relative car nous avons, ainsi, un concept de sa grandeur même. Nous voyons là, en effet, que tout ce qui constitue vraiment la réalité pure se trouve dans ce concept. Et le concept de totalité est toujours tout à fait précis si bien que nous ne pouvons en penser ni plus, ni moins. Mais alors, nous ne voyons pas pourquoi nous devrions exprimer un concept ontologique (celui de l'universalité) au moyen d'un infini mathématique. Ne devrions-nous pas, plutôt, utiliser un mot qui convienne aux concepts de l'ontologie au lieu de permettre une ambiguïté en empruntant une expression à une science différente, c'est-à-dire en laissant s'y introduire, peut-être, des concepts étrangers ? Par conséquent, nous pouvons nous passer facilement de l'expression « infini mathématique » et, puisque le concept ontologique qui est censé l'exprimer ne lui convient pas vraiment en raison de son origine mathématique, nous ferions mieux de l'appeler « la réalité totale ». Mais si nous voulons, malgré tout, trouver un mot spécial pour ce concept, il serait encore mieux, alors, de choisir l'expression toute-suffisance (*Omnisufficientia*). En effet, celle-ci nous représente la réalité totale en Dieu comme un fondement (*Ens Entium*) parce que la *Sufficientia* exprime toujours la relation d'un fondement à sa conséquence [27]. Nous pouvons aussi nous contenter du concept pur de notre raison : *Omnitudo Realitatis*. Car ce concept est précisément la véritable mesure de base par laquelle nous pouvons déterminer la grandeur absolue de Dieu.

Dans ce qui précède nous avons établi solidement le concept universel de Dieu, c'est-à-dire le fait qu'il est l'*Ens Realissimum*. Ceci constitue l'idéal dont a besoin notre raison afin d'avoir une mesure fondamentale suprême par rapport à ce qu'il y a de moins complet. De plus, nous avons vu, aussi, que ce concept d'un être d'une perfection suprême doit être également le concept d'un être suprême. Se pose, alors, la question : quels attributs allons-nous conférer à cet être et de quelle manière devons-nous procéder afin de justifier ces attributs de Dieu de sorte qu'ils ne contredisent pas son concept comme l'être primordial ? Ici nous nous occupons toujours de concepts purs sans nous préoccuper de savoir si un objet leur correspond effectivement ! Nous avons donc pensé un être en tant que substratum de la possibilité de tous les autres et voilà que nous nous demandons : comment cet idéal doit-il être constitué ? En d'autres termes, nous voulons voir quels attributs peuvent s'accorder au concept de cet être suprême d'une perfection suprême. Cette recherche est absolument nécessaire car, sans la détermination des attributs qui lui correspondent, le concept ne nous aide en rien et ne peut être correctement pensé en général. Cette recherche nous est aussi d'une grande utilité en ce qu'elle nous apprend à connaître Dieu, tout au moins dans la mesure des possibilités de la raison humaine. Elle nous fournit des règles concernant le contenu et la manière d'affirmer quelque chose à propos de Dieu ; elle nous recommande aussi précaution et prudence afin que rien ne s'introduise dans notre concept de Dieu qui soit contraire à sa réalité suprême.

Quels sont, donc, les attributs que l'on peut penser à propos d'un *Ens Realissimum* ? Quelles sont ses propriétés ? Jusqu'ici, nous voyons bien que, partant du concept d'un *Ens Realissimum*, on ne peut penser que des réalités à son sujet. Mais où trouvons-nous ces réalités ? Quelles sont-elles et comment pouvons-nous, comment nous permettons-nous même, de les imputer à Dieu ? Il n'y a d'autres réalités que celles qui nous sont données par la raison pure indépendamment de toute expérience et celles que nous rencontrons dans le monde sensible. Nous attribuons sans aucune hésitation les premières à Dieu car elles concernent les choses en général et nous les déterminons par l'entendement pur. Elles ne nécessitent aucune expérience et ne sont, donc, affectées par aucune sensibilité. Et si nous les attribuons à Dieu, nous n'avons pas alors à craindre de le confondre avec un objet sensible. Car nous ne lui attribuons ainsi que ce qui est valable pour lui, en tant que chose en général. Bien sûr, notre concept de Dieu en tant qu'*Ens Realissimum* comprend déjà le fait qu'il doit être une chose et il nous faut donc lui attribuer toutes les réalités qui peuvent lui être attribuées en tant que chose. Mais puisque ces réalités *a priori* se réfèrent à des propriétés universelles d'une chose en général, elles sont alors appelées, à juste titre, des attributs ontologiques. Ce sont des concepts purement transcendantaux. Sa possibilité, son existence, sa nécessité en font partie, ainsi que tous les autres attributs provenant du concept de Dieu : le concept de substance, le concept de l'unité de la substance, la simplicité, l'infinité, la permanence, la présence, entre autres. Tous ces concepts ne déterminent, toutefois, que le concept d'une chose en général. Ce ne sont que des attributs *in abstracto*, que le déiste impute à Dieu. Et il nous est tout à fait impossible de nous en contenter. Car un tel Dieu ne nous serait d'aucune aide. Certes, il serait quelque chose, mais totalement isolé en lui-même, et il n'aurait aucune relation avec nous. Ce concept de Dieu doit constituer, il est vrai, le commencement de toute connaissance de Dieu ; mais considéré isolément en lui-même, ce Dieu nous est inutile et superflu si nous ne pouvons en connaître davantage. Si l'on veut que ce concept nous soit utile, nous devons alors voir si, oui ou non, ces attributs ontologiques peuvent être appliqués à des exemples *in concreto*. C'est précisément ce que fait le théiste quand il pense Dieu comme l'intelligence suprême. Mais si nous voulons également attribuer à Dieu des attributs *in concreto*, nous devons alors emprunter les matériaux du concept de Dieu au domaine des principes et des connaissances empiriques. Nous ne trouvons, dans toute notre expérience, rien qui ait plus de réalité que notre âme. Donc ces matériaux devront être tirés aussi de la connaissance de nous-mêmes. Ils seront des attributs psychologiques que nous pourrons attribuer à Dieu en sus de ses attributs ontologiques. Mais puisque tous ces attributs sont empruntés à l'expérience et que, dans toute expérience, on ne rencontre rien que des *Phaenomena*, nous devrons donc être d'une grande prudence afin de ne pas nous laisser aveugler par les apparences et conférer à Dieu des attributs qui ne peuvent être valables que pour des objets sensibles. Nous devons établir, pour cette raison, les règles de prudence suivantes :

1. Quels types d'attributs pourrons-nous tirer de l'expérience et unir au concept de Dieu ? Seulement les réalités pures ! Or, il n'existe dans le monde entier aucune chose qui soit de la réalité pure. Au contraire, toute chose qui peut nous être donnée par l'expérience est *Partim Reale, Partim Negativum*. Sur ce point, s'élèvent de grandes difficultés, parce que beaucoup de nos concepts sont insuffisamment déterminés. Mais de telles négations ne peuvent être attribuées à Dieu. Par conséquent, nous devons procéder, en premier lieu, *Via Negationis*, c'est-à-dire séparer soigneusement tout élément sensible inhérent à nos représentations de telle ou telle réalité, supprimer toute imperfection, toute négation, et attribuer à Dieu la pure réalité ainsi obtenue. Cela est pourtant extrêmement difficile ; car il ne reste souvent que peu de réel, voire pas du tout, quand nous rejetons toutes les limitations ; tout au moins, ne pouvons-nous jamais penser le positif pur sans le sensible qui s'entremêle à notre représentation. Nous devons donc dire, lorsque nous attribuons à Dieu telle ou telle *Realitas Phaenomenon*, que nous ne pouvons le faire que dans la mesure où toutes les limitations en ont été ôtées. Si l'élément négatif ne peut en être ôté sans qu'en même temps le concept lui-même ne s'annule, nous ne pouvons alors pas attribuer ce concept à Dieu. Nous ne pourrons donc pas attribuer à Dieu le concept de l'étendue, par exemple, car celui-ci n'est qu'un concept du sensible et, si nous voulons en séparer l'élément négatif afin de l'attribuer à Dieu, rien

de réel ne nous reste. En revanche, une fois que nous avons séparé tous les éléments négatifs et sensibles inhérents au concept de la matière, nous n'en retenons que le concept d'une force active intérieurement et extérieurement ; et quand nous ôtons du concept d'une présence spatiale la condition sensible, c'est-à-dire l'espace, nous n'en retenons que la réalité pure d'une présence. Nous pouvons alors attribuer à Dieu le réel lui-même uniquement : la force et la présence. De cette façon, par la *Via Negationis*, nous pourrons déterminer la qualité des attributs divins ; en d'autres termes, nous pourrons déterminer quels attributs nous pourrons appliquer à notre concept de Dieu, de par notre expérience et après séparation de toute négation. Ce faisant, nous n'apprendrons pas, pour autant, à connaître la quantité de cette réalité en Dieu ; au contraire, le réel, subsistant effectivement dans notre concept après l'exclusion de toutes ces limitations, sera insignifiant.

Par conséquent, quand nous découvrons de la réalité, quelle qu'elle soit, dans une des propriétés des choses qui nous sont données par l'expérience, nous devons alors attribuer ce réel à Dieu totalement et éminemment. C'est ce qu'on appelle procéder *Per Viam Eminentiae*. Mais nous ne pouvons procéder de cette façon sans avoir, préalablement, fait apparaître le réel pur par la *Via Negationis*. Car si nous avons négligé de le faire et si nous n'avons pas soigneusement séparé tout élément négatif de notre concept, nous obtenons un concept de Dieu totalement corrompu en lui attribuant le concept d'une réalité telle que les apparences nous la montrent, avec ses limitations. De là provient l'anthropomorphisme. Les limitations doivent donc être préalablement supprimées et seul le réel pur qui subsiste doit être attribué à Dieu, par *Via Eminentiae*. Sont donc à attribuer à Dieu, par exemple, non simplement une force, mais une force infinie, non simplement un entendement, mais un entendement infini. Nous ne pouvons, pourtant, jamais parvenir pleinement à des propriétés de Dieu telles que nous puissions en connaître leur constitution interne. Si nous prenons l'entendement humain, par exemple, il ne suffirait pas de l'amplifier à l'infini *Via Eminentiae*, car il resterait, malgré cela, un entendement limité et se développerait seulement par la rapidité de sa connaissance. Au contraire, nous devons avoir supprimé préalablement toutes les limitations qui lui sont inhérentes en tant qu'entendement qui connaît toute chose uniquement *discursive*. Or, puisque nous ne pouvons absolument pas comprendre le réel pur qui en reste, c'est-à-dire, l'entendement, nous n'avons plus qu'une voie :

2. Cette voie est une façon de procéder permettant d'attribuer à Dieu le réel isolé des concepts sensibles, c'est la voie excellente de l'analogie [28]. En quoi consiste cette procédure *Per Analogiam* ? L'analogie ne consiste pas dans une similitude imparfaite des choses entre elles, comme on le dit habituellement ; ce serait, dans ce cas, quelque chose de très incertain. Non seulement aurions-nous de mauvais attributs, parce que nous ne serions pas en mesure de penser le réel lui-même sans limitations, mais nous ne pourrions attribuer ces réalités, non entièrement purifiées, à Dieu que si, et seulement si, Dieu avait lui-même quelque chose de parfaitement analogue. Comment cela peut-il donc nous venir en aide ? Cela pourrait-il nous donner un concept suffisamment complet de Dieu ? Si, pourtant, nous comprenons par analogie la parfaite similitude des relations, ce que les mathématiciens comprennent par proportions — encore une fois non des choses mais des relations —, nous sommes enfin satisfaits et nous pouvons, alors, nous former un concept suffisamment adéquat et de Dieu et de ses attributs, de sorte que nous n'ayons besoin de rien d'autre. Mais bien sûr, ici, nous n'accepterons aucune relation de grandeur (qui, elle, appartient aux mathématiques) mais plutôt une relation de cause à effet ou, mieux, une relation de fondement à conséquences, afin de pouvoir, de cette façon, raisonner tout à fait philosophiquement. C'est-à-dire que, de même que dans le monde une chose est considérée comme la conséquence d'une autre qui en est son fondement, nous considérons le monde entier comme une conséquence provenant de son fondement, Dieu, et nous raisonnons donc selon le principe de l'analogie. Car, de même que le bonheur d'un homme (la suppression de sa misère) a un rapport

à la bonté d'un autre homme, le bonheur de tous les hommes est en relation avec la bienveillance de Dieu.

Le premier argument pour l'existence de Dieu est l'argument ontologique basé sur des concepts purs. Mais, pour cela, la possibilité réelle d'un être parfait doit être démontrée avant que nous ne puissions prouver l'existence de Dieu. L'athée dogmatique nie, en effet, tout bonnement la possibilité de Dieu et affirme même qu'aucun Dieu n'existe. Mais ici, où nous avons à faire avec la raison pure, nier l'existence d'un *Ens Realissimum* et nier sa possibilité même, sont fondamentalement la même chose. Si l'athée dogmatique nie qu'il y ait un Dieu, il assume donc ainsi l'obligation de prouver que le concept d'un Dieu est impossible. Car c'est le propre de toutes nos connaissances *a priori*, lorsque nous prétendons prouver par la raison pure que quelque chose n'existe pas, de ne pouvoir le faire qu'en prouvant l'impossibilité de son existence. La raison en est que nous ne pouvons, dans ce domaine, tirer de l'expérience aucune preuve pour ou contre l'existence d'un être et que nous n'avons, par conséquent, d'autre moyen que celui-là pour démontrer par le concept pur d'une chose qu'une telle chose se contredit elle-même, c'est-à-dire qu'elle n'existe pas. En d'autres termes, avant de pouvoir s'arroger le droit d'annoncer qu'une telle chose n'existe pas, l'athée dogmatique doit préalablement pouvoir prouver que cet objet, qui correspond à notre idée d'un *Ens Realissimum*, se contredit lui-même dans l'association de ses attributs, donc qu'il est impossible. D'autre part, s'il nous arrive de vouloir démontrer *a priori* que Dieu existe, nous devrons alors nous trouver préalablement devant l'obligation de prouver par la raison pure, de manière apodictique et certaine, que Dieu est possible. Or, nous ne pourrons faire cela d'aucune autre façon qu'en prouvant qu'un *Ens Realissimum* ne se contredit pas du tout dans la synthèse de ses attributs. **Leibniz**, dans sa preuve de la possibilité d'un *Ens Realissimum*, a confondu la possibilité d'un tel concept avec la possibilité de la chose elle-même. Il a raisonné ainsi : dans le concept d'*Ens Realissimum* il n'y a aucune contradiction ; car une réalité ne peut absolument pas contredire une autre réalité parce qu'une négation est nécessairement requise pour que nous puissions dire que quelque chose existe ou n'existe pas. Mais là où il n'y a que des réalités pures, il n'y a aucune négation, donc aucune contradiction. Or, s'il n'y a pas de contradiction dans le concept d'*Ens Realissimum*, une telle chose est donc possible. **Leibniz** aurait dû pourtant en conclure ceci : seule l'idée d'une telle chose est possible. Car le fait qu'il n'y ait rien de contradictoire dans le concept d'une chose démontre certes le concept de sa possibilité mais pas, pour autant, la possibilité de l'objet de cette idée. Tout bien considéré, le principe de contradiction n'est que le principe analytique de possibilité, c'est-à-dire que, par ce moyen, il est établi de façon certaine et apodictique si le concept est possible ou non. Mais ce n'est pas le principe synthétique de cette possibilité, c'est-à-dire qu'il n'est en rien prouvé si dans la chose elle-même un attribut n'en supprime pas un autre ou non ! Par le principe de contradiction, en effet, nous ne pouvons arriver à connaître la synthèse des attributs dans l'objet. Pour cela, il faut un discernement jusque dans la constitution et l'étendue de tous ces attributs par rapport à tous leurs effets. Si nous entreprenons alors de prouver la possibilité d'un *Ens Realissimum*, c'est-à-dire de prouver la possibilité de la synthèse de tous les attributs dans un objet, nous devons alors prouver par la raison *a priori*, de façon apodictique et certaine, que ses perfections peuvent être unies dans une même origine et déduites d'un seul principe. Mais cela dépasse le discernement possible à la raison humaine. Et où trouver le discernement nécessaire ? Dans le monde ? Soit ! Mais dans le monde nous ne trouvons que des réalités dispersées parmi des objets. On voit chez certains individus, par exemple, une grande capacité d'entendement, mais également une certaine indécision ; chez d'autres on voit seulement, en revanche, une énorme passion de vivre toutes sortes d'affections, mais seulement un discernement médiocre. Chez les animaux, par exemple, nous constatons une étonnante fécondité dans la propagation de l'espèce, mais point de raison ; chez les hommes,

nous trouvons la raison mais peu de fécondité. Bref, ces
exemples nous montrent que là où une réalité se trouve
dans un objet, une autre réalité y est absente. Nous ne pouvons évidemment pas en conclure qu'une des réalités est
supprimée par l'autre et qu'il est impossible qu'il existe un
homme, par exemple, qui aurait réuni en lui toute la réalité
qu'il est seulement possible à un homme de posséder. Nous
ne pouvons pas distinguer non plus comment un tel homme
parfait est possible. Car nous ne pouvons pas savoir si, dans
la synthèse (composition) de toutes les réalités humaines,
l'effet d'une perfection pourrait ou non contredire l'effet
d'une autre perfection. Pour comprendre cela, nous
devrions connaître toutes les conséquences possibles de
toutes les réalités humaines et leurs relations entre elles.
Mais nous ne pouvons les connaître toutes parce que nous
ne percevons que des réalités particulières chez tous les
hommes et, par conséquent, uniquement les conséquences
de ces réalités particulières et non toutes les conséquences
possibles d'une synthèse de toutes les réalités humaines. Si
nous appliquons cela à Dieu, nous devons alors avouer
notre incapacité encore plus grande à comprendre comment
une synthèse de toutes les réalités par rapport à tous leurs
effets est possible. De quelle manière notre raison peut-
elle, en effet, prétendre discerner la façon dont fonctionnent
toutes les réalités suprêmes, quelles conséquences en surgissent et quel type de relation ces réalités doivent avoir ?
C'est pourtant cela que nous devrions pouvoir comprendre
si nous voulions voir s'il est possible que toutes les réalités
puissent être réunies ensemble dans un même objet et,
donc, distinguer comment Dieu est possible.

D'autre part, il est également impossible à toute raison
humaine de prouver qu'une telle combinaison de toutes les
perfections dans un même objet est impossible car, pour ce
faire, il faudrait pouvoir discerner toute l'étendue de toutes
les conséquences de la totalité de la réalité ; les raisons
mêmes pour lesquelles il est évident que la raison humaine
ne peut affirmer l'existence d'un tel être sont, pourtant,
aussi nécessaires que suffisantes pour prouver l'impossibilité contraire. Bref, il est impossible de prouver que Dieu

est impossible. Au contraire, la raison ne pose pas le moindre obstacle à accepter la possibilité d'un Dieu si nous nous y sentons disposés d'une autre façon. La raison elle-même seule n'est pas capable de prouver une telle possibilité indépendamment de toute expérience et de façon apodictique et certaine (et les preuves *a priori* doivent toutes, sans exception, avoir une certitude apodictique — sans laquelle elles ne sont nullement des preuves) ; pour ce faire, il faut un pouvoir de discernement qui dépasse de loin toutes les limites de la faculté rationnelle humaine. Mais précisément pour cette raison, à cause de l'incapacité de notre raison, il est aussi impossible de prouver qu'un être le plus parfait ne peut pas exister. Ainsi s'écroule d'un seul coup l'édifice de l'athée dogmatique. Car s'il tient à nier l'existence de Dieu et à affirmer purement et simplement que Dieu n'existe pas, il devra préalablement en démontrer l'impossibilité. Mais ici sa raison l'abandonne et tout ce qu'il avance contre la possibilité de l'existence de Dieu n'est que non-sens et absurdité. Il résulte de tout ceci que la raison humaine ne peut prouver *a priori* ni la possibilité ni l'impossibilité de Dieu, parce que, pour ce faire, il lui manque le discernement nécessaire quant à l'étendue de toutes les réalités et de leurs conséquences. Mais rien ne nous empêche d'accepter la possibilité d'un Dieu si, d'une autre manière, nous devons en trouver des raisons convaincantes.

Or, de même que nous avons réfuté l'athée dogmatique et rejeté sa prétention à prouver la non-existence de Dieu avant même que nous ayons démontré son existence, nous pouvons aussi rendre inefficaces toutes les attaques de l'athée sceptique, sans avoir donné par avance une preuve de l'existence d'un être parfait. Car, puisque la raison spéculative ne peut pas prouver l'existence de Dieu à notre satisfaction, l'athée sceptique doute également qu'une preuve de cette possibilité en général puisse être obtenue et, donc, doute aussi de l'existence de Dieu lui-même. Or, nous pouvons réfuter l'athée sceptique par le fait que, même si nous admettons avec lui l'insuffisance de toute preuve spéculative de l'existence de Dieu en tant qu'*Ens Realissimum*, nous nous sentons néanmoins intimement

convaincus, pour des raisons pratiques, qu'un Dieu doit
exister. Nous devons accepter un Dieu et croire en Lui sans
qu'il soit nécessaire que la raison risque d'accepter sa possibilité et son existence *a priori*.

Tout bien considéré, la preuve ontologique de l'existence
de Dieu est tirée du concept d'un *Ens Realissimum*. Le raisonnement est le suivant : un *Ens Realissimum* est un être
d'une telle nature qu'il contient en lui-même toutes les réalités ; or l'existence est elle aussi une réalité ; l'*Ens Realissimum* doit donc exister nécessairement. On voit bien de
cette façon que, si l'on affirme que Dieu n'existe pas, on
nie aussi quelque chose dans le prédicat qui se trouve déjà
dans le sujet, ce qui est une contradiction. Cette preuve
soulève, en raison de sa grande simplicité, une suspicion
qui n'est pas sans fondement. Nous voulons laisser libre
cours à cette critique pour voir si elle est solide ou non.
Donc, dans cette preuve, il est incontestable que tout
dépend du fait de savoir si l'existence d'une chose est en
fait une réalité de cette chose. D'ailleurs, le fait qu'une
chose existe n'entraîne pas qu'elle devienne en soi et pour
soi plus parfaite ; car par le fait d'exister, elle ne contient
pas de nouveau prédicat ; au contraire, elle est plutôt posée
de cette façon avec tous ses prédicats. Cette chose était
aussi complète dans notre concept quand nous la pensions
seulement comme possibilité pure qu'elle ne l'est après être
devenue une réalité. Dans le cas contraire, elle ne serait pas
du tout la même chose que celle que nous avions pensée ;
en effet, si l'existence était une réalité particulière dans les
choses, celles-ci auraient un contenu plus grand que ce qui
se trouvait déjà dans leur seul concept. « Être » n'est donc
manifestement pas un prédicat réel [29], en d'autres termes,
« être » n'est pas un concept de quelque chose qui pourrait
s'ajouter au concept d'une chose pour la rendre encore plus
parfaite. « Être » est simplement la « position », le
« poser » d'une chose ou de certaines déterminations en
elle. Utilisé en logique, « être » est uniquement la copule
d'un jugement. La proposition « Dieu est tout-puissant » ne
contient que ces concepts ayant leurs objets : « Dieu » et
« tout-puissant ». Le petit mot « est » n'est pas ici un prédi-

cat de plus, mais seulement ce qui pose le prédicat (tout-puissant) en relation avec son sujet (Dieu). Si maintenant nous prenons le sujet (Dieu) avec tous ses attributs ensemble (au nombre desquels se trouve la toute-puissance) et si nous disons « Dieu existe » ou « il y a un Dieu », nous n'ajoutons ainsi aucun prédicat nouveau au concept de Dieu, nous ne faisons au contraire que poser le sujet, en lui-même avec tous ses attributs, et l'objet ensemble en relation avec notre concept. Tous deux, l'objet et le concept, doivent avoir exactement le même contenu et il ne peut, donc, y avoir rien d'autre à ajouter au concept — qui n'exprime que la possibilité — quand nous pensons cet objet comme tout simplement donné (par l'expression « il est »). En d'autres termes, le réel ne contient donc rien de plus que le purement possible : cent Thalers réels, par exemple, ne contiennent nullement plus que cent Thalers possibles. Car, puisque les Thalers possibles signifient le concept et les Thalers réels signifient l'objet de ce concept et aussi la position — le « poser » — de cet objet en soi, alors, dans le cas où l'objet contiendrait plus que le concept, celui-ci n'exprimerait donc pas l'objet entier lui-même et, par là même, ne serait pas son concept adéquat. Car l'objet, dans son fait d'exister, n'est pas contenu dans notre concept seulement de façon analytique, mais il s'ajoute plutôt à notre concept de façon synthétique (ce qui est une détermination de notre condition) sans que, pour autant, cet « être », en dehors de notre concept, c'est-à-dire ces cent Thalers putatifs ne soient en aucune façon multipliés. Notre concept d'un objet peut contenir ce qu'il voudra, et autant qu'il voudra, nous devrons toujours aller au-delà de lui pour lui attribuer l'existence. Car si nous pensons toutes les réalités sauf une dans une chose, la réalité absente n'y est pas, pour autant, ajoutée quand nous affirmons que cette chose absente est bien là. Bien au contraire, elle existe avec exactement la même carence que nous l'avions pensée car, sinon, il existerait quelque chose de différent de ce que nous avions pensé. Mais si, à présent, nous pensons un être comme la réalité suprême (sans carence), reste toujours la question de savoir s'il existe ou

non. Car il est aussi parfaitement déterminé comme idéal
que s'il était un objet réel. On voit bien, ainsi, combien
serait hâtive la conclusion que l'existence devrait être elle
aussi comprise parmi toutes les réalités, et donc que l'existence se trouverait déjà dans le concept d'une chose possible. De la même manière, s'écroule aussi toute
l'argumentation qui consiste à dire que l'existence résulte
nécessairement du concept d'un *Ens Realissimum*.

La preuve cosmologique maintient le lien entre la nécessité absolue de l'existence et la réalité suprême, mais, au
lieu de déduire celle-ci de celle-là, elle déduit de la nécessité inconditionnelle présupposée de l'existence d'un être,
quel qu'il soit, sa réalité illimitée. **Leibniz** puis **Wolff** l'ont
nommée la preuve *A Contingentia Mundi*. Elle s'exprime
de la façon suivante : si quelque chose existe, un être absolument nécessaire doit alors exister également. Or, tout au
moins, j'existe moi-même, il existe donc aussi un être absolument nécessaire. La prémisse mineure exprime une expérience et la majeure exprime une conclusion tirée de
l'expérience. Cette conclusion repose sur la loi naturelle de
la causalité qui affirme que tout effet a sa cause qui, si elle
est elle-même contingente, doit avoir elle aussi sa cause,
jusqu'à ce que cette série de causes toutes subordonnées
entre elles aboutisse forcément à une cause absolument
nécessaire, sans laquelle elle n'aurait aucune complétude.
Car un *Regressus in Infinitum*, une série d'effets sans une
cause suprême, est absurde. Tout ce qui existe ne peut exister que sous l'un de ces deux modes : contingent ou nécessaire. Le contingent doit avoir quelque part une cause, une
raison pour laquelle il existe tel qu'il est et pas autrement.
Mais j'existe moi-même de façon contingente, tout comme
le monde en général. Par conséquent, un être absolument
nécessaire doit exister également, comme cause qui explique que je suis comme je suis et pas autrement. Cette
preuve dépend donc essentiellement de l'expérience, elle
n'est pas établie entièrement *a priori* ou, si l'on préfère,
ontologiquement ; et puisque l'objet de toute expérience
possible s'appelle le monde, voilà pourquoi cette preuve est
nommée la preuve cosmologique. Mais, puisqu'en même

temps elle fait abstraction de toute propriété particulière des objets de l'expérience, qui différencient ce monde de tout autre monde possible, et qu'elle se fonde uniquement sur l'expérience d'un monde en général sans égard pour sa constitution, la preuve cosmologique est distinguée dans sa dénomination de la preuve physicothéologique, qui, elle, utilise des observations de la constitution particulière de notre monde sensible comme fondement. Or, la preuve cosmologique, à partir de l'existence d'un être absolument nécessaire, déduit ensuite que cet être doit être également un *Ens Realissimum*. Cette déduction s'énonce ainsi : cet être nécessaire ne peut être déterminé que d'une seule façon ; c'est-à-dire que, par rapport à toutes les *Praedicta Contradictoriae Opposita* possibles, il ne peut être déterminé que par un des prédicats opposés et doit donc être déterminé entièrement par son concept [30]. Or, il n'y a qu'un seul concept d'une chose possible qui la détermine entièrement *a priori*, c'est le concept d'un *Ens Realissimum* car, parmi toutes les *Praedicta Contradictoriae Opposita* possibles, le réel n'appartient toujours qu'à lui seul. Ainsi, le concept d'un être d'une réalité suprême est l'unique concept permettant de penser un être nécessaire et, donc, un *Ens Realissimum* existe de façon absolument nécessaire.

Cette preuve cosmologique s'appuie sur l'expérience et prétend ainsi progresser en arrivant à l'existence d'un être nécessaire en général. Mais un concept empirique ne peut rien nous apprendre des propriétés qu'aurait cet être ; au contraire, sur ce point, la raison lui fait ses adieux et explore ses seuls concepts. Si nous nous demandons, en effet, quel type de propriétés un être absolument nécessaire en général doit posséder, la réponse est : des propriétés dont découle la nécessité absolue. Mais la raison croit ne trouver que dans le concept d'un être d'une réalité suprême ce qu'il faut pour une nécessité absolue et en conclut, donc, que l'être absolument nécessaire est aussi l'être le plus réel. Comment la raison pourrait-elle, pourtant, déduire cela si elle ne présupposait pas que le concept d'un être d'une réalité suprême satisfait pleinement le concept de la nécessité absolue dans l'existence ! Or, cela n'est rien d'autre que la thèse qui déduit l'existence de la réalité absolue — ce qu'énonçait l'argument ontologique et que l'on acceptait comme fondement également dans l'argument cosmologique qui avait déjà voulu l'éviter. Or, puisque nous n'arrivons pas à prouver à partir du concept de réalité suprême l'existence absolument nécessaire de l'objet auquel correspond cette idée, nous ne pourrons pas non plus, inversement, prouver par la nécessité absolue d'une chose sa réalité suprême. Car la nécessité absolue n'est qu'un simple concept. Si nous affirmons à présent que le concept d'un *Ens Realissimum* n'est qu'un concept, et en fait le seul qui soit approprié et adéquat à cette existence nécessaire, nous devons également admettre que l'on puisse en déduire l'existence. C'est donc seulement la preuve ontologique basée sur des concepts purs qui est impliquée dans la prétendue force démonstrative de la preuve cosmologique, et l'expérience censée lui donner cette force est tout à fait superflue ; elle sert peut-être à nous conduire au concept de nécessité absolue uniquement, mais pas à prouver ce concept à propos d'une chose déterminée, quelle qu'elle soit. Car, dès que nous voulons l'utiliser à cette fin, nous devons alors abandonner aussitôt toute expérience et chercher parmi les concepts purs celui qui contient, peut-être, les conditions de la possibilité d'un être absolument nécessaire. Si, par conséquent, la proposition « *tout être absolument nécessaire est un être d'une réalité suprême* » était vraie, elle devrait pouvoir s'inverser, comme tous les jugements affirmatifs, et nous pourrions donc dire aussi « *tout être d'une réalité suprême est un être nécessaire* ». Or, parce que cette proposition est déterminée uniquement par des concepts *a priori*, seul le concept d'un *Ens Realissimum* doit aussi porter en lui sa nécessité absolue, ce que, pourtant, la preuve ontologique affirmait mais que la preuve cosmologique ne voulait pas reconnaître quand bien même elle appuyait ses conclusions, quoique de façon voilée.

Quelle sorte de concept pouvons-nous former d'un être ou d'une chose absolument nécessaire ? On a, depuis toujours, parlé d'un être absolument nécessaire, mais on ne s'est pas donné la peine, pour autant, de comprendre si, et

comment, on pouvait penser une telle chose ; on s'est plutôt
efforcé de prouver son existence. L'explication du nom de
ce concept est toute simple : il signifie quelque chose dont
la non-existence est impossible ; mais cela ne nous explique
pas les conditions qui rendent impossible cette non-existence. Car l'entendement humain, qui ne possède le concept
de l'impossibilité que par le principe de contradiction, ne
peut absolument pas saisir comment la non-existence d'une
chose pourrait être impossible [31]. Pour toute contradiction,
deux éléments sont nécessaires, car un élément seul ne peut
pas se contredire. Qu'une chose n'existe pas ne peut donc
jamais être une contradiction et, par conséquent, le fait
qu'un *Ens Realissimum* n'existe pas n'est pas une contradiction. Pour éclairer la nécessité absolue d'un *Ens Realissimum*, **Wolff** a pris comme exemple le fait qu'il est
absolument nécessaire qu'un triangle ait trois angles. Mais
la nécessité absolue de ce jugement n'est qu'une nécessité
conditionnée de l'objet ou du prédicat dans le jugement.
Car la proposition énoncée n'affirme pas que trois angles
existent absolument mais qu'à condition qu'un triangle
existe (soit donné) les trois angles existent de façon nécessaire. Si, dans un jugement idéal, nous supprimons le prédicat et conservons le sujet, une contradiction surgit alors.
Poser un triangle, par exemple, et supprimer ses trois angles
est contradictoire. Pour cette raison, nous disons que ce prédicat appartient au sujet de façon nécessaire. Mais si nous
supprimons le sujet aussi bien que le prédicat, aucune
contradiction ne se produit, car il n'y a plus rien qui pourrait s'opposer. Il n'y a donc pas de contradiction à supprimer et le triangle et ses trois angles par exemple. Et il en
est exactement de même du concept d'un être absolument
nécessaire. Si nous supprimons l'existence de cette chose,
nous supprimons la chose elle-même avec tous ses prédicats. D'où surgit alors la contradiction ? A l'extérieur, il
n'y a rien à lui opposer, car la chose n'est pas censée exister
extérieurement nécessairement, et à l'intérieur non plus,
car, par la suppression de la chose elle-même, nous avons
en même temps supprimé tout élément intérieur.

Prenons comme exemple la proposition « *Dieu est tout-puissant* ». Il s'agit d'un jugement nécessaire. La toute-puissance ne peut pas être supprimée si nous posons une divinité dont ce prédicat est identique au concept. Ici, nous avons donc une nécessité logiquement inconditionnée. Mais que serait une nécessité absolument réelle ? Elle consiste-rait dans le fait qu'il est absolument nécessaire qu'un Dieu existe. Mais si nous disons : « *Dieu n'existe pas* », alors ni la toute-puissance ni ses autres prédicats, quels qu'ils soient, ne sont donnés ; ils sont tous supprimés en même temps que leur objet et, dans cette pensée, pas la moindre contradiction ne se manifeste. Car une contradiction interne ne peut pas se produire si nous supprimons le prédicat d'un jugement ainsi que son objet — ce prédicat peut être tout ce que l'on voudrait — et nous ne pourrons pas non plus nous former le plus petit concept d'une chose qui, si elle était supprimée avec tous ses prédicats, serait censée laisser derrière elle une contradiction, et sans cette contradiction nous n'avons, simplement par les concepts purs *a priori*, aucune marque d'impossibilité. Il est alors possible, dans ce cas, que Dieu n'existe pas. Car supprimer son existence dans la pensée ne coûte rien à la raison spéculative. Ainsi, toute la tâche de l'idéal transcendantal est de trouver ou bien un concept pour la nécessité absolue ou bien la néces-sité absolue elle-même pour un concept d'une chose, quelle qu'elle soit. Si l'on peut faire l'un, on peut alors faire l'au-tre ; car la raison ne reconnaît comme absolument néces-saire que ce qui est nécessaire conceptuellement. L'un et l'autre dépassent totalement tous les efforts pour satisfaire notre entendement mais nous obligent, aussi, à ne pas nous contenter de cette incapacité de notre entendement. Cette nécessité absolue dont nous avons besoin de façon indis-pensable comme le fondement final de toutes choses est un véritable abîme pour la raison humaine. Même l'éternité, dont **Haller** [32] a pu décrire combien elle est terrible et sublime, ne fait pas une impression aussi vertigineuse sur l'esprit ; car l'éternité ne fait que mesurer la durée des cho-ses, elle ne les supporte pas. Or, on ne peut ni résister à, ni tolérer, la pensée qu'un être, que nous représentons comme l'être le plus haut de tous les êtres possibles, se dise en quelque sorte à lui-même : *Je suis d'éternité en éternité ; en dehors de moi, il n'existe rien sauf ce qui existe par ma volonté. Mais d'où puis-je provenir ?*

Ici, tout s'écroule sous nos pieds, et la perfection la plus grande, comme la plus petite, dérive sans aucune attache devant la raison spéculative ; toutefois, la raison peut aisément supprimer l'une comme l'autre sans le moindre embarras. Bref, la nécessité absolue d'une chose demeurera à tout jamais un problème insoluble pour l'entendement humain.

Jusqu'ici, nous avons suivi la *Propédeutique à la théologie naturelle* d'**Eberhard** [33]. Mais celui-ci passe ensuite directement à la preuve physicothéologique ; il nous semble plus systématique de cesser provisoirement de le suivre et, étant donné que le concept et la preuve de l'existence d'un être suprême établis à partir de la raison pure ont déjà été énoncés, de traiter plutôt de ses attributs ontologiques et, ce faisant, de mettre en relief la cohérence de la théologie transcendantale. A leurs sujets, c'est d'abord la possibilité de Dieu qui est considérée, possibilité que l'on ne peut ni nier ni prouver, car une telle connaissance dépasse toute raison humaine. Et la réalité objective de la synthèse, par laquelle le concept est produit, s'appuie, comme nous l'avons déjà montré, sur des principes de l'expérience possible, car nous entendons précisément par expérience la totalité de tous les objets sensibles. Comment allons-nous comprendre, pourtant, la possibilité de cette chose *a priori*, sans pouvoir percevoir la synthèse de ses attributs ? Notre concept est toujours possible tant qu'il ne se contredit pas. Mais ce principe analytique fondamental (c'est-à-dire le principe de contradiction) n'est que le critère logique de la possibilité par lequel son objet est distingué d'un *Nihil Negativum* [34] ! Mais comment, à partir de la possibilité d'un concept (possibilité logique), peut-on conclure également à la possibilité de la chose (possibilité réelle) ?

Examinons maintenant la preuve selon laquelle l'*Ens Realissimum* est aussi l'*Ens Entium* ou, comme nous l'avons déjà exprimé ci-dessus, selon laquelle l'être le plus

totalement parfait contient en lui-même le fondement de la
possibilité de toutes les choses. Nous l'avons déjà démontré
par le fait que toutes les choses, en tant que *Partim Reale,
Partim Negativum*, supposent un être qui contient en lui-
même toute la réalité et qui a dû constituer ces choses par
limitation de cette réalité. Car, s'il n'existait pas, on ne
pourrait pas du tout concevoir d'où la réalité et la négation
des choses surgissent, puisque la négation suppose toujours
une réalité par limitation de laquelle elle est formée. Sur
ce point précis repose la seule base de la preuve de ma
démonstration de l'existence de Dieu, démonstration qui a
été expliquée en détail dans l'essai que j'ai publié il y a
plusieurs années [35]. Il y est démontré que parmi toutes les
preuves possibles, la seule qui nous satisfasse pleinement
est la suivante : si nous supprimons un tel être primordial,
le substratum de la possibilité de toutes les choses est également supprimé. Même cette preuve n'est cependant pas certaine de façon apodictique, car elle ne peut pas démontrer
la nécessité objective d'un être primordial, mais seulement
la nécessité subjective de l'accepter. Toutefois, elle ne peut
pas non plus en aucune façon être réfutée car elle a son
fondement dans la nature de la raison humaine ; de plus, la
raison humaine nous oblige à supposer un être qui soit le
fondement de toute possibilité car, sans cela, nous ne pourrions pas reconnaître en quoi consiste quelque chose de
possible. Il en résulte donc que l'être suprême est également l'être primordial duquel doit être déduite l'existence
de toutes les choses et qu'ainsi l'ordre, la beauté, l'harmonie et l'unité, que nous rencontrons dans les choses, ne sont
pas contingents mais sont intrinsèques à leur existence de
façon nécessaire. Quand nous voyons, par exemple, que la
terre est aplatie aux deux pôles mais surélevée aux tropi-
ques autour de l'équateur, nous en déduisons que cela
résulte de la nécessité de sa nature, c'est-à-dire de l'équili-
bre des masses terrestres qui, jadis, étaient fluides. C'est
pourquoi **Newton** [36] déduisait *a priori* du simple fait que la
terre a dû être jadis fluide cette forme de façon sûre, avant
toute expérience et avant même que les astronomes n'eus-
sent mesuré l'élévation de la terre à l'équateur. Or, cet apla-

tissement de la forme sphérique de la terre présente de plus un avantage énorme ; elle empêche à elle seule que la surélévation des continents, mais aussi des plus petites montagnes, qui peuvent être affectées par les séismes, ne dérègle l'axe terrestre de façon répétée et sensible, même sur une brève période. Car la surélévation de la terre autour de l'équateur a le même effet qu'une montagne suffisamment grande pour empêcher que l'ébranlement de toutes les autres montagnes ne puisse jamais la faire sortir de sa position par rapport à son axe. Mais aussi intelligente que soit cette organisation, nous n'en sommes pas, pour autant, autorisés à la déduire, comme quelque chose de contingent, de l'intention divine mais devons, au contraire, comme cela a été effectivement démontré, la considérer comme une nécessité naturelle de la terre. Ce faisant, Dieu n'est en rien lésé dans sa majesté en tant que créateur du monde. Puisque Dieu est l'être originel, et que de son être est déduite la nature de toutes les choses, l'organisation de la nature, selon laquelle cette configuration est nécessaire, est elle aussi à déduire de son être et non pas de sa volonté, car alors Dieu serait seulement l'architecte du monde et non pas son créateur. Seul ce qui est contingent peut être déduit de l'intention divine et de ses dispositions arbitraires. Or, tous les éléments contingents résident dans les formes des choses et on ne peut donc déduire de l'intention divine que l'élément formel d'une chose. Nous ne rendons pas, pour autant, la chose elle-même indépendante de Dieu et ne la soustrayons en aucune façon à sa puissance suprême. Car nous déduisons la matière, dans laquelle réside le réel lui-même, de Dieu lorsque nous considérons Dieu comme l'*Ens Originarium* qui contient en lui le fondement de toutes choses possibles. De cette façon nous rendons aussi les essences des choses elles-mêmes dépendantes de Dieu, c'est-à-dire dépendantes de son être. Car on ne peut pas du tout penser comment une intention divine spéciale pourrait être nécessaire pour qu'une chose produise certains effets qui résultent nécessairement de sa nature. Comment, par exemple, une intention divine spéciale pourrait-elle être nécessaire pour qu'un corps fluide adopte précisément une

forme sphérique lorsqu'il tourne autour d'un axe, alors que
cela est un effet nécessaire de la nature même du corps en
question ? Si nous voulions tout déduire de l'intention
divine, nous aurions alors à rendre tout indépendant de
Dieu lui-même, même ce qui est nécessairement inhérent à
la nature des choses. Nous reconnaîtrions un créateur seulement par les éléments contingents, c'est-à-dire par la forme
des choses et non par la matière, par l'élément nécessaire
de l'essence des choses elles-mêmes. Si, de plus, les lois
nécessaires et les arrangements de la nature, qui émergent
de l'existence des choses elles-mêmes, doivent dépendre de
Dieu (et ils le doivent, sinon nous ne pourrions donner un
fondement à leur possibilité), ils ne peuvent être déduits,
alors, que de l'être originel de Dieu.

De tout ce qui, jusqu'ici, a été avancé par la raison pure
en faveur de l'existence de Dieu, nous voyons que nous
sommes fondés à accepter et à présupposer un *Ens Originarium*, qui est en même temps un *Ens Realissimum*, comme
une hypothèse transcendantale nécessaire ; car un être qui
contient les données de toutes choses possibles, et dont la
suppression supprimerait donc en même temps toute possibilité, un être primordial d'une réalité suprême est, précisément à cause de sa relation aux possibilités de toutes
choses, une présupposition nécessaire. Car, outre chaque
concept logique de la nécessité d'une chose où cette chose
est désignée comme absolument nécessaire et dont la non-
existence serait une contradiction et donc impossible, nous
avons encore dans notre raison un autre concept d'une
nécessité réelle où une chose est *eo ipso* nécessaire, car
sa non-existence annulerait toute possibilité. Certes, pour
l'intelligence logique, la possibilité précède toujours l'existence réelle et nous pouvons donc penser la possibilité
d'une chose sans son existence réelle. Mais nous n'avons
Realiter aucun concept de cette possibilité autrement que
par l'existence et dans toute possibilité que nous pensons
Realiter nous présupposons toujours une existence, sinon
toujours l'existence de la chose elle-même, du moins une
existence en général qui contient les données de tous les
êtres possibles. Car toute possibilité présuppose toujours

quelque chose de donné effectivement et si tout n'était que possible, le possible lui-même n'aurait alors aucun fondement ; en conséquence, ce fondement de la possibilité elle-même n'est pas donné seulement comme possible mais il doit être également donné comme effectivement réel. Il est toutefois à noter que nous ne prouvons ainsi que la nécessité subjective d'un tel être, c'est-à-dire que notre raison spéculative se voit obligée de présupposer cet être comme nécessaire si elle veut comprendre en général pourquoi quelque chose est possible, mais la nécessité objective de cette chose ne peut en aucune façon être démontrée pour autant. Car c'est ici que la raison doit reconnaître son incapacité à vouloir prendre son essor au-delà des limites de toute expérience possible. Et dans la mesure où elle se permet de poursuivre quand même son vol, elle ne parvient alors qu'à tomber dans des tourbillons et des maelströms qui la plongent dans un abîme où elle disparaît entièrement.

Tout ce que la raison spéculative peut donc nous apprendre sur l'existence de Dieu consiste en ce qu'elle nous montre comment Dieu doit nous être rendu hypothétiquement nécessaire, mais non pas comment son existence pourrait nous être démontrée par elle-même de façon apodictique et certaine. Ceci est déjà, cependant, une grande chance, puisque tous les obstacles à accepter l'existence d'un être de tous les êtres sont de cette façon balayés ; car, si nous devions en être convaincus d'une autre façon, nous pourrions alors le croire solidement et inébranlablement. Ainsi, l'être suprême reste, même dans l'usage purement spéculatif qu'en fait la raison, un idéal sans défaut, un concept qui achève et couronne toute la connaissance humaine.

Selon **Baumgarten** [37], tous les attributs sont *Quiescentes* ou *Operativae*. Or, les *Perfectiones Quiescentes* sont celles où un fait est pensé sans qu'une *Nota Actionis* ne puisse être imaginée ; les *Perfectiones Operativae* sont, en revanche, celles qui ne se laissent pas penser sans la marque d'une activité. Nous voulons considérer, en premier lieu, ces *Perfectiones Quiescentes* car les attributs ontologiques en font partie. Outre la possibilité et la réalité de Dieu, que nous avons déjà traitées dans la mesure où la raison

spéculative peut nous en instruire, nous considérerons
maintenant que Dieu est une substance. Cet attribut appartient à Dieu en tant que chose, car toutes les choses sont des
substances. Par substance on comprend le réel qui existe
seulement en soi, sans être une détermination d'une autre
chose. La substance est opposée à l'accident qui, lui, ne
peut pas exister autrement que par le fait d'être inhérent à
une autre chose. Les *Accidentia* ne sont donc pas des choses
particulières mais des manières ou *modi* différents de
l'existence de la substance. Mais Dieu est une chose en soi
et *eo ipso* une substance. Si l'on voulait donc lui contester
sa substantialité, il faudrait alors nier aussi sa *choséité*,
c'est-à-dire supprimer tout le concept de Dieu. Mais, si l'on
accepte Dieu comme un *Ens Realissimum*, il découle directement du concept de chose que Dieu est une substance.

Un autre attribut ontologique de Dieu est l'Unité. Celle-
ci résulte du concept d'*Ens Realissimum* car, en tant qu'être
le plus réel, Dieu est entièrement déterminé puisque, de
toutes les *Praedicata Contradictoriae Opposita*, seul le réel
lui appartient toujours. Un tel concept d'un être qui contient
toute réalité ne peut jamais être que *Singularis* et ne peut
jamais être pensé comme une espèce ; car les individus doivent être distingués les uns des autres s'ils veulent être des
choses particulières. Mais cette distinction ne peut avoir
lieu que dans un partage de la réalité où une chose doit
comporter un élément que l'autre n'a pas. Cela contredirait
notre concept de *Realissimum*.

De l'unité de Dieu découle la simplicité. Car tout *Compositum Reale* est à considérer comme une réalité des
substances qui sont sans doute extérieures l'une par rapport
à l'autre mais restent pourtant *in commercio*. Si Dieu était
donc un *Compositum*, il devrait être alors composé de plusieurs parties dont chacune serait ou un *Ens Realissimum*
(il y aurait alors plusieurs *Realissima*, ce qui est une contradiction) ou *Partim Reale, Partim Negativum*, mais ainsi un
tout, qui consisterait en ses parties, serait lui-même seulement *Partim Negativum*, et par conséquent ne serait pas
Realissimum, et donc ne serait pas Dieu, car une réalité
illimitée ne peut jamais provenir de plusieurs réalités limi-

tées ; au contraire, pour qu'une chose puisse avoir une réalité illimitée, l'intégration de toutes les réalités doit être effectuée en un seul sujet. Et c'est précisément cette intégration qui identifie la forme d'un *Ens Realissimum*. Mais dès que ces réalités sont partagées (et un tel partage devrait avoir lieu entre les parties de ce *Compositum*, si l'*Ens Realissimum* était aussi un *Ens Compositum*), surgissent alors des limitations. Car là où la réalité est partagée entre plusieurs parties, elle n'est par conséquent pas totalement en chaque partie et il manque donc à chacune une part de la réalité. L'unité d'un *Compositum* est seulement l'unité contingente d'une combinaison, autrement dit, dans un tel composite, nous pouvons imaginer les parties comme séparées ; et même si elles sont combinées elles pourraient aussi bien être arrangées autrement ; mais l'unité d'une substance simple est nécessaire. La simplicité de cet *Ens Realissimum* est précisément démontrée par sa nécessité absolue. Car, si l'*Ens Realissimum* était un *Ens Compositum*, toutes les parties devraient elles-mêmes être aussi *Absolute Necessaria*, si tant est que le tout soit absolument nécessaire, car le tout ne peut pas être constitué autrement que par ses parties. Il y aurait alors maints *Entia Absolute Necessaria*, ce qui contredit pourtant le concept de la nécessité absolue. La troisième preuve de la simplicité de Dieu est ainsi établie, car chaque composite est en même temps *divisibile* par le fait qu'il est constitué de parties. Cette divisibilité suppose toujours une variabilité interne de la chose puisque la relation des parties peut être altérée dans un *Ens Compositum*. Chaque substance composée est donc intérieurement modifiable, ce qui, encore une fois, contredit le concept d'un *Ens Realissimum*. Il en découle également que, puisque l'être le plus réel doit être simple, il doit aussi être immatériel, car la matière constitue précisément ce qui est composé.

L'immutabilité appartient également à Dieu, et à ses *Perfectiones Quiescentes*. Pourtant on ne doit pas confondre l'*Immutabile* en tant que concept avec l'*Immutabile* en tant que chose. **Baumgarten** n'a pas examiné cette distinction correctement. Car il déduit l'immutabilité de Dieu du fait que toutes les déterminations d'un être d'une réalité

suprême sont absolument et intrinsèquement inaltérables.
Alors que de ce fait ne résulte que l'immutabilité transcendantale du concept de Dieu qui consiste en ce que Dieu est
déjà entièrement déterminé par son concept.

Qu'est-ce que la mutation ? Une succession d'états. Les
changements ne peuvent être pensés comme possibles que
dans le temps, ce qui s'appelle la succession. Et, si l'on
veut prouver l'immutabilité de Dieu en tant que chose, on
doit prouver en premier lieu que Dieu n'est pas dans le
temps. Cela fait partie du concept d'*Ens Realissimum* ; car
si Dieu était dans le temps, il devrait alors être limité. Or,
Dieu est *Realissimum*, par conséquent il n'est pas dans le
temps. Son immutabilité réelle résulte de sa nécessité absolue ; car si Dieu était constitué de façon telle que quelque
chose puisse surgir en lui, chose qui auparavant n'aurait
pas encore été réellement présente en lui, on ne pourrait
alors pas dire qu'il est nécessaire dans sa constitution
réelle ; il pourrait agir autrement, il pourrait être tantôt dans
un état, tantôt dans un autre. De cette immutabilité suprême
de Dieu par rapport à toutes ses réalités, il résulte qu'il
s'agit d'une représentation anthropomorphique que d'imaginer que Dieu puisse redevenir bienveillant quand, auparavant, il était en colère. Cela supposerait une altération en
Dieu. Mais Dieu est et demeure toujours le même, à la fois
bienveillant et équitable. Et le fait que nous devenions des
objets de sa grâce ou des objets de sa justice punitive ne
dépend que de nous. Le changement s'opère en nous ; notre
relation à Dieu est changée quand nous devenons meilleurs,
alors que précédemment notre relation était celle de
pécheurs coupables envers un Dieu juste, de sorte que,
après notre amélioration, cette première relation est supprimée et la relation d'amis droits et vertueux la remplace.
Nous ne pouvons donc pas non plus accorder avec le
concept d'un Dieu immuable le fait qu'il devrait être plus
efficace en nous quand cette amélioration est notre but ;
c'est plutôt que, par le fait même que nous travaillons à
notre amélioration, nous devenons nous-mêmes plus sensibles à l'influence de sa force et y participons dans une plus
grande mesure. Son influence elle-même ne devient ni plus

forte ni plus grande ; car il y aurait alors un changement en Dieu ; au contraire c'est nous qui le ressentons plus fortement, parce que nous ne lui résistons plus ; mais l'influence elle-même demeure identique.

Baumgarten traite ensuite du polythéisme. Celui-ci a sans doute été occasionné par le fait que les hommes ne pouvaient pas comprendre le conflit apparent des finalités dans le monde, cette confusion du bien et du mal. Ils ont admis, pour cette raison, plusieurs êtres qui en étaient les causes et ont attribué à chacun d'entre eux un domaine particulier. Néanmoins tous les peuples païens ont toujours, outre ces *sous-dieux*, pensé une sorte de source originelle particulière de laquelle ils pensaient être eux-mêmes issus. Ils ont rendu ce principe suprême si saint en lui-même et pour lui-même qu'il n'avait plus aucun rapport avec le monde. Ainsi ont fait les Tibétains et d'autres peuples païens qui vivent encore à l'intérieur de l'Asie. Ceci est propre à la démarche de la raison humaine qui exige impérativement une unité dans ses représentations et ne peut s'arrêter avant d'aboutir à un être qui soit plus élevé que tous les autres. Le polythéisme, sans cette connexion avec une source originelle suprême, aurait été en conflit avec l'entendement humain ordinaire ; car celui-ci préfère le monothéisme dans la mesure où il contient comme principe suprême un être qui est le tout dans le tout. Ainsi ne faut-il pas considérer que la doctrine d'un Dieu unique nécessite une compréhension très poussée de la part de l'homme ; elle est plutôt une exigence de la raison la plus ordinaire. Voilà pourquoi elle était déjà, au commencement, une doctrine universelle. Mais, parce qu'ensuite, on a distingué maintes forces destructrices dans le monde, on a cru que ces forces, aussi bien que l'accord et l'harmonie dans la nature, ne pouvaient pas être déduites d'un seul Dieu, et on a donc accepté des *sous-dieux* différents, chacun d'entre eux se voyant imputer certaines activités. Puisque tout ce qui se trouve dans le monde ne peut se classer que sous la rubrique du bien ou sous la rubrique du mal, on a donc admis une dualité de Dieu, un *Principium Bonum et Malum*. Ce qui donna le manichéisme. Cette dualité n'était pas totalement stupide et absurde si l'on considère que les manichéens, au-delà d'elle, ont posé un principe suprême duquel elle provenait. Car s'ils avaient considéré que les deux principes étaient *Realissimi*, il aurait alors été contradictoire qu'un *Ens Realissimum* puisse être un *Principium Malum*. C'est pourquoi ils ne considéraient aucun des deux principes comme *Realissimum* mais attribuaient, au contraire, certaines réalités à l'un et d'autres à l'autre ; par conséquent, ils pouvaient penser des négations dans les deux. De plus, au-delà de ces *Principes Partim Reales, Partim Negativi*, ils pensaient une source originelle suprême, un *Ens Realissimum*. De là, on peut voir que le polythéisme n'a pas supprimé le monothéisme, mais qu'au contraire les deux pouvaient se combiner sans se contredire puisque différents concepts s'apparentaient au mot Dieu.

Nous traiterons, à présent, d'un autre attribut ontologique de l'*Ens Realissimum*, qui est aussi une *Perfectio Quiescens*, c'est-à-dire qu'il est *Extramundanum* :

1. Cette perfection comprend le fait que Dieu est un *Ens A Mundo Diversum* ou que Dieu est, d'une façon intellectuelle, extérieur au monde. Cette thèse s'oppose au spinozisme car **Spinoza** [38] croyait que Dieu et le monde n'étaient qu'une substance et, qu'en dehors du monde, il n'y avait aucune substance. Cette erreur provenait de sa définition déficiente d'une substance. En tant que mathématicien, **Spinoza** avait l'habitude de trouver des définitions arbitraires et d'en déduire des propositions. En mathématiques, en effet, cela se fait très bien, mais dès que l'on veut appliquer cette méthode à la philosophie, on tombe dans l'erreur. Car en philosophie, on doit d'abord chercher et connaître les spécificités elles-mêmes avant de pouvoir en formuler une définition. Mais **Spinoza** n'a pas procédé ainsi, il a établi, au contraire, une définition arbitraire de la substance. *Substantia*, dit-il, *est cujus existentia non indiget existentia alterius*. Il en conclut cependant qu'il n'y a qu'une substance, Dieu, grâce à cette définition. Toutes les choses dans le monde ne sont que des *Accidentia* qui sont inhérents à cette divinité, parce qu'elles ont toutes besoin de son existence pour pouvoir exister elles-mêmes. Par conséquent,

tout ce qui existe est en Dieu et rien ne peut exister, ni même être pensé, en dehors de Dieu. Cela revient précisément à dire que Dieu et le monde ne font qu'un. Car le monde entier est en Dieu, et en dehors de lui il n'y a rien. Cette conclusion est aussi correcte dans sa forme qu'elle est erronée dans son fond, car elle est déduite d'un principe entièrement faux, d'une définition défectueuse de la substance. Nous avons proposé, plus haut, une autre définition de la substance dont l'exactitude est claire car elle n'est pas supposée de façon arbitraire, comme celle de **Spinoza**, mais est déduite du concept de chose lui-même. Ce concept d'une chose en général nous apprend que chaque réalité, qui existe pour soi, sans être une détermination d'une autre chose, est une substance ; en conséquence, toutes les choses sont des substances. Car la conscience que j'ai de moi-même montre que je ne rapporte pas [39] toutes les actions à Dieu en tant que dernier sujet qui n'est l'attribut d'aucune chose, et surgit, ainsi, le concept de substance, puisque je perçois en moi-même que je ne suis pas, non plus, l'attribut d'une autre chose. Quand je pense, par exemple, j'ai conscience de moi-même et du fait que mon Ego pense en moi, non pas en quelque chose d'autre. Ainsi, je déduis que cette pensée en moi est inhérente à moi-même et non à une autre chose extérieure à moi et, par conséquent, je déduis aussi que je suis une substance, c'est-à-dire que j'existe pour moi-même, sans être l'attribut d'une autre chose. Je suis moi-même une chose et, de ce fait, je suis aussi une substance. Si je suis moi-même une substance, ou je dois être Dieu lui-même ou Dieu lui-même est une substance différente de moi, et donc différente du monde également. La première thèse est absurde parce qu'elle contredit le concept d'un *Ens Realissimum*. En conséquence, en dehors de moi, il doit y avoir une autre chose existante en elle-même, qui n'est pas un attribut d'une chose existante, quelle qu'elle puisse être, en d'autres termes, il doit y avoir en dehors de moi-même une substance existant en elle-même. Bien sûr, en dehors de moi, il doit y avoir beaucoup d'autres substances car infiniment plus de choses sont possibles que moi. Mais *eo ipso* chaque chose, précisément parce qu'elle est une chose, n'est pas un attribut d'une autre mais existe, au contraire, en elle-même et est aussi une substance. Toutes ces choses sont à distinguer entre elles car, sans cela, elles ne seraient pas des choses particulières. Ainsi, un *Ens Realissimum*, qui, déjà pensé comme une chose, a la plus haute réalité, doit lui aussi exister en lui-même sans être un attribut d'une autre chose ; en d'autres termes, il doit être une substance qui est distincte de toutes les autres. Le monde comprend en lui-même des choses qui toutes et chacune sont des substances et qui, donc, devraient cesser d'être des choses si elles n'étaient que de simples déterminations d'une autre chose ; par conséquent, le monde entier n'est pas une détermination de Dieu mais cet *Ens Realissimum* doit être, au contraire, distingué de lui.

2. Cette perfection comprend également le fait que Dieu est un *Ens Extramundanum* ou, si l'on préfère, que Dieu n'est pas de ce monde mais lui est entièrement extérieur. Cette thèse va à l'encontre de celle des Stoïciens qui affirmaient que Dieu est l'âme du monde. S'il en était ainsi, Dieu et le monde devraient être *in commercio*, c'est-à-dire que l'un devrait avoir une influence sur l'autre ; donc, Dieu devrait être non seulement actif mais aussi passif. Cette alternance contredit, pourtant, Dieu et son concept en tant qu'*Ens Realissimum et Necessarium*. Car un *Ens Absolute Necessarium* est aussi *Independus*, et donc également *Impassibile* (et non passif). Si le monde devait avoir une influence sur Dieu de sorte que Dieu soit affecté par lui, Dieu devrait alors aussi *eo ipso* dépendre du monde. L'homme ne peut, bien sûr, envisager un objet que dans la mesure où il est susceptible d'être affecté par lui ; mais on ne peut pas attribuer une telle intuition à Dieu car elle contient en elle une limitation.

Dieu est donc isolé ; non pas qu'il n'ait aucune relation au monde ; c'est seulement qu'il n'a pas de relation d'échange (de *commercium*). Dieu a donc une influence sur le monde, c'est-à-dire qu'il est actif, mais le monde n'a aucune influence sur lui, c'est-à-dire que Dieu n'est pas passif. Nous avons déjà traité la question de l'infinité de Dieu dans le sens métaphysique et nous avons montré que l'on pouvait trouver un meilleur terme qu'infini en choisissant toute-suffisance de Dieu, car celle-ci est un concept de l'entendement entièrement pur, tandis que l'infini est emprunté aux mathématiques et n'appartient qu'à elles.

Examinons maintenant l'éternité de Dieu. La dimension de l'existence est sa durée ; nous combinons, ici, le concept de dimension avec celui d'existence, uniquement, à vrai dire, au moyen du temps. Le temps est par conséquent la mesure de la durée. La durée sans commencement ni fin est l'éternité. Mais qu'est-ce que le commencement ? Et qu'est-ce que la fin ? Le commencement est une existence. Certes ! Mais quelle signification cela a-t-il, si ce n'est qu'avant le commencement d'une chose il y avait un temps où elle n'existait pas et qu'après la fin d'une chose il y aura un temps où elle n'existera plus ? Nous avons donc toujours le concept de temps et nous ne pouvons trouver aucun concept de l'éternité qui ne soit pas affecté par le concept de temps. Car le commencement, comme la fin, ne sont possibles que dans le temps. Mais l'existence divine ne peut jamais être considérée comme déterminable par le temps car, si tel était le cas, nous devrions nous représenter Dieu comme un *Phaenomenon*. Il s'agirait d'un attribut anthropomorphique qui, parce qu'il contient en lui des limitations, ne peut pas être pensé d'un *Ens Realissimum*. Car l'existence d'une chose dans le temps est toujours une succession d'une partie de temps après une autre. La durée du temps est, pour ainsi dire, une disparition continue et un commencement continu. Nous ne pouvons jamais vivre une année sans en avoir déjà vécu une autre. Or, ceci ne peut en aucune façon être pensé à propos de Dieu qui est immuable. En tant que limitation continue, le temps doit être opposé à la qualité d'un *Ens Realissimum*. Si, maintenant, nous nous représentons l'éternité comme une durée sans commencement ni fin, ce qui est, tout bien considéré, l'explication minimale que nous puissions donner de l'éternité, le concept de temps y est, malgré tout, présent. Car la durée, le commencement et la fin sont de simples attributs qui ne peuvent être pensés qu'à propos d'une chose dans le temps. Il est vrai que nous nions le commencement et la fin à propos de Dieu, mais nous avançons peu ainsi, car notre concept d'éternité n'en est pas le moins du monde éclairé ni purifié. Fondamentalement, nous nous représentons encore Dieu dans le temps lorsque nous lui ôtons le commencement et la fin. Il est pourtant de la plus grande importance que nous excluions toutes les déterminations de temps du concept de Dieu car, sans cela, nous pourrions être conduits à de nombreuses conclusions anthropomorphiques. Si, par exemple, nous pensons Dieu dans le temps, bien que sans commencement ni fin, nous ne pouvons absolument pas imaginer comment Dieu, après avoir créé le monde, n'a pas subi de changement, ni imaginer ce que faisait Dieu avant que le monde n'existe. Si nous rejetons toute détermination de temps, cet avant et cet après demeurent pourtant quelque chose qui ne peut surtout pas être pensé de Dieu et, bien que nous devions pourtant nous contenter de si peu dans notre compréhension de l'éternité de Dieu, notre concept lui-même reste donc pur et sans défauts, bien qu'incomplet.

On a voulu éviter les difficultés qui surgissent lorsqu'on se représente l'existence de Dieu dans le temps en exigeant de penser toutes les étapes successives du temps comme simultanées en Dieu ; ce n'est qu'une prétention qui nous oblige à penser une contradiction : des étapes successives dans une chose et, cependant, simultanées ! Qu'est-ce, sinon une *contradictio in adjecto* ? Car le mot *simultané* ne veut dire rien d'autre que *en même temps* ; et penser des parties successives du temps les unes après les autres en même temps est contradictoire. De tout ce qui précède, nous voyons que si nous voulons nous représenter l'éternité comme une qualité particulière de Dieu, il est impossible de la penser dépourvue du temps parce que le temps est précisément la condition sensible de toutes nos représentations, la forme de la sensibilité. Si néanmoins, nous voulons exclure le temps du concept de Dieu, il ne nous reste alors plus rien de l'éternité comme représentation de la nécessité de son existence. Nous devons sans doute nous contenter de cela car, compte tenu de la faiblesse de notre raison, il serait impertinent de notre part de vouloir lever le voile qui cache Dieu, celui qui est permanent à jamais, dans une sainte obscurité. Si cependant nous voulons écarter les représentations sensibles du temps de ce concept, et cela est nécessaire car, sinon, notre concept de Dieu, qui doit être libre de toute limitation, pourrait être aisément corrompu, nous devons alors considérer qu'être éternel a la même signification qu'être absolument nécessaire. Il est vrai que nous avons déjà vu que nous ne pouvions pas penser non plus cette nécessité absolue de façon compréhensible ; toujours est-il qu'elle reste un concept que la raison nous oblige à accepter avant qu'elle ne puisse se reposer quelque part. L'éternité a une grande ressemblance avec l'omniprésence ; car, tout comme l'éternité, selon nos représentations sensibles, remplit entièrement le temps, la présence de Dieu, selon ces mêmes représentations, est aussi une plénitude de l'espace. La présence spatiale de Dieu, ou la présence de Dieu dans l'espace, est précisément soumise aux mêmes difficultés que l'éternité quand elle est liée au temps ; car, qu'une chose puisse être simultanément en plusieurs endroits dans l'espace est une contradiction.

Par la toute-puissance de Dieu on comprend habituellement sa capacité à rendre réelles toutes choses possibles. Mais il est très présomptueux de la part de l'homme de comparer des choses qui sont contradictoires en soi, par exemple la quadrature du cercle, à la force de Dieu et de conclure ensuite que Dieu ne peut évidemment pas les réaliser. Il est absurde et frivole de vouloir comparer un être ayant les plus grandes dignité et majesté au *Non Entia*. En général, il est très incongru de la part de la raison humaine de prendre des libertés avec Dieu, la chose la plus élevée que la raison elle-même ne peut que très difficilement penser ; incongru de sa part, donc, disions-nous, de ratiociner à ce sujet sans cesse et de vouloir tout se représenter concernant Dieu, même l'impossible ; car, au lieu de s'aventurer dans ces énormités de la pensée, elle devrait plutôt, pleinement consciente de son incapacité, reculer et se contenter de réfléchir, en premier lieu, à la manière dont elle pourrait penser Dieu dignement. C'est pourquoi toutes les représentations qui osent nous dépeindre Dieu comme un tyran qui pourrait rendre éternelles les punitions de l'en-

fer, ou encore, d'après la théorie de la prédestination, désigner certains hommes à la béatitude et d'autres purement
et simplement à la damnation, sont présomptueuses, même
si elles ne sont posées que de façon hypothétique.

L'anthropomorphisme est habituellement divisé en deux
types, le vulgaire, quand on pense Dieu sous une forme
humaine, et le subtil, quand on attribue à Dieu des perfections humaines sans en ôter les limitations. Ce dernier type,
surtout, est un ennemi dangereux de notre connaissance
pure de Dieu, car le premier est trop manifestement erroné
pour que l'homme puisse se laisser souvent duper. Contre
l'*Anthropomorphimus Subtilis*, en revanche, nous devons
employer toute notre force et ce d'autant plus qu'il lui est
facile de se glisser dans notre concept de Dieu et de le
corrompre. Car il est préférable de ne pas pouvoir se représenter quelque chose que de le penser de façon erronée.
Pour cette raison précisément, la théologie transcendantale,
dont nous avons traité jusqu'ici, peut se montrer d'une
grande utilité puisqu'elle nous rend capables d'ôter de notre
connaissance de Dieu tout élément sensible qui serait inhérent à nos concepts ou, tout au moins, nous rend conscients
du fait que, si nous attribuons à Dieu quelque chose qui ne
peut pas être pensé sans les déterminations de la sensibilité,
nous devons alors éclairer de tels attributs de Dieu honnête-
ment, même si nous ne sommes pas toujours capables de
nous les représenter entièrement sans défauts. Au mieux,
tous les effets de l'anthropomorphisme sont heureusement
annulés quand notre raison renonce volontairement à la
connaissance de la nature de Dieu et de ses qualités, à la
connaissance de la façon dont celles-ci sont constituées
intérieurement, et lorsque, consciente de sa faiblesse, elle
se contente de ne jamais outrepasser ses limites et se satisfait de ne connaître seulement de Dieu, qui demeure l'objet
d'une quête éternelle pour une raison lucide, que ce dont
nous avons besoin en ce qui nous concerne. Cet intérêt de
l'humanité pour la connaissance de Dieu est une nécessité
et la meilleure façon de le susciter est *Per Viam Analogiae*,
comme nous le verrons par la suite.

Nous en terminons ainsi avec l'ontologie où nous avons considéré Dieu comme l'être originel. Et nous avons conclu à son originalité en partie à partir du concept d'*Ens Realissimum* et en partie, inversement à sa réalité suprême, à partir du concept d'*Ens Originarium*. Mais nos efforts et notre prudence dans la connaissance de cette partie spéculative de la théologie sont récompensés par le fait que nous acceptons désormais, comme une hypothèse indubitable, au moins pour notre raison spéculative, un Dieu en tant qu'*Ens Realissimum*, avec tous les attributs qui en découlent, et aussi par le fait que nous pouvons être sûrs que jamais un homme rationnel ne pourra prouver son impossibilité ni détruire ce soutien de toute raison humaine. N'est-ce pas mieux que de vouloir prétendre connaître Dieu et ses qualités par la raison pure, sûrement et apodictiquement, ou d'avoir à craindre chaque attaque d'un opposant ? Car, ce que la raison pure a pu nous apprendre de Dieu est sans défauts ni erreurs. Ainsi, nous pourrons poser les fondations de cette connaissance, modeste il est vrai, mais exacte et donc sans crainte pour nos recherches plus élaborées et bâtir sur cette base avec confiance. Certes, tout ce que nous avons appris de Dieu de cette théologie transcendantale n'est que le simple concept d'une cause primordiale suprême, mais si inutile qu'il puisse être en lui-même et sans autre connaissance, ce concept est malgré tout magnifique pour servir de substratum à toute théologie.

Deuxième section

La théologie cosmologique

Lorsque nous avons traité de la preuve ontologique de l'existence de Dieu, nous avons abordé la preuve cosmologique de son existence mais uniquement afin de comparer ces deux preuves de la théologie transcendantale et de montrer leur grande affinité. Nous voulons, à présent, expliquer plus en détail le concept entier de Dieu qui peut être déduit d'une expérience fondée (sans pour autant déterminer de

quel type de monde cette expérience serait issue). La théologie cosmologique nous donne le concept théiste de Dieu,
c'est-à-dire le concept qui reconnaît Dieu comme l'intelligence suprême, l'être suprême, l'auteur libre de toutes les
choses par l'entendement. Le concept de Dieu du déiste
est simplement celui d'une nature éternelle mais aveugle,
envisagée comme la racine des choses, l'être originel ou
encore comme la cause suprême du monde ; mais il ne se
permet pas d'affirmer que Dieu ait fondé librement toutes
les choses. Or, puisque seul le concept d'un auteur du
monde, c'est-à-dire le concept d'un Dieu vivant, nous intéresse, nous voulons déterminer si nous pouvons arriver par
la raison à un concept théiste de Dieu en tant que *Summa
Intelligentia*. Cette connaissance ne sera pas tout à fait pure
ni indépendante de toute expérience ; car cette connaissance, que nous devons fonder ainsi, est l'expérience la
plus simple qui puisse être : l'expérience de nous-mêmes.
Ainsi, nous traiterons à présent des attributs psychologiques
que nous emprunterons à la nature de notre âme et que nous
conférerons à Dieu après en avoir ôté les limitations. Il nous
fallait déjà beaucoup de prudence afin de ne pas mêler aux
attributs ontologiques, qui étaient déduits entièrement *a
priori*, des représentations sensibles extérieures. Il nous en
faudra d'autant plus à présent que nous voulons abstraire
les déterminations, selon lesquelles le concept d'intelligence suprême doit être formé, de principes empiriques
uniquement ou, tout au moins, d'objets sensibles, dont
nous-mêmes d'ailleurs. Nous devons porter toute notre
attention sur ce point afin que les limitations de la réalité
ne nous échappent pas et qu'au lieu de rendre notre concept
de Dieu plus parfait, nous ne le souillions pas par la présence de négations. Si, par conséquent, nous rencontrons
en nous-mêmes la moindre réalité que nous puissions attribuer à l'être qui possède toute la réalité, nous devrons alors
nous tenir sur nos gardes afin de ne pas en attribuer à Dieu
les éléments négatifs qui nous sont inhérents. Cette séparation de toutes les limitations du réel nous est souvent très
difficile puisqu'il se peut qu'il ne reste rien de cette réalité.
Dans le cas où rien de positif ne resterait, même après une

investigation soigneuse de la réalité et la séparation de toutes les limites, il va de soi que nous ne pourrions attribuer une telle chose à Dieu. Mais si le réel, obtenu *Via Negationis*, d'une de nos perfections, devait être tout petit, il ne faudrait pas alors l'omettre s'il contient une vraie réalité, mais plutôt l'attribuer à Dieu *Per Viam Eminentiae*. Ici la voie de l'analogie est particulièrement appropriée, car elle nous apprend que la relation entre les choses dans le monde, où une chose est considérée comme la cause et l'autre comme l'effet, et la relation entre Dieu et le monde, qui tient de Lui son existence, sont parfaitement similaires.

Nous trouvons en premier lieu dans notre âme une faculté de connaissance. Personne ne peut douter que celle-ci soit une réalité. Tout homme détient cette faculté en raison de la grande perfection à laquelle il participe. C'est pourquoi nous devons l'inclure également dans le concept d'un *Ens Realissimum* une fois que nous aurons soigneusement ôté toutes les limitations qui nous sont inhérentes. Bien sûr, l'addition de cette réalité à notre concept d'un être d'une perfection suprême n'entraîne aucune contradiction, puisqu'une réalité n'en supprime pas une autre dans un concept. Nous ne pouvons pas déduire du fait que nous puissions unir la faculté de connaissance aux autres perfections de l'objet de ce concept que cette faculté soit due à cet objet lui-même dans la synthèse de tous ses attributs, car il nous faudrait, pour cela, comme nous l'avons montré précédemment, connaître tous ses attributs et tous leurs effets et la façon dont ils se positionnent les uns par rapport aux autres effectivement dans la synthèse ce qui, puisque l'objet de ce concept est en fait l'être le plus parfait, est impossible pour l'entendement humain. Nous ne pouvons pas plus prouver avec une certitude apodictique que la réalité de la faculté de connaissance ne supprime pas d'autres réalités de l'objet de notre concept, quand elles sont mises en rapport, que nous ne pouvons prouver le contraire, c'est-à-dire que quelque chose dans cet objet lui-même est supprimé ou limité dans ses effets par cette combinaison de la faculté de connaissance avec toutes ses autres réalités. L'une et l'autre preuve dépassent la compétence de la raison humaine. Dans de tels cas où il nous est également impossible de prouver de façon apodictique une thèse ou son contraire, nous sommes libres de choisir celle qui nous semble la plus probable ; et personne ne peut nier que nous ayons, selon le concept d'*Ens Realissimum*, un droit bien plus grand d'attribuer à celui-ci la réalité d'une faculté de connaissance que d'exclure totalement qu'il possède cette réalité. Le fait qu'il n'y ait rien de contradictoire dans notre concept constitue déjà un argument indubitable ; et même s'il n'en découle pas que l'objet lui-même soit possible dans la réalité, nous ne voyons pas, pour autant, pourquoi cette réalité ne devrait pas appartenir à la synthèse d'un être d'une perfection suprême, même si nous n'arrivons pas à le prouver avec une certitude apodictique à partir du concept d'*Ens Realissimum*. Le déiste ne peut nier cet argument car une telle contestation exigerait une compréhension de la nature d'un *Ens Realissimum*, ce qui dépasse toute raison humaine.

Mais nous avons une démonstration bien plus probante du fait que Dieu possède une faculté de connaissance : il s'agit de l'argument qui est tiré de la constitution d'un *Ens Realissimum* ; les démonstrations tirées de cette constitution sont toujours plus puissantes que les arguments tirés du seul concept d'*Ens Realissimum*. Nous raisonnons de la façon suivante : un *Ens Originarium* qui contient en lui-même le fondement de la possibilité de toutes les choses doit lui-même avoir aussi une faculté de connaissance puisque c'est lui qui est la source primordiale de ces êtres qui possèdent cette faculté, l'homme par exemple. Comment pourrait-on, en effet, déduire quelque chose d'un être si l'être primordial lui-même ne possédait pas cette chose ? Donc l'être primordial de tous les êtres doit posséder cette faculté de connaissance. Bien sûr, le déiste objecterait qu'il pourrait exister une autre sorte de réalité dans la source primordiale de toutes les choses, de laquelle proviendrait la faculté de connaissance inhérente à l'homme. Par conséquent, cette faculté de connaissance ne serait pas elle-même la réalité primordiale mais seulement une conséquence d'une réalité inconnue de nous présente dans l'être primordial. Ainsi, les

Tibétains, par exemple, représentent Dieu comme une source suprême d'où naissent les êtres et à laquelle ils retournent tous, sans pour autant conférer à cet être primordial toutes les perfections qui appartiennent aux choses qui en sont déduites. Mais où le déiste trouvera-t-il un argument pour affirmer une telle chose ? Il est vrai que nous ne pourrons jamais le réfuter avec une certitude apodictique — mais lui non plus ne sera pas capable de prouver son point de vue. Nous avons un droit bien plus grand à accepter la réalité de cette faculté de connaissance chez l'être primordial, mais sans considérer, bien sûr, qu'elle est identique à celle qui se trouve chez l'homme ; il s'agit, au contraire, d'une faculté d'une tout autre espèce. Nous ne pouvons absolument pas imagine comment une réalité pourrait être différente dans son effet de ce qu'elle est dans sa cause ; comment, par exemple, les êtres dotés d'entendement pourraient être nés d'une source inanimée à laquelle manquerait toute faculté de connaissance. Nous n'avons pas, en effet, le moindre concept de la façon dont une réalité pourrait engendrer une autre réalité sans que la première n'ait au moins une similitude avec la seconde. D'où pourrait naître donc cette faculté de connaissance chez l'homme si elle n'était pas dérivée d'une telle faculté chez l'être primordial ?

Nous voyons également que la raison spéculative ne nous pose en elle-même aucun obstacle pour accepter une faculté de connaissance chez l'être suprême ; au contraire, la raison spéculative nous pousse à l'accepter car, sans cela, nous devrions chercher une autre sorte de réalité dans cet être suprême qui serait la cause de la faculté de connaissance que nous trouvons en nous-mêmes comme effet. Mais il ne s'agirait pas seulement d'une réalité dont nous ne pourrions pas avoir le moindre concept et qui, donc, devrait nous rester totalement inconnue, mais également d'une réalité dont le fondement ne pourrait en aucune façon être pensé. Pourquoi devrions-nous, en effet, avoir recours à une réalité inconnue et insaisissable de Dieu alors que nous pouvons expliquer et déduire beaucoup plus facilement cette faculté que nous avons de connaître quelque chose de l'être pri-

mordial suprême ? Tout bien considéré, qui pourrait nier
qu'une faculté de connaissance en général soit une réalité
et doive, par conséquent, être attribuée aussi à l'être le plus
réel de tous ? Dieu possède donc une faculté de connaissance ; mais toutes les limitations qui existent dans la nôtre
doivent être soigneusement ôtées si nous voulons l'attribuer
à l'être suprême. Par conséquent :

— Premièrement, la faculté de connaissance de Dieu ne
sera pas donnée par les sens mais sera plutôt un résultat
de l'entendement pur [40]. Nous devrons donc exclure toute
sensibilité de l'*Ens Originarium* parce qu'un tel être, en
tant qu'*Ens Independens*, ne saurait être affecté par aucun
objet. La connaissance sensible est celle que nous obtenons
par des objets ayant une influence sur nous. Dans le cas de
Dieu, les objets n'ont aucune influence sur Lui et il n'y a
donc chez Lui, précisément pour cette raison, aucune
connaissance sensible. Chez un être primordial, toute
connaissance doit nécessairement provenir d'un pur entendement qui n'est pas affecté par des représentations sensibles. Ce n'est donc pas parce que toutes les représentations
sensibles sont obscures que l'on ne peut les attribuer à
Dieu, comme on le dit ordinairement ; car nous trouvons
souvent qu'une représentation que nous obtenons par les
sens est bien plus nette que certaines connaissances obte-
nues par l'entendement. C'est plutôt que tout élément sensible doit être écarté de Dieu parce que, comme nous l'avons
déjà montré, il est impossible que des objets puissent avoir
une influence sur un être indépendant.

— Deuxièmement, l'entendement divin est intuitif. Que
notre entendement ne puisse faire autrement que de déduire
le particulier de l'universel est, en effet, une limitation que
nous ne pouvons en aucun cas attribuer à l'être d'une réalité
suprême. Au contraire, cet être doit avoir l'intuition de toutes les choses immédiatement par l'entendement et tout
connaître d'un coup. Certes, nous ne pouvons nous former
aucun concept d'un tel entendement intuitif parce que nous
ne pouvons avoir une intuition autrement que par les sens.
Mais il découle de sa réalité et de son originalité suprêmes
que Dieu doit posséder cet entendement intuitif.

— Troisièmement, Dieu connaît tout *a priori*. Nous ne pouvons connaître que peu de choses sans représentations sensibles préalables ; en effet, une telle connaissance nous est tout à fait impossible quant aux choses dont nous ne sommes pas nous-mêmes les auteurs. Nous pouvons, sans doute, nous représenter *a priori* un jardin, par exemple, que nous avons projeté dans nos idées avant qu'il n'existe en réalité ; mais ce n'est pas le cas pour les choses qui se trouvent en dehors de notre sphère d'activité.

L'être primordial est le fondement de tout ce qui est possible. Tout ce qui existe est dépendant et déduit de lui. Par conséquent, il doit connaître tout ce qui est, avant même que quelque chose n'existe, tout ce qui est possible *a priori*. Dieu connaît toutes les choses puisqu'il se connaît lui-même, lui le fondement de toute possibilité. On appelle cela la *Theologia Archetypa* ou *Exemplaris*, comme nous l'avons déjà mentionné. Dieu ne connaît donc pas empiriquement parce que cette façon de connaître est incompatible avec un être primordial indépendant.

En tant qu'êtres humains, nous ne connaissons que très peu de choses *a priori* ; nous sommes redevables aux sens de la plupart de nos connaissances. Par l'expérience, nous ne connaissons que des apparences — le *Mundus Phaenomenon* ou *Sensibilis* et non le *Mundus Noumenon* ou *Intelligibilis* — et non les choses comme elles sont en elles-mêmes. Cela est montré en détail dans la théorie de l'être (l'ontologie). Dieu connaît toutes les choses comme elles sont en elles-mêmes, c'est-à-dire *a priori*, immédiatement par l'intuition de son entendement ; car il est l'être de tous les êtres, en qui toute possibilité a son fondement. Si nous voulions nous flatter de la connaissance des choses par *Mundus Noumenon*, il nous faudrait alors partager la communauté de Dieu afin de pouvoir ainsi participer immédiatement à ses idées qui sont les auteurs des choses elles-mêmes. S'y préparer dans cette vie est l'affaire de mystiques et de théosophes. C'est pourquoi il existe en Chine, au Tibet et en Inde cette destruction mystique de soi par laquelle on croit se dissoudre enfin dans la déité. Fondamentalement, on pourrait considérer le Spinozisme comme un grand envoûtement aussi bien qu'un athéisme. Car **Spinoza** établit pour Dieu, la substance unique, deux prédicats : l'étendue et la pensée. Toutes les âmes, dit-il, ne sont que des modifications de la pensée divine, tous les corps des modifications de son étendue. Ainsi **Spinoza** suppose comme situé en Dieu tout ce qui existe. Mais, ce faisant, il tombe dans d'énormes contradictions. Car s'il n'y a qu'une substance unique, je dois alors être moi-même cette substance et, par conséquent, je suis Dieu — ce qui contredit pourtant ma dépendance — ou je suis un accident — mais cela contredit le concept que j'ai de moi-même selon lequel je me pense comme sujet ultime qui n'est pas l'attribut d'autre chose que de moi-même.

L'attention, l'abstraction, la réflexion et la comparaison ne sont que des outils d'un entendement discursif ; on ne saurait les penser concernant Dieu ; car Dieu n'a aucun *Conceptus*, mais plutôt un *Intuitus* pur d'où provient le fait que l'entendement divin connaît tous les objets immédiatement, tels qu'ils sont en eux-mêmes ; en revanche, les concepts ne sont que des moyens indirects puisqu'ils proviennent de critères universels. Mais un entendement qui connaît tout immédiatement, un entendement intuitif, n'a aucun besoin de la raison ; car la raison n'est qu'une caractéristique des limites de l'entendement auquel elle procure des concepts. Là où l'entendement reçoit ses concepts par lui-même, aucune raison n'est nécessaire. C'est pourquoi l'expression *raison* est en-dessous de la dignité de la nature divine. En ce qui concerne l'être le plus réel, on doit exclure complètement ce concept de raison et lui attribuer plutôt un entendement purement intuitif, tel que la perfection suprême de la connaissance. Dans cette vie, nous n'avons absolument aucun concept de cette intuition immédiate de l'entendement ; mais on ne peut ni nier ni prouver qu'une âme séparée, en tant qu'intelligence, puisse posséder une semblable intuition, au lieu d'une sensibilité, par laquelle elle pourrait connaître les choses en elles-mêmes, comme c'est le cas des idées de Dieu.

Baumgarten classe la connaissance de la façon suivante : *Scientia Simplicis Intelligentiae*, *Scientia Libera* et

Scientia Media. L'expression « connaissance scientifique » (*Scientia*) est impropre quand elle est appliquée à Dieu. Car nous ne devons pas faire de distinction en Dieu entre « savoir », « croire » et « entendre »[41] parce que toute sa connaissance est intuitive ; par conséquent, sa connaissance exclut tout « entendre ». Il n'est donc pas nécessaire de nommer, de façon anthropomorphique, la connaissance divine « connaissance scientifique » ; nous ferions mieux de l'appeler tout simplement connaissance. La classification mentionnée ci-dessus n'est d'ailleurs guère soutenable quand nous la concevons à propos de Dieu. Par le terme *Scientia Simplicis Intelligentiae*, **Baumgarten** comprend en effet la connaissance de tout ce qui est possible, tandis que par *Scientia Libera* il entend la connaissance de tout ce qui est réel. Mais pour Dieu, il n'y a aucune distinction entre ce qui est possible et ce qui est réel ; une connaissance totale de ce qui est possible est, en effet, une connaissance de ce qui est réel en même temps. Le réel est déjà compris dans le possible car ce qui est réel doit être possible, sans quoi il ne serait pas effectivement réel. C'est pourquoi, lorsque Dieu pense tout ce qui est possible, il pense également ment tout ce qui est réel. Ainsi, la distinction entre *Scientia Simplicis Intelligentiae* et *Scientia Libera* se trouve seulement dans notre représentation humaine de la connaissance divine, et non dans la connaissance divine elle-même. C'est-à-dire que nous nous représentons le fait que Dieu, en connaissant sa propre essence (*Simplex Intelligentia*), connaît également tout ce qui est possible car il est le fondement de toute possibilité. Nous déduisons donc de la nature de Dieu cette connaissance de toutes les choses possibles et l'appelons *Cognitio Simplicis Intelligentiae*.

Par l'expression *Scientia Libera* nous entendons la connaissance que Dieu possède des choses réelles, dans la mesure où il est conscient simultanément de son choix libre des choses ; en effet, ou toutes les choses sont réelles de par la nécessité de la nature de Dieu — ce qui serait le principe de l'émanation — ou elles le sont de par la volonté de Dieu — ce qui est le système de la création. C'est parce que Dieu est toujours conscient de sa libre volonté dans sa

connaissance de toutes les choses possibles, qu'il a
transformées en choses réelles, que nous pensons une
Scientia Libera en Lui. Cette représentation est fondée sur
le système de la création selon lequel Dieu est l'auteur de
toutes les choses de par sa volonté. Mais cela est vrai aussi
selon le principe de l'émanation. En effet, puisque, selon
ce principe, tout ce qui est réel l'est de par la nécessité de
la nature divine. Dieu est alors conscient de toutes les choses non de par sa conscience de son libre choix des choses
mais de par sa conscience de sa propre nature de cause de
toutes les choses. Toute sa connaissance est fondée sur le
fait que Dieu est l'*Ens Entium*, l'être primordial indépendant. Car s'il n'était pas la cause originelle des choses, il
ne pourrait alors pas du tout les connaître, parce qu'il n'y
aurait rien dans sa nature qui lui permettrait de se procurer
une connaissance de choses qui lui sont extérieures, ou les
choses devraient alors avoir une influence sur lui afin de lui
donner une marque de leur existence. Dans ce cas Dieu
devrait avoir une connaissance sensible de ces choses, il
devrait donc être *Passibilis*, ce qui contredit son indépendance en tant qu'*Ens Originarium*. Si par conséquent Dieu
doit connaître les choses sans sensibilité, il ne peut donc
les connaître autrement que par le fait d'être conscient de
lui-même en tant que cause de tout. La connaissance divine
de toutes les choses n'est ainsi rien d'autre que la connaissance que Dieu a de lui-même en tant que puissance
efficace.

Baumgarten classe de plus la *Scientia Libera* elle-même
en *Recordatio*, *Scientia Visionis* et *Praescientia*. Mais là
encore, cette classification est formulée d'après les représentations humaines et n'est pas applicable à la connaissance divine elle-même. Pour Dieu, l'Immuable, rien n'est
passé ni futur, car il n'est absolument pas dans le temps.
Dieu connaît tout simultanément de façon intuitive, qu'il
s'agisse de quelque chose de présent selon notre représentation ou non. Si Dieu connaît tout, il connaît donc également
nos actions libres, même celles que nous ne réaliserons que
dans le futur. La liberté de nos actions n'est ni supprimée
ni limitée par le fait que Dieu les prévoit, car il prévoit en

même temps la trame entière dans laquelle ces actions sont comprises, les motivations qui nous en rendent capables et les intentions que nous nous efforçons de réaliser. Même si Dieu prévoit tout cela, il ne détermine toutefois absolument pas que cela se passera ainsi. Il ne rend donc pas nos actions futures nécessaires par sa prescience comme certains l'ont faussement cru ; au contraire, il voit seulement que telle ou telle action aura lieu. Le concept de prescience est d'ailleurs anthropomorphique et, pour cette raison, n'est pas applicable à Dieu lui-même. Bien plus, il n'y a pas la moindre difficulté à se représenter la manière dont Dieu connaît les actions libres futures des hommes. Cette liberté de nos actions et le fait que Dieu les prévoit sont tout aussi nécessaires pour notre raison.

La prétendue *Scientia Media* ou, si l'on préfère, la connaissance de ce qui pourrait se passer dans d'autres mondes possibles, c'est-à-dire en dehors de ce monde réel, est une distinction totalement inutile. Car si Dieu connaît tout ce qui est possible, il le connaît alors aussi bien en soi que *in nexu* ; il connaît précisément, par conséquent, la totalité de tous les mondes possibles.

Une connaissance est libre lorsque c'est l'objet qui dépend de la connaissance. C'est la raison pour laquelle notre connaissance n'est pas libre car les objets eux-mêmes nous sont donnés ; notre connaissance dépend d'eux. Elle doit donc se régler sur la constitution de ces objets. Pour Dieu, en revanche, la connaissance est libre car l'existence du monde dépend de lui. Que la connaissance de Dieu soit libre présuppose, donc, que Dieu soit la cause du monde de par sa liberté ou, si l'on préfère, le créateur du monde.

Toute erreur suppose apparence et séduction. L'erreur n'est pas un pur manque de connaissance ; car il s'agirait d'ignorance. Elle est plutôt une conséquence des obstacles positifs de la vérité. Dieu ne connaît rien *a posteriori* ; aucun objet ne peut avoir la moindre influence sur lui car il est indépendant en raison de son essence primordiale ; il est donc *Impassibilis*. Précisément pour cette raison, parce qu'aucun objet ne peut avoir une influence sur lui, aucun objet ne peut également le tromper. Dieu est donc *Infallibi-*

lis. De telles preuves, qui sont déduites spécifiquement de certains des attributs qui appartiennent à Dieu, sont toujours meilleures que celles qui sont déduites du seul concept d'*Ens Realissimum*. Pour ces dernières, en effet, il est souvent difficile de vérifier si quelque chose est une réalité ou non.

Baumgarten appelle la *Scientia Visionis* ou *Libera* un *Analogon Modi* comme si la connaissance d'une chose réelle contenait plus que la connaissance de ce qui est possible. Mais cette différence entre une chose qui est d'abord possible et qui, ensuite, devient réelle n'est qu'une distinction par rapport aux situations temporelles et ne concerne nullement Dieu.

A ce stade, **Baumgarten** traite d'un autre attribut de Dieu : la sagesse divine. Mais **Baumgarten** anticipe car la sagesse présuppose une capacité de désir [42] qui n'a toutefois pas encore été montrée en Dieu. En tant que *Summa Intelligentia*, Dieu possède trois attributs que nous lui conférons par la psychologie : 1) la connaissance, 2) le plaisir et la douleur et 3) la capacité de désir. Nous devrions ainsi reporter tout simplement à plus tard cette discussion de la sagesse divine. Mais pour ne pas abandonner l'ordre de notre auteur, nous allons déjà avancer quelques remarques de façon provisoire.

Tout être qui possède la connaissance doit avoir aussi les deux qualités suivantes dans cette connaissance :

1. Une perfection théorique de sa connaissance. Cette qualité doit appartenir à cette connaissance dans la mesure où elle est ordinaire ou scientifique. Mais ni l'une, ni l'autre ne s'appliquent à Dieu car elles ne concernent que l'homme. La connaissance ordinaire est un agrégat, tandis que la science est un système de connaissance. Toutes deux comprennent une masse de connaissances, mais la première les empile sans ordre tandis que la seconde les lie ensemble dans une unité. La perfection théorique de la connaissance de Dieu s'appelle l'omniscience.

2. Une perfection pratique de la connaissance, ce qui comprend les trois propriétés suivantes :

a) L'habileté, c'est-à-dire la perfection de la connaissance dans le choix des moyens nécessaires pour arriver à ses fins, quelles qu'elles soient, même si elles sont problématiques ;

b) La justesse [43], c'est-à-dire la connaissance des moyens nécessaires pour arriver à des fins données, dans la mesure où ces moyens ne sont pas entièrement en notre pouvoir. Ces moyens sont des êtres rationnels. C'est pourquoi la justesse n'est rien d'autre que l'habileté à se servir des êtres agissant librement en vue de fins données ;

c) La sagesse, c'est-à-dire la perfection de la connaissance dans la déduction de chaque fin du système de toutes les fins. La satisfaction repose sur l'unité de ces fins.

On voit facilement que les deux premières perfections de la connaissance, l'habileté et la justesse, ne sont pas attribuables à Dieu parce qu'elles ont trop de ressemblance avec ce qui est humain. Ce qui relève du réel dans ces perfections réside d'ailleurs déjà dans l'omniscience. Comment peut-on attribuer à Dieu la justesse, par exemple, puisqu'il possède la perfection de la toute-puissance et qu'en conséquence aucune fin ne peut exister dont les moyens d'y parvenir ne sont pas déjà entièrement en son pouvoir ! Il est donc en-dessous de la dignité de la nature divine d'imaginer Dieu comme habile et judicieux ; en revanche, la sagesse correctement comprise n'appartient qu'à l'être d'une perfection suprême. Qui d'autre que Dieu, en effet, connaît le système de toutes les fins ? Et qui d'autre que Lui est capable d'en déduire chaque fin ? Si l'on veut attribuer également la sagesse à l'homme, on doit alors la comprendre comme la synthèse de toutes nos fins en relation à la moralité. Car la moralité a précisément pour objet de prendre en considération la manière dont chaque fin peut prendre position dans l'ensemble de la totalité de toutes les fins et de juger toutes les actions selon une règle commune.

Dans la mesure où notre connaissance des actions humaines est déduite du principe d'un système possible de toutes les fins, on peut l'appeler sagesse humaine. Nous pouvons donc même donner un exemple *in concreto* d'un entende-

ment supérieur qui déduit le particulier de la totalité : c'est
celui de notre conduite morale qui nous permet de déterminer la valeur de chaque fin à partir de l'idée de la totalité
de toutes les fins. Dans le concept de félicité, en revanche,
nous n'avons aucun concept de totalité mais nous le com-
posons uniquement à partir de détails [44]. C'est précisément
pour cette raison que nous ne pouvons pas régler nos
actions d'après une idée de la félicité parce que nous ne
pouvons pas penser une telle totalité. Si l'homme n'y parvient jamais totalement et, par conséquent, n'est pas lui-
même sage, il possède pourtant une idée de cette totalité de
toutes les fins. Ainsi la sagesse divine se distingue de la
sagesse humaine non seulement par sa quantité mais aussi
par sa qualité, tout comme la nécessité absolue de Dieu se
distingue de l'existence de toutes les autres choses.

La sagesse divine consiste également dans l'accord du
choix divin avec lui-même. Un dessein qui, dans son exécution, susciterait des conflits et, par conséquent, nécessiterait
des exceptions, ne saurait être le plan le plus parfait. C'est
précisément pour cela que le plan de Dieu concernant l'arrangement de la nature doit s'harmoniser avec l'ensemble
de la volonté divine. Et c'est précisément cette unité complète dans le choix des moyens pour arriver à ses fins qui
est une qualité de la sagesse divine. Nous reporterons
cependant à plus tard une discussion plus ample de ce sujet
lorsque nous considérerons la volonté divine où il a véritablement sa place.

Baumgarten parle aussi de l'omniscience divine et
l'énonce comme une qualité distincte de la connaissance
divine. Nous ne devrions surtout pas traiter spécialement
cette science en Dieu comme pour la distinguer de la
croyance, de l'opinion et de la conjecture. Car celles-ci sont
absentes de Dieu qui connaît tout. C'est précisément pourquoi sa connaissance est une science, car cette science
résulte d'une suffisance totale de sa connaissance. C'est
parce que nous ne connaissons pas les choses totalement
que notre connaissance n'est fréquemment pas une science
mais plutôt une croyance. En revanche, la connaissance
totale que Dieu possède de tout est son omniscience.

En conclusion de cette discussion de la connaissance divine, nous ajouterons une remarque concernant le concept d'idée chez **Platon**. A proprement parler, le mot « idée » signifie *Simulacrum*, et pour la philosophie humaine signifie donc un concept de la raison dans la mesure où aucune expérience possible ne peut lui être adéquate. **Platon** considérait les idées de la déité comme des archétypes des choses, selon lesquels ces choses étaient effectivement ordonnées mais jamais posées comme adéquates à l'idée divine elle-même. L'idée que Dieu a de l'homme comme archétype devait être, par exemple, la plus parfaite idée du plus parfait des hommes. Les individus particuliers de l'humanité réelle seraient façonnés d'après cette idée mais sans jamais y correspondre parfaitement. On a accusé **Platon**, par la suite, d'avoir fait passer ces idées de Dieu pour de pures substances. Finalement, au deuxième siècle, une prétendue secte éclectique est née, qui rêvait de pouvoir participer à ces idées divines. La théosophie mystique est d'ailleurs basée sur ce rêve et n'est fondamentalement rien d'autre qu'une philosophie platonicienne corrompue.

Après ce premier attribut de Dieu tiré de la psychologie, c'est-à-dire la faculté de connaissance ou, comme on l'appelle, l'entendement, **Baumgarten** s'attaque sans délai à la question de la volonté de Dieu qui est une perfection pratique, tout comme la connaissance est une perfection théorique. Mais là, maintes difficultés surgissent immédiatement, dès que l'on pose cette question : Dieu possède-t-il une faculté de désir ? Si oui, comment est-elle constituée ? Les désirs sont immanents ou transitoires ; c'est-à-dire qu'ils se rapportent à la chose elle-même qui possède ces désirs et restent en elle ou qu'ils se rapportent à quelque chose qui lui est extérieur. Mais aucune de ces deux considérations n'est applicable à l'être de tous les êtres. En premier lieu, parce qu'un être tout-suffisant ne peut pas avoir de désirs immanents, précisément en raison du fait qu'il est tout-suffisant. Car le désir ne porte que sur ce qui est possible et futur. Mais Dieu possède réellement toutes les perfections et, par conséquent, il ne lui reste rien qu'il pourrait désirer comme une possibilité future. On ne peut pas plus se représenter en Dieu un désir pour quelque chose qui lui est extérieur. Car Dieu aurait alors besoin de l'existence d'autres choses pour prendre conscience de sa propre existence, ce qui s'oppose au concept d'*Ens Realissimum*. La grande question est donc : comment pouvons-nous penser un être d'une perfection suprême ayant des désirs ? Pour répondre à cette question, nous allons entreprendre les recherches suivantes. Nos pouvoirs spirituels sont : 1) la connaissance, 2) le sentiment de plaisir ou de déplaisir ou, mieux, parce que le mot « sentiment » paraît donner à entendre quelque chose de sensible, la faculté de satisfaction ou d'insatisfaction, 3) la faculté de désir.

Parmi tous les êtres, seuls certains ont une faculté de représentation. Ceux-ci s'appellent des êtres vivants dans la mesure où ces représentations peuvent devenir la cause des objets de la représentation ou la cause de la réalité de ces êtres. La faculté de désir est donc la causalité de la faculté de représentation, en considération de la réalité de ces objets. La volonté est la faculté des fins.

La satisfaction, ainsi que la définit **Baumgarten**, ne peut pas consister dans la conscience de la perfection, parce que la perfection est l'accord de la diversité avec l'unité. Pourtant, ici, nous ne voulons pas savoir en quoi nous trouvons notre plaisir mais plutôt ce qu'est le plaisir lui-même. En soi, le plaisir consiste non pas dans la relation de nos représentations à leur objet, mais plutôt dans la relation des représentations au sujet, pour autant que ces représentations puissent déterminer le sujet à actualiser l'objet. Dans la mesure où la représentation est ainsi la cause de la réalité de l'objet, elle s'appelle faculté de désir ; mais dans la mesure où elle décide d'abord le sujet lui-même au désir, elle s'appelle plaisir. On voit donc clairement que le plaisir précède le désir [45]. La satisfaction de sa propre existence, quand celle-ci est dépendante, s'appelle le bonheur. Le bonheur est donc le contentement que nous avons de notre propre existence dépendante. Mais une totale satisfaction de sa propre existence indépendante s'appelle *Acquiescentia in Semetipso* ou auto-suffisance (*Beatitudo*). Cette béatitude d'un être consiste donc dans la satisfaction de sa propre

existence sans besoin et appartient par conséquent à Dieu
uniquement, car lui seul est indépendant. Si l'entendement
doit ainsi représenter la volonté de Dieu comme la volonté
d'un être qui se suffit à lui-même, il faut alors qu'ait lieu
une discussion de la faculté de satisfaction ou d'insatisfaction, puis de l'auto-suffisance de Dieu, avant de considérer
la volonté divine. Cette tentative est nouvelle ; mais elle est
fondée sur la suite naturelle des idées selon laquelle cette
première considération doit être avancée, faute de quoi la
chose en question elle-même ne peut pas être nettement
distinguée. Afin, donc, de répondre à cette question principale — comment peut-il y avoir une faculté de désir chez
l'être le plus réel, et en quoi consisterait-elle ? — nous
devons d'abord nous occuper de sa faculté de plaisir et de
déplaisir et de sa béatitude.

S'il doit y avoir une conjonction entre l'entendement de
Dieu et sa volonté, il faut alors montrer comme un être
auto-suffisant peut être la cause de quelque chose qui lui
est extérieur. Car sa volonté est déduite précisément du fait
qu'il est supposé être le créateur du monde. Nous voyons
bien que les choses dans le monde peuvent être la cause
d'autres choses mais cette qualité ne se rapporte pas aux
choses elles-mêmes, mais plutôt à la seule détermination de
ces choses ; non pas à leur substance, mais plutôt à leur
seule forme. Il s'ensuit donc que la causalité de Dieu, selon
laquelle il est supposé être l'auteur du monde, doit être
d'une tout autre nature. On ne peut pas penser, en effet, la
causalité de Dieu, ou sa faculté de rendre réelles des choses
qui lui sont extérieures, comme autre chose que son entendement ; en d'autres termes, un être auto-suffisant ne peut
devenir la cause d'autres choses qui lui sont extérieures que
par le moyen de son entendement ; et c'est justement cette
causalité de son entendement, qui permet de rendre réels
les objets de ses représentations, qui s'appelle la volonté.
Cette causalité de l'être suprême par rapport au monde,
c'est-à-dire la volonté par laquelle il a créé le monde,
repose et ne peut reposer que sur son entendement suprême.
Il est possible d'avoir une idée contraire de l'entendement
divin, qui est alors une cause éternelle et aveugle des cho-

ses, une *Natura Bruta*. Mais la volonté divine peut-elle résider dans cette sorte de causalité ? Sans entendement, elle
n'a aucune faculté de se référer elle-même, son propre
sujet, à quelque chose d'autre, ni de se faire une représentation de quelque chose d'extérieur à son propre sujet ; et
pourtant, ce n'est que sous cette seule condition qu'il est
possible que quelque chose puisse être la cause d'autres
choses extérieures. Il en résulte qu'un être auto-suffisant ne
peut produire des choses qui lui sont extérieures que par sa
volonté et non par la nécessité de sa nature. L'auto-suffisance de Dieu couplée à son entendement constituent sa
toute-suffisance. Car, puisque Dieu se connaît lui-même, il
connaît également toute chose possible qui est contenue en
Lui, qui en est le fondement. La satisfaction qu'un être a
de lui-même, comme fondement possible de la production
des choses, est ce qui détermine la causalité. En d'autres
termes, nous pouvons l'exprimer ainsi : en Dieu la cause
de sa volonté consiste dans le fait que, même dans son
contentement suprême de soi, les choses qui lui sont extérieures doivent exister dans la mesure où il est conscient de
lui-même en tant qu'être tout-suffisant. Dieu se connaît au
moyen de son entendement suprême comme fondement
tout-suffisant de toutes les possibilités. Dieu tire la satisfaction suprême de cette faculté illimitée quant à toutes les
choses possibles et c'est ce contentement de soi qui est
précisément la cause pour laquelle il rend réel ce qui est
possible. C'est donc cela le désir de Dieu de produire des
choses qui lui sont extérieures. Le produit d'une telle
volonté sera l'ensemble le plus grand de toutes les possibilités, c'est-à-dire le *Summum Bonum Finitum*, le monde le
plus parfait.

Si nous nous faisons une représentation de la volonté qui
soit adéquate à cet être suprême, toutes les objections qui
sont faites habituellement contre la possibilité d'une
volonté chez un être auto-suffisant disparaissent alors. Car
ces objections ne sont valables que pour le concept anthropomorphique de la volonté de Dieu. On dit, par exemple,
qu'un être qui désire quelque chose qui lui est extérieur ne
peut être satisfait que si ce qu'il désire existe réellement.

Ainsi considérée, la volonté, ou le désir, de quelque chose présuppose que la satisfaction ou le contentement d'un être qui a de tels désirs ne peut être complet que par l'existence d'autres choses. Et cela est vrai pour tout être créé ; car dans ce cas le désir de quelque chose présuppose toujours un besoin qui est la raison du désir de cette chose. Mais pourquoi cela ? Précisément parce qu'aucune créature n'est toute-suffisante, et toutes les créatures ont donc toujours besoin de beaucoup de choses. C'est pourquoi aucune ne peut rien désirer en dehors d'elle-même à moins que par-là, c'est-à-dire par la production de ce qu'elle désire, elle obtienne pour elle-même un degré de contentement de soi plus élevé. Chez un être qui est indépendant, et donc auto-suffisant, en revanche, le fondement de la volonté et le désir de l'existence de choses qui lui sont extérieures résident justement dans le fait qu'il connaît aussi la faculté qu'il possède de les rendre réelles. Nous voyons ainsi que, selon la raison pure, une faculté de désir et une volonté peuvent se trouver dans un être auto-suffisant et, même, qu'il est impossible de penser un être ayant le plus grand contentement de soi et un entendement suprême, en tant qu'être originel indépendant, sans que la causalité des objets de ses représentations soit pensée en lui simultanément. Bien sûr, il faut écarter tout concept anthropomorphique de la volonté car, sinon, il résulterait une contradiction au lieu d'un accord. Mais avant de procéder à la discussion proprement dite de la volonté divine, nous devons d'abord entreprendre un examen de la théologie physique.

Troisième section

La théologie physique

La théologie physique pose la question suivante : peut-on conclure de l'ordre final de la nature qu'elle a été créée par un auteur intelligent ? Dans ses *Dialogues*, **Hume** [46] soulève à l'encontre d'une réponse affirmative à cette question une objection non négligeable. Il précise en effet : à supposer qu'il existe une cause suprême ayant produit l'ordre de la nature par l'entendement et la liberté, on ne peut guère saisir comment cette intelligence suprême pourrait posséder toutes les perfections nécessaires à la production d'une telle harmonie, ni d'où proviendraient toutes les qualités supérieures de cet être. Il poursuit : on comprend tout aussi peu comment ces perfections dans le monde existeraient sans présupposer l'existence d'un auteur intelligent. On apprécie la valeur de cette objection une fois que l'on a appris à comprendre qu'il nous est absolument impossible d'affirmer la nécessité absolue d'un être originel suprême, ou de prétendre connaître d'où provient Dieu lui-même. Car la question : « D'où proviennent toutes les perfections de Dieu ? », demeure sans réponse possible. Mais nous avons déjà montré, par ailleurs, que nous ne pouvons pas plus comprendre par la raison la possibilité de l'existence d'un être dont la non-existence est impossible, que nous ne pouvons comprendre celle d'un être dont l'existence est absolument nécessaire ; cette même raison nous pousse, pourtant, à accepter une telle existence comme une hypothèse qui nous est subjectivement nécessaire, sans laquelle nous ne pourrions avancer aucun argument pour expliquer toute autre existence possible. Si, par conséquent, même notre raison spéculative a vraiment besoin de supposer un Dieu, puisqu'elle ne peut pas le prouver apodictiquement, il n'en découle pourtant rien d'autre que le fait qu'une telle preuve dépasse la capacité de notre raison. L'objection de **Hume** reste tout de même erronée malgré sa valeur apparente ; et nous allons, à présent, comparer les deux hypothèses en présence. La première est : un être suprêmement parfait est le créateur du monde par l'entendement. La seconde est : une nature éternellement aveugle est l'origine de la finalité et de l'ordre dans le monde. Voyons si nous pouvons accepter cette dernière hypothèse. Pouvons-nous penser sans la moindre contradiction que la finalité, la beauté et l'harmonie dans le monde, ces choses qui doivent manifestement être les attributs d'un entendement, puissent être issues d'une *Natura Bruta* ? Comment la nature pourrait-elle, d'elle-même, par autant de moyens liés entre eux, accorder ces différentes choses à un but final déterminé ? Partout dans le monde, nous trouvons une chaîne de causes et d'effets, de fins et de moyens, une régularité dans la formation comme dans la disparition des choses. Comment cette totalité, d'elle-même, pourrait-elle s'organiser dans cette situation ? Comment une nature toute-puissante mais aveugle pourrait-elle en être la cause ?

Une finalité dans les effets présuppose toujours un entendement dans la cause. Si tel n'était pas le cas, quelle concordance d'accidents aveugles pourrait produire ne serait-ce qu'une mite avec sa structure ordonnée ? **Hume** affirme qu'une simple fécondité est certainement capable de produire une harmonie dans ses effets. Nous voyons cela clairement dans la façon dont le monde est formé ; nous-mêmes, en tant qu'êtres intelligents, sommes engendrés par nos parents au moyen des sens et non créés au moyen de leur entendement. Certes ! Mais la totalité des choses, la totalité du monde entier, est-elle aussi engendrée ainsi, par une quelconque cause fertile ? Quel sophisme !

Un être composite, tel que le monde, qui consiste en de vraies substances, peut-il avoir un entendement ? Nous est-il possible de penser un entendement ainsi partagé ? Il est certainement bien plus compréhensible de supposer qu'un entendement suprême et une volonté ont conçu et réalisé tous ces arrangements ordonnés dans le monde, que de supposer qu'une cause fertile mais sans entendement ait pu engendrer tout cela selon la nécessité de sa nature. Cette dernière supposition ne se pense pas sans contradiction. Car même si nous admettions un tel être primordial aveugle, la nature n'aurait nullement la capacité, sans l'entendement, de se rapporter à son sujet, à des choses en dehors d'elle. Comment pourrait-elle alors posséder la causalité ou la capacité de rendre réelles des choses en dehors d'elle, voire simplement d'accorder les choses selon un même plan ? Si, qui plus est, les choses dans le monde sont effectivement engendrées par la fertilité, elles ne le sont que dans leurs formes. En ce qui concerne leur origine première, les choses elles-mêmes sont déjà contenues dans les sens et n'auraient pu être produites que par un être possédant volonté et entendement. Si, en revanche, nous supposons une intelligence supérieure à l'origine de toute la création de par sa volonté, nous pouvons alors tout à fait admettre l'ordre final de la nature, puisque nous le déduisons d'un entendement suprême. La façon dont cet être suprême possède et se procure toutes les perfections nécessaires résulte de sa nécessité absolue que nous ne pouvons ni comprendre ni nier, il est vrai, précisément à cause des limites de notre raison.

Après ces remarques préliminaires, nous voulons maintenant procéder à la discussion proprement dite de la volonté divine et nous suivrons, pour cela, l'ordre de **Baumgarten**. Notre auteur affirme, en premier lieu, que la faculté de désir en Dieu ne saurait être sensible. Il déduit cela du fait que Dieu, en tant qu'*Ens Originarium Independens*, ne peut pas être affecté par des objets. Nous avons déjà examiné cela en détail quand nous avons évoqué ce que disait **Baumgarten** à propos de l'*Acquiescentia Dei in Semetipso*. Si nous nous demandons maintenant : « En quoi consiste la volonté divine ? », nous pouvons répondre qu'elle consiste dans le fait que l'entendement divin détermine son activité à la production des objets qu'il conçoit. Chez l'homme, le contentement est le plaisir dans un objet. Nous trouvons, par exemple, du contentement dans une maison même si nous ne la voyons qu'en esquisse. Le contentement donné par l'existence de cet objet s'appelle l'intérêt. Ni l'un, ni l'autre ne peuvent être attribués à Dieu. Il n'a ni plaisir, ni intérêt ; car il est tout-suffisant et a déjà une totale satisfaction de soi dans sa propre existence indépendante. Dieu n'a pas besoin de choses en dehors de lui qui pourraient accroître sa béatitude. Par conséquent, nous pouvons seulement attribuer à Dieu un *analogon* de l'intérêt, c'est-à-dire une analogie de relation. La relation entre une bonne action faite en ma faveur par quelqu'un et la volonté de cet être qui est heureux, par ailleurs, et n'a aucun besoin de moi mais l'effectue pourtant est ainsi identique à la relation entre tout le bien dans le monde et la volonté de Dieu qui, au demeurant, me reste inconnu de par sa nature. Je sais seulement que sa volonté est pure bonté et ceci me suffit.

Les Stoïciens ont ainsi pensé l'idéal du sage qui, ne ressentant aucune compassion pour la détresse, n'éprouve pourtant pas de joie plus grande que celle de remédier à toute détresse. Mais cet idéal n'est pas possible pour les hommes car, chez eux, la reconnaissance du bien n'est pas suffisante et une incitation supplémentaire est nécessaire avant qu'ils puissent produire ce bien réellement. La raison en est que notre activité est limitée et que, par conséquent, si nous voulons appliquer nos forces à la production d'un bien, nous devons d'abord juger si nous allons ainsi épuiser notre capacité de produire un autre bien. Nous avons donc besoin de certaines incitations pour déterminer nos forces à la production de tel ou tel bien, puisque nous n'avons pas une capacité suffisante pour produire réellement tous les biens que nous reconnaissons. Ces incitations consistent dans certaines relations subjectives selon lesquelles, une fois que notre jugement du contentement ou, si l'on veut, notre reconnaissance du bien, est effectué, notre choix du contentement est alors déterminé. Si l'on voulait supprimer cette relation subjective, notre choix du bien serait également supprimé. Il en va tout autrement pour Dieu. Il possède la puissance suprême alliée à l'entendement suprême. Puisque son entendement reconnaît la capacité qu'il a en lui-même de rendre réels les objets de sa représentation, il est *eo ipso* déterminé à agir pour la production du bien, voire du plus grand ensemble de bien possible. Car Dieu possède la capacité, par le seul fait de sa simple représentation du bien, de le rendre immédiatement réel. Dieu n'a pas besoin d'être d'abord motivé pour cela ; en lui, toute incitation particulière est absente ; en Dieu il n'y a pas de relations subjectives possibles parce qu'il est déjà tout-suffisant en soi et pour soi et connaît la béatitude suprême. Si on parle donc de motivation en Dieu, ce terme ne peut être compris que comme le bien dans l'objet, mais sans aucune relation subjective à l'objet, comme si Dieu avait ainsi pour but la louange et la gloire. Car cela n'est pas approprié à la dignité de l'être bienheureux suprême ; au contraire, par son entendement, Dieu connaît à la fois le bien possible et sa capacité de le produire. Dans cette connaissance se trouve la raison pour laquelle il le produit réellement.

La volonté divine est libre. La liberté de la volonté est la faculté de se déterminer à des actions indépendamment d'une *causa subjectis* ou d'impulsions sensibles ; en d'autres termes, la capacité de vouloir *a priori*. Mais, puisque chez l'homme les penchants sont justement les conditions subjectives de la satisfaction de soi, le concept de la liberté humaine est soumis à maintes difficultés psychologiques. Car l'homme fait partie de la nature ; il appartient donc au monde sensible et est donc, lui aussi, soumis aux lois des phénomènes. Tous les phénomènes sont déterminés entre eux par certaines lois et c'est précisément cette détermination par des lois universelles de toutes ces données dans la nature qui constitue le mécanisme de la nature. En tant que membre de la nature, l'homme est donc soumis également à ce mécanisme et, donc, à un mécanisme psychologique. Comment ses actions peuvent-elles être, alors, pensées comme libres, comme indépendantes des événements de la nature ? Certes, l'homme est conscient de lui-même en tant qu'objet intellectuel, mais cette conscience présente aussi des difficultés, dont des difficultés psychologiques. Pour le moment elles ne nous concernent pas car elles sont absentes chez Dieu. Dieu est entièrement différent du monde ; il n'a absolument aucune conjonction avec le temps et l'espace et, par conséquent, n'est pas soumis aux lois des phénomènes et n'est, d'une façon générale, déterminé par rien. Il devient, dès lors, évident que sa volonté doit être déterminée par autre chose que des incitations. Il est tout aussi peu possible que Dieu ait l'envie de changer sa situation, car il est tout-suffisant. Si, pour cette raison, nous voulons penser le concept de la liberté divine en le purifiant de toute limitation, celle-ci n'est alors rien d'autre que la totale indépendance de sa volonté par rapport aux choses qui lui sont extérieures, comme par rapport à toutes conditions intérieures. Mais, bien que nous n'ayons pas à craindre que ce concept de la liberté divine se heurte à de quelconques difficultés psychologiques, qui ne concernent que la liberté humaine, il reste toujours cette insuffisance constituée par l'impossibilité de représenter ce concept *in concreto*. Où devrions-nous en chercher un exemple clair ? Une telle liberté absolue n'appartient en effet qu'à Dieu ; nous n'avons aucun moyen de penser une telle liberté *in concreto* car toutes les conditions sensibles en ont été ôtées, ce qui est généralement le cas lorsque nous purifions les attributs divins de toutes les négations. Puisque le concept de la liberté absolue ne peut être illustré par un exemple, on peut être tenté de tomber dans le doute et de croire que ce concept est obscur ou, même, complètement faux. Mais dès que l'on introduit un concept *a priori*, apodictique et certain, l'erreur n'est pas à craindre même si notre incapacité, ou notre raison entière, nous défend d'en imaginer un exemple *in concreto*. Que la volonté divine doive être entièrement libre est démontré par le fait que, dans le cas contraire, Dieu ne pourrait être un *Ens Originarium*, en d'autres termes, que Dieu ne pourrait être Dieu. Car, en tant que *Prima Causa Mundi*, sa volonté doit être indépendante de toutes choses car il n'y a aucune motivation qui puisse déterminer Dieu à quoi que ce soit. Il est de même tout aussi peu probable que des penchants, quels qu'ils soient, naissent en lui qui possède l'auto-satisfaction suprême. Dieu possède à la fois la liberté transcendantale, qui consiste en une spontanéité absolue, et la liberté pratique ou, si l'on préfère, l'indépendance de sa volonté à l'égard de toutes les impulsions sensibles. En ce qui concerne l'homme, cette spontanéité absolue ne peut absolument pas être démontrée ; sa possibilité même ne peut pas être connue parce que nous appartenons, en tant qu'hommes, au monde et sommes donc affectés par des choses. Cette spontanéité absolue peut être, en revanche, pensée chez Dieu sans la moindre difficulté. Mais cela est également vrai de la liberté pratique qui, elle, doit être présupposée chez les hommes si l'on ne veut pas supprimer la moralité tout entière. L'homme agit selon l'idée d'une liberté, comme s'il était libre et, *eo ipso*, il est libre. Cette capacité d'agir toujours selon la raison doit certainement être en Dieu car toutes les impulsions sont impossibles chez lui. On peut certes objecter que Dieu ne peut pas décider autre-

ment que comme il décide et que, donc, Dieu n'agit pas
librement mais selon la nécessité de sa nature. L'homme
peut toujours, en revanche, décider quelque chose d'autre
et, au lieu d'être bienveillant dans tel cas, décider de ne pas
l'être. Mais ceci constitue précisément chez l'homme un
manque de liberté puisqu'il n'agit pas toujours selon sa raison. En Dieu, ce n'est pas la nécessité de sa nature qui fait
qu'il ne peut pas décider autrement que ce qu'il décide ; au
contraire, c'est plutôt la liberté véritable en lui qui fait qu'il
ne peut décider que ce qui est approprié à son entendement suprême.

Le fatalisme attribue à Dieu une nécessité aveugle, ce
qui contredit le concept d'une intelligence suprême. Cette
opinion pervertie mérite assurément le nom de fatalisme,
tout comme nous donnons le nom de « hasard » à un accident aveugle. Le fatalisme apparaît lorsque l'on ne distingue plus la nécessité aveugle de la nature de la nécessité
physique et pratique. Le fataliste fait appel, évidemment, à
des exemples où Dieu n'aurait pu agir autrement que selon
la nécessité de sa nature ; il explique, par exemple, que
Dieu a créé le monde il y a un certain nombre d'années
mais que, pendant l'éternité entière qui a précédé cette création, il n'a rien fait. Et cela, dit-il, ne peut être expliqué
que par le fait qu'il fallait que Dieu crée le monde à ce
moment précis. Quelle représentation anthropomorphique !
Ni les années, ni aucune notion de temps ne sont concevan-
bles concernant Dieu. Il n'est absolument pas dans le
temps ; limiter son efficacité aux conditions du temps va à
l'encontre du concept de Dieu.

Baumgarten divise la volonté divine en *Voluntas Antecedens et Consequens* ; concernant l'homme, la *Voluntas
Antecedens* se rapporte à l'objet de notre volonté selon des
concepts universels. Le roi, par exemple, veut rendre ses
sujets heureux du simple fait qu'ils sont ses sujets. La
Voluntas Consequens se réfère à l'objet de la volonté dans
la totalité de sa détermination. Le roi veut récompenser ses
sujets, par exemple, uniquement dans la mesure où ils en
sont dignes. Le concept humain du temps, c'est-à-dire la
notion de précédence tout comme la notion de consé-

quence, doit être ôté de ces deux types de volonté et il est alors possible de les appliquer à Dieu, à la majesté de l'être suprême. Cette classification de la volonté trouve un fondement dans tout être rationnel ; il n'y a qu'en Dieu que toute succession doit disparaître. Chez l'homme la *Voluntas Antecedens* est un avis précurseur de la volonté, mais la *Voluntas Consequens* est définitive. En Dieu, en revanche, la *Voluntas Antecedens* se trouve toujours dans le *Decretum* déjà et ne concerne que ce qui, dans l'objet, est commun aux autres choses non voulues par Dieu.

Que tout ce qui se passe dans le monde soit conforme au décret divin est clair, car sans cela, il n'existerait pas. Mais lorsque nous tentons de pénétrer les motivations de la volonté divine, quand nous tentons de savoir ce qu'il y avait dans le monde au moment où Dieu l'a organisé, quand nous tentons d'apercevoir les fins de sa volonté, nous trouvons alors que, en effet, sa volonté est insondable. Bien sûr, nous pouvons, à l'aide de l'analogie d'une volonté parfaite, faire valoir quelque chose de ces intentions, mais de tels jugements doivent rester problématiques et ne peuvent nous permettre d'avoir aucune certitude apodictique. Ce serait donc une présomption, c'est-à-dire une offense à la sainte justice de Dieu, que de vouloir déterminer si telle chose est, et a dû être, une fin dans la production d'une certaine chose. Dans quelques cas, la volonté sage et l'intention divine sont apparentes. La structure entière de l'œil humain, par exemple, fait voir le sage moyen d'arriver au but de la vision. Mais notre raison ne peut absolument pas trancher si dans une certaine chose c'est la fin elle-même qui est rencontrée ou, seulement, l'effet de fins encore plus hautes qui constituent l'ensemble de toutes les fins. Car la présupposition que tout dans le monde a son utilité et son bon dessein irait bien plus loin, si elle était constitutive, que ce que nos observations antérieures pourraient justifier. Mais comme principe purement régulateur elle est tout à fait appropriée à l'élargissement de notre compréhension et peut, par conséquent, être toujours utile à la raison et ne jamais lui porter préjudice. Car si, par anticipation, nous acceptons des centaines de sages intentions du créateur dans le monde, nous pouvons alors, ainsi, faire toutes sortes de découvertes. Quoi qu'il en soit, aucune erreur ne peut en résulter ; il se pourrait, cependant, que là où nous attendions un enchaînement téléologique (*Nexus Finalis*), nous ne rencontrions effectivement qu'un enchaînement mécanique ou physique (*Nexus Effectivus*). Mais dans ce cas nous n'aurions manqué qu'une unité ; nous n'aurions cependant pas détruit l'unité rationnelle dans son utilisation empirique. Dans un *Nexus Effectivus*, la fin est toujours la dernière et le moyen le premier ; mais dans un *Nexus Finalis* l'intention précède toujours l'utilisation des moyens. Quand, par exemple, un malade parvient par des médicaments à sa fin, la santé, il s'agit bien du *Nexus Effectivus*, mais quand, en revanche, le malade se fixe d'abord l'intention de retrouver la santé, avant même de prendre des médicaments, il s'agit alors du *Nexus Finalis*.

Nous ne connaissons jamais de la volonté de Dieu que l'intention seconde. Si, par exemple, les hommes doivent exister, ils doivent pouvoir voir et, par conséquent, leurs yeux doivent donc être organisés d'une certaine façon et non d'une autre. Mais nous ne connaîtrons jamais l'intention finale, c'est-à-dire la raison pour laquelle les hommes en général existent. Nous pouvons, bien entendu, nous assurer que les hommes sont des fins en soi et pas seulement les conséquences de fins encore plus hautes, car cette dernière hypothèse serait dégradante pour les êtres rationnels. Pourtant, cela est le cas seulement pour ce dont nous pouvons être certains. En ce qui concerne les autres choses dans le monde, il reste impossible de savoir si leur existence est une intention finale de Dieu ou seulement un moyen nécessaire pour parvenir à des fins encore plus hautes.

Cette connaissance, qui permet de conclure à un principe suprême en tant qu'intelligence suprême à partir de la constitution première de la nature, montre en général et la possibilité et la nécessité d'une théologie physique. Nous pourrons en effet appeler théologie physique universelle le principe selon lequel ce qui est bon et conforme à une fin provient de Dieu. Même si maintenant nous trouvons qu'une grande partie de l'ordre et de la perfection dans la nature doit être déduite de l'essence des choses elles-mêmes selon les lois universelles, nous n'enlevons ainsi en aucune façon ces choses à la suprématie divine ; au contraire, ces lois universelles elles-mêmes présupposent toujours un principe de continuité de toutes les possibilités les unes par rapport aux autres. Mais dire que la volonté de Dieu tend à des fins implique un attribut psychologique. La nature de sa volonté nous restera pourtant insaisissable et ses intentions insondables.

Les attributs de la volonté divine que nous avons examinés jusqu'ici sont ontologiques ; il nous reste à examiner ses attributs moraux.

DEUXIEME PARTIE
La théologie morale

Première section
Les attributs moraux de Dieu

Le concept de Dieu n'est pas un concept naturel [47] et n'est pas, non plus, nécessaire d'un point de vue psychologique ; car dans la psychologie et la connaissance de la nature, on ne doit jamais parvenir directement à Dieu par la perception de la beauté et de l'harmonie. Ce serait une sorte de raison paresseuse [48] qui se dispenserait volontiers de toute recherche supplémentaire pour découvrir des causes naturelles à des effets naturels. Ici, on doit plutôt suivre une méthode qui puisse stimuler la culture de notre raison ; on doit chercher dans la nature elle-même les causes les plus proches d'où découlent les effets. Car de cette façon, on apprend à connaître les lois universelles selon lesquelles tout dans le monde se déroule. Auparavant, on était obligé d'accepter comme hypothèse un être qui contiendrait en lui-même le fondement de ces lois universelles. Mais même sans cette hypothèse, il est toujours possible de faire de grand-progrès dans la physique en se donnant la peine de découvrir toutes les causes intermédiaires. La théologie physique ne donne pourtant aucun concept de Dieu comme un être tout-suffisant mais, au contraire, en ce qui le concerne, elle apprend à ne le connaître que comme un être très grand et incommensurable. Mais ainsi, la connaissance que l'on a de Dieu est encore insatisfaisante. Car il est toujours possible de s'interroger plus avant : un autre être n'est-il pas possible, un être qui possède peut-être plus de pouvoir, plus de connaissance que ce principe de la nature suprême déjà reconnu ? Ainsi, un concept indéterminé de Dieu n'est d'aucune aide. En revanche, le concept moral de Dieu est nécessaire pratiquement, car la morale contient les conditions de la conduite des êtres rationnels ; ceux-ci ne peuvent être dignes du bonheur qu'en les observant. Ces conditions et ces devoirs sont certains de façon apodictique car ils sont fondés, nécessairement, dans la nature d'un être rationnel et libre. Et à ces conditions seulement est-il possible à un être rationnel de devenir digne du bonheur. Or, s'il n'y avait pas lieu d'espérer qu'une créature qui se serait conduite selon ces lois éternelles et immédiates de la nature, et par-là serait devenue digne du bonheur et devrait donc participer en fait à ce bonheur, si donc pour une telle créature aucun bien-être ne devait résulter de sa bonne conduite, il y aurait alors une contradiction entre la moralité et le cours de la nature. Mais la raison et l'expérience nous montrent, toutes deux, que dans le cours actuel des choses, une stricte observance de tous les devoirs moralement nécessaires n'est pas toujours liée au bien-être, mais qu'au contraire la plus noble intégrité et l'honnêteté sont souvent méconnues, méprisées, persécutées et foulées aux pieds par le vice. Il doit donc y avoir un être qui lui-même gouverne le monde selon la raison et les lois morales, et qui a fixé dans le cours des choses à venir un état où la créature qui est restée fidèle à sa nature et qui, par la moralité, est digne d'un bonheur permanent, devra participer effectivement à ce bonheur ; sinon tous les devoirs subjectivement nécessaires que nous, en tant qu'êtres raisonnables, avons la responsabilité de remplir, perdraient alors leur réalité objective. A quoi bon se rendre digne du bonheur s'il n'existe aucun être qui puisse nous procurer ce bonheur ? Car sans Dieu on devrait donc être ou visionnaire ou méchant ; on devrait nier sa propre nature et ses lois morales éternelles ; on devrait cesser d'être un homme raisonnable.

Par conséquent, dans le domaine de la moralité, l'existence de Dieu n'est pas quelque chose de purement hypothétique en ce qui concerne les apparences contingentes, comme c'est le cas pour la théologie physique, mais bien plutôt un postulat nécessaire [49] aux lois incontournables de notre propre nature. Car la moralité ne nous montre pas seulement que nous avons besoin d'un Dieu mais nous apprend aussi que Dieu se trouve déjà dans la nature des choses et que l'ordre des choses nous conduit vers lui. Bien sûr, la proposition selon laquelle les devoirs moraux sont fondés nécessairement dans la nature de chaque être raisonnable, et donc qu'ils ont pour nous une force obligatoire et certaine, cette proposition doit être préalablement et correctement arrêtée. Car si ces devoirs ne reposaient que sur un sentiment, ou sur la perspective d'un bonheur, en sorte que nous devenions déjà heureux par leur simple observance, non simplement dignes de ce bonheur mais par-là y participions effectivement aussi, alors le bien-être existerait déjà dans le cours présent des choses comme l'effet de la bonne conduite, et nous n'aurions plus à compter sur un état heureux à venir ni sur un être qui pourrait nous aider à y parvenir. Mais déjà la thèse de **Hume**, qui veut déduire toute moralité des sentiments moraux particuliers, démontre bien que la prétendue suffisance de la morale n'est pas fondée, et la thèse selon laquelle la vertu est déjà, dans le monde, suffisamment récompensée, est contredite par l'expérience. Les devoirs de la moralité sont donc certains apodictiquement parce qu'ils nous sont imposés par notre propre raison. S'il n'y avait ni Dieu ni aucun monde futur, il n'y aurait pas de motivation pour nous inciter, en tant qu'êtres humains raisonnables, à agir selon ces devoirs.

Donc seule la moralité nous donne un concept déterminé de Dieu. Elle nous apprend à Le connaître comme un être qui possède toute perfection. Car ce Dieu qui doit nous juger selon les principes de la moralité, en d'autres termes décider si nous sommes dignes du bonheur, ce Dieu doit aussi, dans ce cas, nous faire participer effectivement à ce bonheur et doit tout connaître, même les plus secrets remuements de notre cœur, parce que, précisément, c'est ce qui importe le plus dans la valeur de notre comportement. Mais il doit aussi avoir en son pouvoir la nature entière pour être capable d'ordonner de façon méthodique notre bien-être futur dans le cours des choses. Il doit, enfin, assembler et guider les conséquences des différents états de notre existence. Bref, il doit être omniscient, tout-puissant, éternel et non pas temporel. Or, un être par qui réalité doit être donnée aux devoirs moraux doit posséder sans restriction les trois perfections morales suivantes : la sainteté, la bienveillance et la justice. Ces caractéristiques constituent le concept moral entier de Dieu. En Dieu elles se retrouvent ensemble, mais dans notre représentation elles doivent être dissociées les unes des autres. Donc, suivant la morale nous reconnaissons Dieu comme un législateur saint, comme un gardien bienveillant du monde et comme un juge juste. Nous devons, ici, penser d'abord la sainteté de la loi bien que, d'habitude, notre intérêt nous amène à placer la bien-veillance au-dessus de celle-ci. Pourtant, une condition res-trictive précède toujours la bienveillance, condition selon laquelle les hommes peuvent devenir dignes de ce bonheur et du bien-être qui en découle. Cette condition est que les hommes se comportent conformément à cette loi sainte, laquelle doit donc être déjà présupposée si le bien-être doit en résulter. Le principe suprême de la législation doit être entièrement saint et ne doit rien permettre qui soit vice ou péché, ni compter ceux-ci pour moins punissables. Car ce principe suprême doit être pour nous une norme éternelle qui ne dévie en aucun point de ce qui est en conformité avec la moralité.

La bienveillance est à son tour une idée particulière qui a pour objet le bonheur, tout comme l'objet de la sainteté ne peut être rien d'autre que la stricte bonne conduite, la vertu suprême. La bienveillance est en et pour soi sans limite, mais elle doit s'exprimer dans la distribution de bonheur à proportion de la dignité du sujet. Et c'est précisément cette limitation de la bienveillance par la sainteté, dans cette distribution de bonheur, qui est la justice. Je ne peux pas penser un juge bienveillant comme si un tel juge pouvait diminuer et, pour ainsi dire, pardonner la sainteté de la loi. Car il ne serait alors pas du tout un juge qui considère et distribue exactement le bonheur selon le degré de dignité que le sujet a atteint par sa bonne conduite. La justice du juge doit être rigoureuse et inflexible.

On en trouve un symbole dans le gouvernement bien ordonné d'un pays, avec cette différence pourtant que, dans ce cas, législation, gouvernement et justice sont incarnés par des personnes distinctes tandis qu'en Dieu les trois sont réunis.

Dans un état, le législateur doit être souverain et personne ne doit pouvoir se soustraire à cette souveraineté. L'administrateur des lois, celui qui récompense et pourvoit ceux qui s'en sont rendus dignes en proportion de leur bonne conduite, celui-ci doit être subordonné à ces lois, parce que lui aussi doit agir selon elles. Enfin, le juge doit être très juste et doit s'assurer du fait que la distribution des récompenses est elle aussi conforme aux mérites. En dehors de toute représentation humaine, le pur concept est donc précisément celui qui constitue les perfections morales de Dieu. Cette idée d'une triple fonction divine est au fond déjà très ancienne et semble être à la base de presque toutes les religions. Ainsi les Indiens concevaient Brahmā, Vishnu et Shiva, les Perses Ormuzd, Mithra et Ahriman et les Egyptiens Osiris, Isis et Horus. De même, les anciens Goths et les Allemands concevaient Odin, Freyja et Thor. Et chaque fois, ces dieux étaient conçus comme trois grands êtres qui constituaient une divinité ; au premier appartenait la législation du monde, au deuxième le gouvernement du monde et au troisième la justice du monde.

La raison nous conduit à Dieu en tant que saint législateur, notre inclination au bonheur souhaite voir en Dieu un bon gouverneur du monde et notre conscience morale le représente à nos yeux comme le juge juste. Ici, on voit les exigences et, en même temps, les mobiles qui nous poussent à penser Dieu comme saint, bienveillant et juste. Le bonheur est un système de fins accidentelles, parce que celles-ci ne sont nécessaires qu'à cause de la diversité des sujets. Car chacun peut participer au bonheur seulement dans la mesure où il s'en est rendu digne lui-même. Mais la moralité est le système absolument nécessaire de toutes les fins et c'est précisément l'accord avec l'idée d'un système de toutes les fins qui est à la base de la moralité d'une action. Par conséquent, une action est mauvaise quand l'universalité du principe selon lequel cette action est accomplie s'oppose à la raison [50]. La théologie morale nous convainc avec bien plus de certitude que la théologie physique de l'existence de Dieu. Car cette dernière nous apprend seulement que nous avons besoin de l'existence de Dieu comme hypothèse pour l'explication des apparences contingentes, comme cela a été suffisamment montré dans la section sur la cosmologie qui examine les fins accidentelles. Mais la morale nous conduit au principe des fins nécessaires, sans lequel elles ne seraient elles-mêmes qu'une chimère.

La sainteté est la perfection absolue ou illimitée de la volonté. Un être saint ne doit pas être affecté par la moindre inclination contraire à la moralité. Il doit lui être impossible de vouloir quelque chose qui serait opposé aux lois morales. Ainsi compris, en dehors de Dieu, aucun être n'est saint ; car chaque créature a toujours des besoins et si elle veut les satisfaire elle a également des inclinations qui ne sont pas toujours compatibles avec la moralité. Donc, l'homme ne peut jamais être saint non plus, bien qu'il puisse être vertueux, car la vertu consiste précisément en la maîtrise de soi. Mais on appelle saint aussi celui qui a horreur de quelque chose aussitôt qu'il le reconnaît comme moralement mauvais. Pourtant, ce concept de la sainteté n'est pas assez digne de la chose qu'il devrait signifier. Par conséquent, il vaut toujours mieux n'appeler aucune créature parfaitement sainte, aussi parfaite qu'elle puisse être, ou tout au moins pas dans le sens où l'on dit que Dieu est saint. Car Dieu est, pour ainsi dire, la loi morale elle-même, mais pensée de façon personnifiée [51].

La bienveillance est le contentement immédiat pour le bien-être d'autrui. En dehors de Dieu, une bienveillance entièrement pure et totale n'existe pas. Car toute créature a des besoins qui limitent ses tendances à rendre les autres heureux, autrement dit qui limitent ses tendances à faire un usage effectif de ses possibilités pour les autres sans prendre en considération son propre bien-être. Mais Dieu est la bienveillance substantielle qui n'est limitée par aucune cause subjective, parce que Dieu lui-même n'a pas de besoin, bien que l'application de sa bienveillance *in concreto* soit pourtant limitée par la constitution de l'objet en faveur duquel elle s'exerce. La bienveillance de Dieu est quelque chose de positif, mais sa justice est fondamentalement seulement une perfection négative, parce qu'elle limite cette bienveillance dans la mesure où nous ne nous en sommes pas rendus dignes. Cette justice consiste dans la combinaison de la bienveillance avec la sainteté — en d'autres termes, on pourrait l'appeler la vraie bienveillance.

Contre ces perfections morales de Dieu, la raison soulève des objections dont la force a induit en erreur beaucoup d'hommes et les a plongés dans le désespoir. C'est précisément pour cette raison que ces objections sont devenues depuis longtemps déjà l'objet d'amples recherches philosophiques. **Leibniz**, entre autres, a tenté dans sa *Théodicée*[52] de les infirmer, ou plutôt de les expédier tout bonnement. A présent, nous voulons nous-mêmes examiner attentivement ces objections et nous mesurer à elles.

1. La première objection concerne la sainteté de Dieu. Si Dieu est saint et hait le mal, d'où provient alors ce mal, cet objet d'horreur pour tous les êtres raisonnables et la cause de toute horreur intellectuelle ?

2. La deuxième objection concerne la bienveillance de Dieu, car si Dieu est bienveillant et veut que les hommes soient heureux, d'où provient alors le malheur dans le monde, malheur qui est un objet d'horreur pour chacun qui le rencontre et qui constitue la cause de l'horreur physique ?

3. La troisième objection concerne la justice de Dieu. Si Dieu est juste, d'où provient le partage inégal du bien et du

mal dans le monde, qui n'a rien de commun avec la moralité ?

La première objection, qui se demande d'où provient le
mal dans le monde, puisque l'unique source primordiale de
tout est sainte, tient avant tout sa force du fait que l'on
estime que rien ne peut se produire dont la disposition première ne soit produite par son créateur. Mais comment ? Le
saint Dieu aurait-il lui-même placé dans la nature de
l'homme une disposition au mal ? Puisque l'homme ne peut
pas se réconcilier avec cette idée, alors, il y a longtemps
déjà, est née l'idée d'accepter un être malin particulier qui
aurait aussitôt dévié une partie de toutes les choses de la
création de cette source primordiale sainte et qui, par-là,
exercerait son pouvoir. Toutefois, ce mécanisme s'oppose
à la raison humaine qui ne nous conduit que vers un seul
être de tous les êtres et qui ne peut le penser autrement
que comme suprêmement saint. Comment ? Devons-nous
déduire le mal aussi d'un Dieu saint ?

Les considérations suivantes nous donneront des éclaircissements [53]. On doit noter en premier lieu que, parmi la
foule des créatures, l'homme est précisément celui qui doit
élaborer ses perfections et, par conséquent, doit aussi produire la bonté de son caractère par lui-même. Pour cette
raison, Dieu l'a doté de talents et de capacités mais lui a
également donné le pouvoir de choisir ce qu'il veut en faire.
Dieu a créé l'homme libre, mais il lui a aussi donné des
instincts animaux. Dieu a donné à l'homme des sens que
l'homme doit tempérer et maîtriser en développant sa raison. Ainsi créé, l'homme était certainement parfait dans sa
nature et ses dispositions ; mais quant au développement de
celles-ci, l'homme était encore inculte. L'homme devait
être lui-même responsable non seulement de la culture de
ses talents, mais aussi de la bonté de sa volonté. Une telle
créature, munie de grandes capacités dont l'utilisation reste
son affaire, est en fait d'importance. On peut en attendre
beaucoup mais, d'un autre côté, on peut aussi ne pas moins
craindre d'elle. L'homme peut se placer au-dessus de toute
une armée d'anges abouliques peut-être mais, du même
coup, il peut aussi s'abaisser en-dessous des animaux insen-

sés. Or, si l'homme veut amorcer le début de sa culture, sortir de son état inculte et s'arracher à ses instincts, que sera donc son sort ? Faux pas et bêtises ! Et qui remercier sinon lui-même ?

Cette représentation s'accorde pleinement, aussi, avec l'histoire de Moïse qui nous dépeint précisément la même chose d'une manière sensible. Au Paradis, l'homme paraît comme la coqueluche de la nature, grand dans ses dispositions mais rustre dans sa culture. Ainsi il y vit en paix, conduit par ses instincts, jusqu'au jour où il ressent enfin son humanité et, en témoignage de sa liberté, tombe. Alors il n'est plus un animal mais il est devenu une bête. Il continue à se développer, mais chaque nouveau pas s'accompagne de faux pas et, de cette façon, il se rapproche de plus en plus de l'idée de perfection d'un être raisonnable, à laquelle il n'arrivera peut-être pas avant des millions d'années.

Dans ce monde terrestre, tout n'est que progression. Et donc la bonté et le bonheur ne sont pas ici des possessions, mais seulement un chemin vers la perfection et la satisfaction. Ainsi peut-on considérer le mal dans ce monde comme le développement imparfait du germe du bien. Le mal lui-même n'a aucun germe particulier, car le mal n'est que pure négation et n'existe que dans la limitation du bien. Il n'est rien de plus que cette imperfection de développement du germe du bien à partir de son état inculte. Mais le bien possède un germe, car il est substantiel. Ces dispositions pour le bien, dont Dieu l'a doté, doivent pourtant être élaborées d'abord par l'homme lui-même, avant que le bien puisse apparaître. Or, puisqu'en même temps l'homme a beaucoup d'instincts qui relèvent de son animalité, et doit les avoir s'il doit continuer à être un homme, il est poussé par leur puissance à s'y abandonner. De là naît le mal ou, plus exactement, l'homme tombe dans la bêtise quand il commence à utiliser sa raison. Un germe particulier du mal n'est pas pensable, mais ce sont plutôt les premiers tâtonnements de notre raison vers le bien qui sont à l'origine du mal. Ou encore, c'est le reliquat de l'état inculte de l'homme qui accompagne le progrès de sa culture qui est le mal [54]. Le mal est donc inéluctable ; mais est-ce que Dieu veut vraiment le mal ?

Pas du tout ! Au contraire, Dieu veut l'élimination du mal par le développement tout-puissant du germe de la perfection. Il tient à la disparition du mal par le progrès vers le bien. Le mal n'est donc pas un moyen du bien, il est au contraire produit comme un dérivé parce que l'homme doit s'affronter à ses propres limites, à ses instincts animaux. Le moyen du bien réside dans la raison et, pour l'homme, ce moyen consiste à s'efforcer de s'extirper de son état inculte. Et quand l'homme s'y met, il se sert d'abord de sa raison pour la maîtrise de ses instincts, mais, ensuite, il la développe seulement pour elle-même. Par conséquent, le mal ne se produit pas avant que la raison humaine ne se soit suffisamment développée pour que l'homme reconnaisse ses obligations. Comme saint Paul le disait déjà : « *Je n'ai connu le péché que par la loi.* » Quand l'homme se sera définitivement développé, le mal cessera alors de lui-même. Or, si l'homme reconnaît son obligation pour le bien et néanmoins fait le mal, il mérite alors d'être puni, parce qu'il aurait pu vaincre ses instincts. Car ces mêmes instincts lui ont été donnés pour le bien ; mais si l'homme les outrepasse, il en est lui-même coupable, non pas Dieu.

Par conséquent, la sainteté de Dieu est aussi justifiée parce que de cette façon l'espèce humaine entière doit parvenir définitivement à la perfection. Mais si l'on demande : d'où provient alors le mal chez les individus ? La réponse est qu'il est dû aux limites nécessaires à des créatures, tout comme si l'on demandait : d'où provient la partie du tout ?

Or, l'espèce humaine devrait être une classe de créatures qui un jour sera capable, en vertu de sa nature, de se libérer de ses instincts et de s'en débarrasser ; car dans cette élaboration beaucoup de faux pas et de vices se produiront. Mais tout devra un jour atteindre une fin magnifique, mais peut-être seulement après beaucoup de punitions endurées pour ses déviations. Si pourtant on allait jusqu'au point de demander : pourquoi Dieu m'a-t-il créé ou encore pourquoi Dieu a-t-il créé l'homme en général ? Ce serait présomptueux et reviendrait à poser cette question aussi : pourquoi

Dieu a-t-il formé et complété la grande chaîne de choses naturelles par l'existence d'une créature comme l'homme ? Pourquoi Dieu n'aurait-il pas plutôt laissé un vide ? Pourquoi n'a-t-il pas préféré transformer l'homme en ange ? Mais alors, l'homme serait-il devenu homme ?

L'objection qui affirme que, si Dieu a les actions des hommes en général en son pouvoir et les dirige selon des lois universelles, il est donc aussi l'auteur des mauvaises actions, cette objection est transcendantale et n'a pas de réponse ici. Elle appartient plutôt au domaine de la psychologie rationnelle qui traite de la liberté de l'homme. Mais nous montrerons dans la section sur la Providence comment est à comprendre l'affirmation que Dieu concourt aux actions libres des hommes.

L'autre objection qui concerne le malheur dans le monde s'oppose à la bienveillance de Dieu. Nous voulons donc chercher à savoir d'où provient le malheur dans le monde. Nous avons, il est vrai, une idée de la totalité du bien-être et de la satisfaction suprême ; mais nous ne pouvons *in concreto* citer un cas où cette idée du bonheur soit complètement réalisée.

Il y a deux sortes de bonheur :

1) Le premier consiste dans la satisfaction des désirs. Mais les désirs présupposent toujours des besoins, pour lesquels nous désirons quelque chose et entraînent donc les peines et le malheur.

2) Mais il y a aussi le bonheur comme possibilité de pure joie sans désirs d'aucune sorte. Toutefois, les hommes qui voudraient être heureux de cette manière seraient les plus inutiles du monde car il leur manquerait toute motivation à l'action, motivation qui consiste précisément dans les désirs. Au fond, nous ne pouvons même pas former un concept correct du bonheur autrement que comme un progrès vers le contentement. D'où une certaine gêne envers le style de vie des hommes qui ne font presque rien que de manger, de boire et de dormir. Il ne viendrait à l'esprit d'aucun homme, qui ressent encore force et impulsion à l'action, de vouloir échanger son état contre ce prétendu bonheur même s'il avait à lutter contre toutes sortes d'in-

commodités. C'est pourquoi les romanciers laissent toujours leurs héros quitter la scène une fois que, après maintes difficultés résolues, ils ont atteint la tranquillité ; car ils sont conscients du fait de ne pouvoir décrire le bonheur en terme de simple jouissance ; ce sont plutôt le travail, la difficulté, l'effort, la perspective de la paix et l'application à atteindre cet idéal justement qui, pour nous, constituent déjà le bonheur et la preuve de la bienveillance divine. La mesure du bonheur d'une créature ne se laisse pas déterminer d'après un seul moment de son existence. L'intention de Dieu est plutôt le bonheur de ses créatures pendant la pleine durée de leur existence. Le malheur n'est qu'un stade préparatoire pour conduire l'homme au bonheur. Et nous ne connaissons que trop peu le résultat de la souffrance et le but que Dieu lui attribue, tout comme la constitution de notre nature, voire le bonheur lui-même, pour que nous puissions déterminer la quantité de bonheur dont l'homme est capable dans ce monde terrestre. C'est assez, déjà, que nous possédions en nous le pouvoir de rendre la plus grande part du malheur inoffensive, voire de faire de notre monde un paradis et de nous rendre nous-mêmes dignes d'une félicité ininterrompue. Ne serait-ce que pour cela, le malheur est nécessaire dans ce monde afin que l'homme acquière un souhait et une aspiration à créer une meilleure situation et apprenne en même temps à s'efforcer de devenir digne de celle-ci. Si l'homme doit mourir un jour, il ne doit pas alors ne connaître que les douceurs de ce monde ; mais c'est la totalité, l'entier *facit* de ses souffrances et de ses joies qui doit finalement s'équilibrer. Peut-on penser un meilleur plan pour la destinée de l'homme ?

La troisième objection se dresse contre la justice de Dieu et pose la question suivante : pourquoi dans ce monde la bonne conduite et le bien-être ne sont-ils pas en proportion ? Mais quand nous examinons cette question de près, nous trouvons alors que la disproportion entre les deux n'est en fait pas si grande et que, en fin de compte, l'honnêteté est la meilleure position. Seulement, on ne doit pas se laisser aveugler par l'éclat extérieur qui entoure souvent l'homme immoral. Car si l'on regarde à l'intérieur de celui-ci, on voit alors toujours, comme dit **Shaftsbury**, l'aveu de sa raison : Tu es encore un fourbe ! L'inquiétude de sa conscience le tourmente sans cesse, les reproches lancinants le torturent tout le temps et toute sa chance spécieuse n'est que tromperie et désillusion. Néanmoins, on ne peut pas nier que, parfois, même le plus honnête des hommes semble être le jouet de la fatalité quand il s'agit des circonstances extérieures de la fortune. Mais toute la moralité, c'est-à-dire toute bonne conduite accomplie simplement parce que notre raison justement l'ordonne, serait alors vaine si notre vraie valeur devait être déterminée par le cours des choses et le sort qui nous échoit. Toute conduite morale se transformerait alors en une règle de prudence, l'intérêt particulier deviendrait la motivation de nos vertus. Mais renoncer à sa tranquillité, à sa force et à son avantage quand les lois éternelles de la moralité nous le demandent, voilà la vraie vertu, la seule digne d'une récompense future ! Et s'il n'y avait pas disproportion entre la moralité et le bien-être ici dans ce monde, il n'y aurait pas non plus l'occasion pour nous d'être vraiment vertueux.

Deuxième section

Sur la nature et la certitude de la croyance morale

Dans le domaine de la connaissance, il n'y a de probabilité que pour les choses du monde. Car pour qu'il puisse y avoir connaissance probable, il faut qu'il existe une certaine homogénéité, c'est-à-dire qu'une chose probable soit de même nature qu'une autre dont la connaissance est certaine. Nous savons de façon probable, par exemple, que la lune est habitée parce que nous découvrons maintes similitudes entre elle et la terre, telles que les montagnes, les vallées, les mers, peut-être même une atmosphère. Cette connaissance est donc probable parce que nous voyons avec certitude que la terre et la lune présentent des caractères homogènes et nous en déduisons donc que la lune est en cela similaire à notre planète. Mais s'il est question d'une chose qui n'appartient pas du tout au monde, il n'y a pas, dans ce cas, d'homogénéité ni, partant, de probabilité. C'est pourquoi on ne peut pas dire, non plus, qu'il est probable que Dieu existe. Une telle affirmation ne serait d'ailleurs même pas appropriée à la dignité de cette connaissance ; de plus elle ne convient pas parce qu'aucune analogie entre Dieu et le monde n'est pensable. Dans ce cas, on doit se contenter de connaître quelque chose ou d'avoir la conviction totale de son existence.

La conviction est de deux sortes, ou dogmatique ou pratique. La première doit être obtenue par les purs concepts *a priori* et être apodictique. Mais nous avons déjà vu que nous ne pouvons pas être convaincus avec certitude de l'existence de Dieu au moyen de la spéculation pure. Tout au plus l'intérêt spéculatif de notre raison nous oblige à présupposer un tel être comme une hypothèse subjectivement nécessaire ; mais notre raison n'a nullement le pouvoir suffisant pour la démontrer. Notre besoin nous le fait désirer mais notre raison ne peut le saisir. Nous pouvons, il est vrai, déduire de l'existence du monde et des apparences contingentes une sorte d'être originel suprême ; mais nous ne pouvons pas connaître de cette manière sa nature et ses propriétés de façon suffisante. Pourtant, il nous reste encore une autre sorte de conviction, une conviction pratique. C'est là un domaine particulier qui présente des perspectives bien plus satisfaisantes que ce que peut produire la spéculation aride. Car, tandis qu'une présupposition basée sur des arguments subjectifs n'est que simple hypothèse, une présupposition basée sur des arguments objectifs est en revanche un postulat nécessaire. Ces arguments objectifs sont ou théoriques, comme pour les mathématiques, ou pratiques, comme pour la morale. Car les impératifs moraux, parce qu'ils se fondent sur la nature de notre être en tant que créature libre et rationnelle, ont autant d'évidence et de certitude que peuvent en avoir les mathématiques qui, elles, prennent leurs racines dans la nature des choses. Un postulat nécessaire et pratique est donc à notre connaissance pratique ce qu'est précisément un axiome à notre spéculation. L'intérêt pratique que nous avons en effet à l'existence d'un

Dieu en tant que gouverneur sage du monde est le plus grand qui puisse être car, si nous supprimons ce principe fondamental, nous nions en même temps toute prudence et honnêteté et devons alors agir contre notre propre raison et contre notre conscience morale.

Une telle théologie morale, au-delà de la certitude convaincante qu'elle nous donne de l'existence de Dieu, nous procure aussi en même temps l'énorme avantage de nous conduire à la religion, puisqu'elle joint solidement la pensée de Dieu à notre moralité et fait de nous, de cette façon, des hommes meilleurs. Cette croyance morale est un postulat pratique d'une telle sorte que celui qui la nie succombe *ad absurdum practicum*. On appelle un *absurdum logicum* une absurdité de jugement ; mais un *absurdum practicum* est le fait de montrer que celui qui nie ceci ou cela doit être malhonnête. Et il s'agit bien de cela dans le cas de la croyance morale. Cette croyance morale n'est pas pour autant une sorte d'opinion ne reposant que sur des hypothèses, c'est-à-dire des présuppositions se fondant sur des apparences contingentes. Si, de cette façon, on déduit de la contingence du monde un auteur suprême cela ne reste qu'une hypothèse, bien qu'elle nous soit tout de même nécessaire comme explication et, donc, comme une sorte d'opinion hautement probable. Mais de telles présuppositions, qui découlent de données absolument nécessaires comme dans la morale et les mathématiques, ne sont pas de simples opinions mais, bien plutôt, des sommations à la croyance la plus solide. Par conséquent, cette croyance n'est pas un savoir et heureusement car c'est précisément là qu'apparaît la sagesse de Dieu — dans le fait que nous ne le connaissons pas mais que nous devons pourtant croire qu'il existe. Or, supposons que nous puissions atteindre une connaissance de l'existence de Dieu par l'expérience (même si l'on ne peut pas un instant en imaginer la possibilité) ou par une autre méthode, supposons de plus que nous puissions en être convaincus aussi positivement en fait que par l'intuition, alors toute moralité disparaîtrait. Dans chaque action l'homme se représenterait immédiatement Dieu comme celui qui récompense ou celui qui venge. Cette image s'imprimerait involontairement dans son âme et, à la place de motivations morales, interviendraient l'espoir d'une récompense et la crainte d'une punition ; l'homme serait vertueux en raison d'impulsions sensibles.

Quand **Baumgarten** parle de la sincérité de Dieu, cette expression reste tout de même indigne de l'être suprême. Car les perfections négatives, comme la sincérité qui réside dans le fait que Dieu n'est pas hypocrite, ne sont attribuées à Dieu que dans la mesure où quelqu'un aurait l'idée de les nier. Mais la sincérité et la vérité sont déjà comprises dans le concept de Dieu de telle sorte que quiconque rejetterait ces propriétés devrait en même temps nier Dieu lui-même. De plus, ces qualités se trouvent déjà dans la sainteté de Dieu et un être saint ne saurait mentir. A quoi bon, alors, une rubrique spéciale et une classification pour ces *Corollaria* ?

Si l'on tient, en effet, à expliquer la sincérité et la vérité comme des qualités spéciales de Dieu, il vaut mieux les définir comme la sincérité et la vérité que Dieu exige de nous. Par conséquent, il ne reste que les trois attributs moraux de Dieu déjà examinés : la sainteté, la bienveillance et la justice.

Nous pouvons penser la justice divine de deux façons : soit comme une justice conforme à l'ordre de la nature, soit comme une justice par décret spécial. Mais tant que nous ne sommes pas encore instruits par un décret spécial et tant que nous arrivons à accorder toutes les données de la nature avec la sainteté et la bienveillance de Dieu selon l'ordre de la nature, il est alors de notre devoir de nous contenter d'une justice qui nous attribue déjà la part de mérite que valent nos actions dans le cours des choses. La justice de Dieu selon l'ordre de la nature consiste dans le fait que Dieu a déjà établi, dans le cours des choses comme dans son plan universel du monde, que l'état de l'homme doit être proportionné au degré de moralité qu'il a pu atteindre dans la totalité de son existence. Et un jour, le bien-être sera lié inséparablement à la bonne conduite, tout comme la punition sera, elle, liée à la corruption morale. Un surcroît de moralité dans la vie future résultera d'une perfection morale dans cette vie et, à l'inverse, un déclin de la moralité résultera d'une détérioration morale dans cette vie. Après la mort, l'homme continuera à développer les dispositions de ses facultés ; et c'est pourquoi, s'il s'est efforcé d'agir dans ce monde de manière moralement bonne et est arrivé, graduellement, à l'accomplissement, il peut espérer continuer sa formation morale dans l'autre monde ; au contraire, s'il a agi dans ce monde contrairement aux lois nécessaires et éternelles de la moralité et s'est dégradé petit à petit par des prévarications fréquentes, il doit craindre que sa dépravation morale ne s'accroisse aussi dans l'au-delà. Tout au moins, l'homme n'a aucune raison de croire qu'une transformation soudaine s'opérera dans le monde futur. Au contraire, l'expérience de sa situation dans le monde et dans l'ordre de la nature en général lui donne des preuves claires que sa dépravation morale et, avec elle, sa punition intrinsèquement nécessaire dureront indéfiniment et éternellement, tout comme comme dureront sa perfection morale et son inséparable bien-être.

On divise habituellement la justice divine en *Justitia Remunerativa* et en *Justitia Punitiva*, d'après lesquelles Dieu punit le mal et récompense le bien. Pourtant, les récompenses que Dieu nous donne découlent non pas de sa justice mais de sa bienveillance. Car si elles nous étaient données en vertu de sa justice, il n'y aurait pas de *Praemia Gratuita*, mais nous aurions le droit de les réclamer et, par conséquent, Dieu serait obligé de nous les donner. La justice ne donne rien à personne gratuitement ; elle donne seulement à chacun la récompense qu'il mérite. Or, même si nous observons inlassablement toutes les lois morales, nous ne pouvons jamais faire mieux que notre devoir et nous ne pouvons donc jamais attendre de récompenses de la justice de Dieu. Les hommes peuvent se rendre toutes sortes de services entre eux et en demander les récompenses en vertu d'une juste réciprocité. Mais ils ne peuvent rien donner à Dieu et, en conséquence, n'ont droit à aucune récompense de sa part. Et si dans un texte noble et émouvant on peut lire :« *Celui qui a pitié des pauvres, celui-là prête au Seigneur* », alors le prix que nous méritons pour nos infortunes est imputé au compte de la bienveillance divine et Dieu lui-même est considéré comme notre débiteur. On s'est imaginé que, puisque Dieu nous fait une promesse, il est alors justifié que nous demandions qu'il la tienne et que nous attendions la réalisation de sa justice. Mais cette sorte de promesse par laquelle un homme consent à un autre un bénéfice totalement immérité ne semble même pas un engagement en soi à donner vraiment à l'autre le bénéfice en question ; tout au moins ne donne-t-elle aucun droit à le demander. Car ces promesses sont autant de bonnes actions qui, pour ainsi dire, nous tombent dessus d'une façon imméritée et portent par conséquent non l'empreinte de la justice mais celle de la bienveillance. Donc, en Dieu il n'y a aucune *Justitia Remunerativa* à notre égard, mais il faut plutôt imputer à sa bienveillance toutes les récompenses qu'il veut bien nous donner. Sa justice ne s'attache qu'à la punition. Or, ces punitions sont soit des *Poenae Correctivae*, soit des *Exemplares*, soit des *Vindicativae*. En ce qui concerne les deux premières, elles sont *Ne Peccetur* ; la dernière, *Quia Peccatum est*. Mais toutes les *Poenae Vindicativae* fondent les bases des *Poenae Correctivae et Exemplares*. Car un homme innocent ne peut jamais être puni pour l'exemple, à moins qu'il n'ait mérité cette punition.

C'est pourquoi les punitions réformatrices qui ont pour objet le redressement des sujets punis, pour autant qu'elles concernent les coupables, doivent être en même temps conformes aux normes de la justice, comme une sorte d'avertissement pour les autres. Elles doivent donc être des punitions vengeresses. Certes, l'expression *Poenae Vindicativae*, tout comme *Justitia Ultrix*, est trop dure. Car en Dieu la vengeance n'est pas pensable car elle suppose toujours un sentiment de douleur par lequel on est entraîné à donner la réciproque à celui qui nous a offensé. On ferait donc mieux de considérer les punitions de la justice divine pour des péchés commis en général comme un *Actus* de la *Justitiae Distributivae*, c'est-à-dire d'une justice qui limite la répartition de la bienveillance selon les lois de la sainteté. Par conséquent, on voit que de telles *Poenae Vindicativae* sont nécessaires car elles seules constituent le propre de la justice et, si nous les rejetions, ce ne serait pas le cas de Dieu, car les *Poenae Correctivae et Exemplares* ne sont en fait que des actions de la bienveillance en ce sens qu'elles favorisent ce qu'il y a de mieux, soit chez les individus qui deviennent meilleurs grâce à elles, soit dans la nation entière pour laquelle elles doivent servir d'avertissement. Comment donc poser en elles l'essentiel de la justice divine ? Or la justice ne doit pas prétendre être elle-même la bienveillance ; elle doit plutôt limiter la bienveillance de sorte que celle-ci ne soit distribuée qu'à concurrence seulement du mérite des sujets. Voilà pourquoi la justice ne prescrira pas des punitions aux malfaiteurs pour que puisse se réaliser de cette façon ce qu'il y a de meilleur en eux, mais bien plutôt pour punir le méfait par lequel ils ont transgressé les lois et se sont rendus indignes du bonheur. Ces punitions vindicatives n'auront de sens qu'en considération de la totalité de notre existence et, de cette façon seulement, pourront-elles être correctement déterminées et évaluées ; d'où l'idée majestueuse d'un jugement universel du monde. Car alors, il sera révélé devant le monde entier dans quelle mesure l'espèce humaine s'est rendue digne d'un bonheur assuré ou s'en est rendue indigne par la transgression des saintes lois morales. Et alors, la conscience morale, ce juge incorruptible en nous, placera devant les yeux de tout un chacun la totalité de sa vie terrestre et tout le monde se convaincra de la justesse de ce verdict. Et il s'ensuivra dans le monde futur, selon la qualité de notre application ici-bas, ou une progression éternelle du bien vers le meilleur, ou une régression infinie du mal vers le pire encore.

La patience de Dieu consiste dans le fait qu'il exécute ses punitions du mal seulement après avoir donné l'occasion d'une amélioration aux malfaiteurs. Mais après cela sa justice est inexorable. Car un juge qui pardonne n'est pas pensable ! Au contraire, il doit peser rigoureusement tout le comportement selon les lois de la sainteté et mesurer à chacun cette partie du bonheur seulement qui est proportionnée à son mérite. Dans cette vie, il suffit que nous puissions espérer la bienveillance divine, qu'elle nous accorde déjà la capacité de pouvoir observer les lois de la moralité afin de devenir dignes du bonheur. Dieu lui-même, en tant que bienfaiteur suprême, peut bien sûr nous rendre dignes de ses bienfaits, mais à moins de nous rendre nous mêmes dignes de ceux-ci par notre moralité, Dieu, le juste, ne peut tout de même pas nous faire participer à ce bonheur.

L'impartialité fait partie de ces qualités qui ne doivent pas être spécialement attribuées à Dieu, car personne ne peut douter qu'elle lui appartienne étant donné qu'elle se trouve déjà dans le concept d'un Dieu saint. Cette impartialité de Dieu consiste dans le fait qu'il n'a pas de favoris car cela supposerait en lui une préférence, ce qui est une imperfection humaine ; comme lorsque des parents tiennent tout particulièrement, par exemple, à un de leurs enfants qui ne se distingue pas spécialement des autres. Mais il n'est pas pensable que Dieu puisse élire comme son favori un sujet particulier parmi d'autres sans considérer son mérite, car cela serait une représentation anthropomorphique. Mais s'il arrive qu'une nation, plutôt qu'une autre, devienne éclairée et s'approche de plus près de la destinée de l'espèce humaine, il s'agit alors d'un événement que l'on peut considérer comme le plus sage des projets de la providence universelle. Mais nous n'en avons aucun exemple (et il s'en faut de beaucoup qu'un tel événement suffise à démontrer que Dieu a un intérêt particulier pour cette nation ou la favorise particulièrement). Car Dieu règne aussi bien dans le royaume des fins que dans celui de la nature selon des lois universelles qui semblent, néanmoins, étrangères à notre entendement myope. Certes, l'homme est habitué à prendre toute chance particulière bien que non méritée dont il bénéficie pour un témoignage de la faveur particulière de la providence divine. Et il s'imagine être d'autant plus moral qu'il est plus fortuné. Mais cela est un résultat de son amour-propre qui le convainc facilement qu'il est en fait digne de la félicité dont il jouit.

L'équité est aussi un attribut qui est indigne de la majesté de l'être suprême, car nous ne pouvons penser correctement l'équité qu'à propos de l'homme. Car l'équité est l'exercice des droits d'un homme dans la mesure où cet exercice n'entraîne pas un pouvoir de contraindre un autre homme. De ce fait, l'équité se distingue du droit strict par lequel nous pouvons contraindre un autre à respecter ses engagements. Si, par exemple, j'ai promis de donner à un valet une certaine pension, je dois la lui payer quoi qu'il arrive. Si survient un jour une disette et si le valet ne réussit plus à vivre de la paie convenue, je n'ai, dans ce cas, selon le droit strict, aucune obligation de lui accorder pour son entretien plus que la somme promise. Et il ne peut me contraindre à le faire parce qu'il n'a aucun engagement supplémentaire de ma part à l'appui de son droit. Mais il est toutefois équitable que je ne le laisse pas mourir de faim et que j'ajoute à sa paie suffisamment pour qu'il puisse en vivre. Devant le tribunal de la conscience morale, ce que nous sommes tenus de rendre aux autres par pure équité vaut autant que le droit strict. Et si, par tous les hommes, nous étions regardés comme honnêtes parce que nous exécutons tout ce que l'on nous oblige à faire, ainsi que les obligations extérieures qui nous incombent, notre conscience morale nous couvrirait néanmoins de reproches car nous manquerions aux règles de l'équité. Dieu nous juge conformément à notre conscience morale qui est son représentant ici sur terre.

L'immortalité absolue, c'est-à-dire l'impossibilité de disparaître, est attribuée à Dieu. Cet attribut appartient à Dieu uniquement et, à juste titre, comme une conséquence de la nécessité absolue de son existence. Mais cette expression, l'immortalité, est impropre car elle n'est qu'une pure négation d'une représentation anthropomorphique. Il est à remarquer, de façon générale, que l'on doit, en théorie, purifier le concept de Dieu et le préserver soigneusement de toutes idées typiquement humaines, bien que, dans la pratique, on puisse se représenter momentanément Dieu avec de tels attributs et le penser d'une manière humaine si cela permet de procurer à notre moralité plus de force et de puissance. Mais, dans le cas présent, il vaut mieux utiliser l'expression « éternel », qui est plus noble et convient mieux à la dignité de Dieu, au lieu « d'immortel ».

Si **Baumgarten** loue Dieu comme l'être le plus heureux, il est alors nécessaire pour nous d'examiner le vrai concept du bonheur afin de voir s'il convient à Dieu. La satisfaction que l'on a de sa propre situation s'appelle le bien-être et, dans la mesure où ce plaisir traverse la totalité de notre existence, il s'appelle le bonheur. Par conséquent, il est le plaisir que l'on a de sa situation tout entière. La satisfaction que l'on a de sa propre personne s'appelle contentement de soi. Mais c'est la liberté qui constitue en nous ce qu'il y a de propre à l'homme. Le contentement de soi est donc le plaisir que l'on a de sa propre liberté ou, si l'on veut, de la qualité de sa volonté. Si ce contentement de soi s'étend sur la totalité de notre existence, il s'appelle la béatitude. Cette distinction entre le contentement de soi et la félicité est tout aussi nécessaire qu'elle est importante. Car l'homme peut être heureux sans être bienheureux, bien que la conscience de sa propre valeur ou de son contentement de soi appartienne aussi à une félicité parfaite (contentement de soi). Mais un contentement de soi peut se trouver sans la fortune parce que la bonne conduite, au moins dans cette vie, n'est pas toujours liée au bien-être. Le contentement de soi provient de la moralité, tandis que le bonheur dépend en revanche de conditions physiques. Aucune créature n'a les puissances naturelles sous son contrôle, en sorte qu'elle puisse les faire s'accorder avec le contentement qu'elle a d'elle-même. C'est pourquoi on ne peut attribuer à aucune créature le plus haut degré de contentement de soi, c'est-à-dire la béatitude. Mais nous pouvons devenir heureux si notre situation entière est telle que nous pouvons en tirer une certaine satisfaction. Pourtant, dans cette vie présente, le bonheur lui-même n'est guère notre sort et les Stoïciens ont sûrement exagéré en croyant que, dans ce monde, la vertu est toujours accompagnée de la satisfaction. L'expérience en est le témoignage le plus infaillible.

La fortune de l'homme n'est pas une possession mais plutôt une progression vers le bonheur. Mais le plein contentement de soi, la conscience confiante de l'intégrité, est un bien qui ne peut pas nous être volé quelles que soient les conditions extérieures de notre situation. Et en fait, toute fortune terrestre est effectivement dépassée par le fait que, en tant qu'hommes moralement bons, nous nous sommes rendus dignes d'un bonheur futur et ininterrompu ! Certes, ce plaisir intérieur à notre personne ne remplacera jamais la perte d'une situation extérieure fortunée mais il peut malgré tout, en vue d'une vie future, nous consoler des soucis de notre vie présente.

Or, si l'on pose maintenant la question de savoir si l'on peut attribuer à Dieu la qualité de bonheur, il faut d'abord se demander si l'on peut penser Dieu dans une situation, car toute fortune n'a de rapport qu'aux situations extérieures. Et avant même cela, nous devons examiner ce qui constitue une situation. La définition ontologique d'une situation est la suivante : la coexistence de déterminations changeantes et de constantes ; pour un homme, par exemple, la détermination constante est qu'il est humain ; en revanche, la détermination changeante est qu'il est instruit ou ignorant, riche ou pauvre. Cette coexistence de déterminations changeantes telles que la richesse ou la pauvreté et d'une détermination constante, son humanité, constitue précisément sa situation. Mais en Dieu tout est permanent ; car comment peut-on penser en Dieu des déterminations changeantes qui existeraient conjointement à la détermination constante de son être ? En d'autres termes, comment peut-on penser Dieu, l'éternel, dans une situation ? Mais si aucune situation ne peut être pensée concernant Dieu, on ne peut lui attribuer alors le bonheur de sa situation. Toutefois, la béatitude suprême, le contentement le plus grand possible appartiennent à Dieu d'office et, en fait, d'une telle manière qu'aucune créature ne puisse se vanter d'en connaître de pareils, même par analogie. Car chez les êtres créés, leur sensibilité à de nombreux objets extérieurs a toujours une influence sur leur plaisir intérieur ; Dieu, en revanche, est totalement indépendant de toute détermination physique. Il est conscient de lui-même comme l'origine de toute béatitude ; il est, pour ainsi dire, la loi morale elle-même personnifiée ; et c'est pourquoi Dieu seul est le bienheureux.

Pour conclure la théologie morale, il reste à noter que les trois articles de la croyance morale, c'est-à-dire Dieu, la liberté de la volonté humaine et un monde moral, sont les seuls qui nous permettent de nous transposer, par la pensée, au-delà de toute expérience du monde sensible et d'accepter de croire en quelque chose, d'un point de vue purement pratique, pour lequel nous n'avons aucun argument spéculatif adéquat. Mais pour nécessaire et sûr que soit l'effet de cette méthode sur notre moralité, nous en sommes d'autant moins justifiés à nous engager plus avant dans cette idée et à nous hasarder, par notre spéculation, là où seul notre intérêt pratique est concerné. Si nous le faisons, nous sommes alors des fanatiques. Car ici, les limites de notre raison sont clairement indiquées ; et qui osera les franchir ne recevra de sa propre raison, en punition de son audace, que le malheur et l'erreur. Mais si nous restons dans ces limites, alors notre récompense en sera de devenir des hommes bons et sages.

Troisième section

De Dieu selon sa causalité

La causalité de Dieu ou sa relation au monde peut être examinée sous trois aspects :

1. *In Nexu Effectivo*, dans la mesure où Dieu en général est la cause du monde et le monde son *Effectus* ;

2. *In Nexu Finali*, dans la mesure où Dieu a voulu accomplir certaines intentions par la création du monde. Ici, Dieu est considéré comme l'auteur du monde c'est-à-dire comme la cause du monde selon l'intention ;

3. *In Nexu Morali*. Ici, nous apprenons à connaître Dieu comme le maître du monde.

1. *De Dieu comme cause du monde*

Tous les concepts que les hommes ont pensé de Dieu comme cause du monde se classent de la façon suivante :

1. On s'est représenté Dieu comme s'il était le monde lui-même. Cette représentation est le panthéisme des Anciens et le Spinozisme de l'ère récente. En général on peut l'appeler le *Systema Inhaerentia*.

2. On a pensé Dieu comme un *Ens Extramundanum*, mais alors sa causalité est à expliquer :

a) Soit selon la nécessité de sa nature. Il s'agit du *Systema Emanationis*, qui est ou *Crassior*, quand on se représente les substances dans le monde comme produites par la division — ce qui est absurde — ou *Subtilior*, lorsque l'on pense toutes les substances en général, à l'origine, comme une émanation de Dieu.

b) Soit selon sa liberté. Il s'agit du *Systema Liberi Arbitrii*, dans lequel Dieu est représenté comme créateur du monde.

Le système de l'émanation, de type plus subtil, où Dieu est considéré comme la cause des substances selon la nécessité de sa nature, a contre lui un argument de la raison qui le contredit immédiatement. Cet argument est tiré de la nature d'un être absolument nécessaire et consiste dans le fait que les actions qu'entreprend un tel être, selon la nécessité de sa nature, ne peuvent jamais être autres qu'internes et, donc, appartenir à son être, lui-même absolument nécessaire. Car nous ne pouvons pas du tout penser qu'un tel être, selon les nécessités de sa nature, puisse produire en dehors de lui-même quelque chose qui ne soit pas aussi absolument nécessaire. Et comment quelque chose qui serait produit par un autre pourrait-il être pensé comme absolument nécessaire ? Toutes les actions qu'un tel être entreprend selon la nécessité de sa nature sont immanentes et ne peuvent concerner que son essence. D'autres choses, mais qui sont en dehors de lui, peuvent seulement être produites par lui *Per Libertatem*, car sinon elles ne sont pas des choses en dehors de lui mais appartiennent à son essence absolument nécessaire, et sont donc *en* lui.

Cet argument provoque une horripilation de la raison contre le système de l'émanation, où Dieu est considéré comme cause du monde selon la nécessité de sa nature, et dévoile en même temps le motif de l'aversion pour ce système que tout un chacun éprouve même s'il ne peut pas toujours l'expliquer clairement. Mais il en est tout autrement quand nous voyons émerger une chose d'un autre selon la nécessité de la nature à l'intérieur du monde lui-même. Car ici la cause et l'effet sont homogènes, par exemple dans la reproduction des animaux et des plantes. Vouloir penser, en revanche, une homogénéité entre Dieu et la totalité du monde est absurde parce que, comme nous l'avons déjà montré, cela contredit complètement le concept d'un *Ens Originarium* qui doit être isolé du monde. En conséquence, il ne reste à notre raison que le système de causalité opposé, à savoir le *Systema Per Libertatem*.

2. *De Dieu comme auteur du monde*

Comme *Autor Mundi*, Dieu peut être pensé :

1. Simplement comme l'auteur de la forme des choses et nous considérons alors Dieu comme l'architecte du monde, ou bien :

2. Nous considérons Dieu aussi comme l'auteur de la matière même des substances dans le monde, et Dieu est alors le créateur du monde.

Dans le monde, seules les formes des choses naissent et disparaissent ; les substances elles-mêmes sont permanentes. Une pomme, par exemple, naît du fait que l'arbre pousse à l'intérieur de son tronc des sèves vers le haut et les combine. Mais ces sèves elles-mêmes, d'où l'arbre les tient-il ? De l'air, de la terre, de l'eau, etc. Cette matière se trouve dans la pomme aussi, mais elle existe selon une autre combinaison, sous une autre forme. La disparition en est un autre exemple. Quand on enlève le phlogistique [56] au fer, sa forme entière est altérée, il tombe en poussière et n'est plus du fer aux yeux ordinaires. Pourtant, la substance du fer reste la même. Car, si on lui insuffle du nouveau phlogistique, l'ancienne forme est restaurée et la poussière de fer redevient solide. Cette forme est contingente ; ses altérations en témoignent. Par conséquent, la forme doit avoir un auteur qui l'a arrangée à l'origine. Mais les substances dans le monde, bien que nous ne percevions pas tout de suite des altérations en elles, sont tout aussi contingentes que les formes. Ceci est clair du fait du commerce réciproque dans lequel elles se trouvent les unes avec les autres en tant que parties de la totalité du monde. Chez les

Anciens, on prenait la matière, ou l'étoffe fondamentale, de laquelle toutes les formes des choses sont issues, pour éternelle et nécessaire dans son ensemble. Par conséquent, on considérait Dieu simplement comme l'architecte du monde et la matière comme l'étoffe qu'il avait utilisée pour confectionner toutes les choses. Au fond, on supposait ainsi deux principes : Dieu et la nature. Et cela permettait parfaitement d'attribuer la plus grande partie du mal dans le monde à l'originalité de la matière, sans préjudice de la sagesse et de la bonté de l'architecte. La matière en portait la faute parce que, par ses propres caractéristiques éternelles, elle avait opposé maints obstacles à la volonté de Dieu qui voulait la former à ses fins. Mais une fois que les idées philosophiques furent davantage purifiées et déterminées, cette opinion fut rejetée à juste titre. Car l'on vit bien que si, par son inaptitude à certaines intentions, la matière occasionnait d'une certaine façon le mal dans le monde, elle pouvait tout aussi bien, d'un autre côté, occasionner nombre de bonnes choses par sa convenance et son adaptabilité à d'autres fins de l'auteur et que, par conséquent, il était pratiquement impossible de déterminer dans quelle mesure qui, de Dieu en tant qu'architecte, ou de la matière comme étoffe fondamentale, était responsable du bien et du mal dans le monde. Mais pour la Théologie, de telles idées indéterminées ne servaient à rien. Et finalement, on remarqua aussi qu'il était contradictoire d'affirmer que les substances étaient nécessaires et éternelles et que, pourtant, elles devaient avoir l'une sur l'autre un *Influxum Mutuum*. Cette confusion absurde selon laquelle la totalité du monde devait consister en maintes choses nécessaires finit par mettre la raison humaine sur la voie de la création à partir de rien, une pensée dont les Anciens n'avaient pas le moindre concept. Or, on envisageait la matière elle-même comme un produit de la volonté libre de Dieu et on pensait Dieu non simplement comme architecte du monde mais aussi comme créateur du monde. Pourtant, pendant longtemps, l'idée d'une matière indépendante est restée dans les têtes des philosophes, même chez les orthodoxes. C'est pourquoi on jetait des hauts cris dès que quelqu'un se hasardait à expliquer, ne serait-ce qu'en partie, l'ordre et la beauté dans le monde par les lois universelles de la nature, comme si l'on craignait, ce faisant, que l'arrangement du monde fusse arraché à la suprématie divine. Mais à moins de penser la matière comme indépendante de Dieu et comme un principe coordonné, on ne peut pas vraiment croire à cette idée. Car si l'on accepte que les substances aient aussi elles-mêmes leur origine en Dieu, la matière, alors, Lui est subordonnée et toutes ses lois ont en dernier lieu leur origine en Lui. Mais la création du monde à partir de rien semble contredire la proposition métaphysique « *Ex Nihilo Nihil Fit* ». Cette proposition ne peut être vraie que pour ce qu'il y a de plus haut dans le monde lui-même. A juste titre peut-on dire qu'ici, dans le monde, aucune substance n'a pu naître qui n'existait préalablement. Et la proposition « *Ex Nihilo Nihil Fit* » ne veut dire que cela. S'il s'agit, en revanche, de l'origine du monde dans son ensemble — et la création du monde n'est pas pensée comme un événement dans le temps, car le temps a commencé avec elle — il n'y a alors aucune difficulté à penser que l'univers entier ait été produit par la volonté d'un être hors du monde, même s'il n'y avait rien antérieurement. Il faut se garder de mélanger les concepts de temps, de provenance et de commencement, car il n'en résulte que la confusion. Nous devons même avouer que cette production des substances, et partant la possibilité d'une création, ne peut pas être comprise par la raison humaine puisque nous ne sommes pas en position de citer un cas similaire, *in concreto*, où la naissance d'une substance se produise devant nos yeux. En général, la question de savoir comment une substance peut être produite par une autre recèle beaucoup de difficultés : est-ce par émanation ou par liberté ? Une substance existant pour elle-même est-elle possible ? De telles difficultés ne peuvent que rester, au moins en partie, irréductibles. Pourtant, cet argument n'est certainement pas suffisant pour douter du système d'une telle création, parce que la question, ici, est d'une telle nature que, ligotés par les représentations sensibles, nous n'en aurons sans doute jamais une compréhension claire. Pour nous, il suffit de ressentir d'une certaine façon le désir d'accepter un tel événement et de le croire. La raison spéculative, quelle qu'elle soit, n'a alors qu'à admettre cette idée comme la plus rationnelle de toutes et la plus appropriée à son propre usage.

La création, ou l'actualisation à partir de rien, se rapporte seulement aux substances ; la forme des substances, si différente qu'elle puisse être, résulte des modifications particulières de leur composition. Par conséquent, toute substance, qui est produite à partir de rien, est une création. Or, si la substance, aussi bien que la forme, est produite par Dieu, il nous reste toujours la question de savoir si une substance peut aussi être pensée comme la *Creatrix* d'autres choses. Et la réponse est absolument « non » ! Car, comme parties de la totalité du monde, toutes les substances se trouvent en un *Commercium* réciproque et exercent une influence mutuelle les unes sur les autres. Ainsi, chaque substance agit sur les autres et subit leur action à son tour. Si cela n'était pas le cas, les substances ne constitueraient ni un tout ensemble, ni des parties de ce tout. Mais si tel est bien le cas, il est alors impossible de concevoir qu'une substance puisse être l'auteur d'une autre car cette dernière agit sur la première en même temps qu'elle la subit. Ceci est une *Contradictio in Adjecto*. Si quelqu'un construit une maison, par exemple, et puis est écrasé lorsqu'elle s'effondre, on pourrait penser là que cet homme a été la cause de sa propre souffrance. Mais en combinant les matériaux de construction, l'homme n'a fait qu'arranger la forme, il n'a nullement produit la substance elle-même, la matière. Et pourtant c'est elle, précisément, dont il n'était ni l'auteur ni le créateur, qui lui est tombée dessus et a causé sa mort. Par conséquent, on ne peut pas penser une influence mutuelle entre Dieu et le monde. Dieu agit sur tout mais ne subit rien. La création ne peut être considérée que comme accomplie immédiatement et d'un seul coup. Car il n'y a qu'en Dieu qu'un seul acte éternel peut être pensé, une seule puissance permanente qui a créé le monde entier en un clin d'œil et le maintient pour l'éternité. Et par elle, maintes puissances naturelles se sont en quelque sorte répandues dans le monde entier et se sont développées peu à peu selon les lois universelles.

Comme nous l'avons déjà remarqué, la création se rapporte uniquement aux substances. Par conséquent, quand on dit que la création du monde est arrivée tout à coup, on doit seulement comprendre la création des substances. Et ces substances demeurent toujours constantes ; leur nombre ne peut ni augmenter ni diminuer. Dieu ne crée qu'une fois. C'est pourquoi on ne peut pas prétendre que Dieu crée encore de nouvelles substances, tout au moins pas dans le sens où nous l'entendons habituellement, bien que de nouvelles formes, combinant d'une manière bien différente de la matière déjà existante, puissent naître dans le monde. Fondamentalement, seul un acte unique peut être pensé en Dieu ; car en Lui, il n'y a pas de succession ; mais cet acte unique peut avoir, et a effectivement, un nombre infini de relations et d'expressions différentes selon la constitution des sujets auxquels elles se rapportent. C'est pourquoi, par instants, cette puissance divine ne nous est pas du tout discernable, tandis qu'à d'autres elle est évidente.

Dieu n'agit que librement. Car rien n'a d'influence sur Dieu qui puisse l'inciter à agir d'une certaine façon et non d'une autre. Il n'existe pas, chez un être absolument nécessaire, de déterminations qui puissent le pousser à des actions autres que celles qu'il veut entreprendre selon sa liberté suprême. Par conséquent, Dieu a créé le monde par sa volonté libre. Que ce monde, créé par Dieu, soit le meilleur de tous les mondes possibles est clair car, si un monde meilleur que celui qu'il a voulu existait, une volonté meilleure que la sienne devrait alors être possible. Car, indubitablement, meilleure est la volonté qui choisit le meilleur. Si une volonté encore meilleure est possible, alors un être capable de l'exprimer est possible également. Et cet être serait par conséquent plus parfait et meilleur que Dieu. Nous sommes là dans une contradiction, car *Omnitudo Realitatis* est en Dieu. On trouvera davantage sur ce sujet dans « *Versuch einiger Betrachtungen über den Optimismus* » [57].

Avec **Leibniz**, nous pouvons réfuter brièvement toutes les objections à cette théorie, qui se basent sur l'existence de tant de mal dans le monde, par le fait que, puisque notre terre est seulement une partie de l'univers et que chaque partie doit cependant exister, en soi et pour soi, imparfaitement, car seule la totalité de l'univers est censée être parfaite, il est alors impossible de déterminer si le mal également ne fait pas partie du monde le meilleur selon le dessein global. Car celui qui demanderait que notre terre soit entièrement libre de tout mal, donc totalement bonne, ferait précisément comme s'il voulait qu'une partie puisse être le tout. Grand merci aux astronomes qui, par leurs observations et leurs conclusions, ont élevé notre concept de l'univers bien au-delà de notre sphère terrestre et, par-là, nous ont non seulement procuré un élargissement de notre connaissance mais nous ont aussi appris la modestie et la prudence dans le jugement du tout. Car bien sûr, si notre globe terrestre était le monde entier, il nous serait alors difficile de conserver la conviction qui nous fait la reconnaître comme le monde le meilleur parce que, pour parler franchement, la somme des douleurs doit bien y égaler la somme des biens. Mais même dans la douleur, il se trouve des motivations à l'action et l'on pourrait même appeler cette douleur un bienfait. Ainsi, les mouches piquantes des marécages sont un appel de la nature à l'homme pour qu'il assèche les marais et les mette en culture afin de se débarrasser de ces pensionnaires désagréables. Si la sensation d'une blessure ne nous faisait pas mal et ne nous incitait pas, par la douleur, à nous occuper de sa guérison, nous pourrions perdre tout notre sang et mourir. Mais on peut aussi, indépendamment de la théologie, admettre cette théorie du monde le meilleur selon les maximes de la raison sans avoir recours, en premier lieu, à la sagesse d'un créateur pour preuve de sa validité. Et voici comment : dans l'ensemble de la nature organisée, il faut supposer comme une maxime nécessaire à notre raison que dans chaque animal et dans chaque plante il n'y a pas la moindre chose qui soit inutile ou sans dessein ; toute chose contient, au contraire, le moyen le plus approprié à certaines fins. Il s'agit là d'un principe convenu dans la science naturelle, qui est confirmé par toutes les expériences faites

dans ce domaine. Sans les expériences, le domaine des
découvertes serait fermé aux anatomistes. C'est pourquoi la
culture de notre propre raison nous pousse à accepter et à
utiliser cette maxime. Mais, si dans l'ensemble de la nature
organisée — bien qu'irrationnelle — les choses sont établies pour le mieux, alors dans la partie la plus noble du
monde, dans la nature rationnelle, on peut supposer qu'il
en est de même. D'après cette harmonie nécessaire selon
laquelle tout est lié par le principe suprême et nécessaire
de l'unité, cette même loi est également valable pour les
créatures organisées et pour le domaine minéral. Dans l'intérêt de la raison, on peut et on doit en conséquence accepter le fait que tout dans le monde est arrangé pour le mieux
et que la totalité de ce qui existe est aussi la meilleure possible. Cette théorie a autant d'influence sur la moralité
qu'elle en a sur les sciences naturelles car, si nous ne pouvons pas être certains que les lois que suit le cours de la
nature sont les meilleures, nous devons également douter
que, dans un tel monde, le vrai bien-être puisse être lié au
fait de mériter le bonheur. Par contre, si ce monde est le
meilleur, notre moralité restera ferme et ces motivations
continueront à garder leurs forces. Car nous pourrons alors
être certains que, dans ce monde le meilleur, il est impossible que la bonne conduite existe sans le bien-être et que,
même si pendant une partie de notre existence le cours des
choses ne nous paraît pas en aller ainsi, cela doit pourtant
être certainement valable pour l'ensemble de notre existence pour autant que ce monde soit le meilleur. Par conséquent, notre raison pratique également trouve un grand
intérêt à cette théorie et la reconnaît pour elle-même
comme une présupposition nécessaire, sans la fonder sur la
théologie. Dans la discussion précédente sur l'origine du
mal, nous avons déjà expliqué que le mal [58] peut se trouver
dans le monde le meilleur comme un effet secondaire de la
progression vers le bien moral.

Quant à la fin de la création, on peut la concevoir comme
double : une fin objective qui consiste dans la perfection du
monde lui-même, comme objet de la volonté divine, et une
fin subjective. Mais quelle motivation, si l'on peut s'expri-

mer ainsi, a pu pousser Dieu à créer le monde ? Nous traiterons de cette dernière fin plus tard ; la première fait l'objet de nos recherches présentes.

En vue de quelle perfection Dieu a-t-il créé le monde ? Nous ne devrons pas chercher cette fin chez les créatures irrationnelles. Car chez elles, tout n'est que moyen pour des intentions plus hautes qui ne peuvent être atteintes que par l'utilisation correcte de ces moyens. La vraie perfection de l'univers réside dans l'utilisation que les créatures rationnelles font de leur raison et de leur liberté. Dans ce domaine seulement peuvent s'établir les fins absolues, car la raison est toujours nécessaire à ce qui est intentionnel. Mais quelle utilisation correcte de la volonté doit vraiment être celle de la créature rationnelle ? C'est celle qui peut s'établir sous le principe du système de toutes les fins. Un système universel des fins n'est possible que selon l'idée de la moralité. Ainsi, seule l'utilisation de notre raison selon la loi morale est judicieuse. La perfection du monde consiste donc dans la compatibilité de la raison avec la moralité selon laquelle, seulement, un système de toutes les fins est possible.

Un système de toutes les fins peut être pensé de deux manières : soit selon la liberté, soit selon la nature des choses. Un système de toutes les fins selon la liberté est atteint par le moyen des principes de la moralité et est la perfection morale du monde. Les créatures rationnelles ne possèdent une valeur personnelle que dans la mesure où elles sont considérées comme membres de ce système universel. Car une volonté bonne est quelque chose de bien en soi et pour soi, donc quelque chose d'absolument bon. Et toute autre caractéristique n'est qu'un bien conditionné. L'acuité et la santé, par exemple, sont certes de bonnes choses mais uniquement sous de bonnes conditions, c'est-à-dire quand elles sont bien utilisées. La moralité, par le fait de rendre possible un système de toutes les fins, donne en revanche à la créature rationnelle une valeur en soi et pour soi, en faisant d'elle un membre du grand royaume de toutes les fins. La possibilité d'un tel système universel de toutes les fins dépend uniquement de la moralité. Car les créatures ration-

nelles ne peuvent se placer sous un principe communautaire
et, ensemble, constituer un système de toutes les fins que
dans la mesure où elles agissent toutes conformément à ces
lois éternelles de la raison. Si tous les hommes disent la
vérité, un système de toutes les fins est alors possible entre
eux. Mais si l'un d'entre eux ment, sa fin n'est plus liée à
celle des autres. Par conséquent, la règle universelle selon
laquelle la moralité d'une action est jugée est toujours la
suivante : si tous les hommes agissaient ainsi, une corrélation des fins serait-elle possible ? Le système de toutes les
fins selon la nature des choses est la perfection physique
du monde et est aussi important que le droit de la créature
rationnelle au bonheur selon ses mérites. La condition de
la créature y gagne une valeur supérieure. Sans une telle
perfection physique du monde, la créature rationnelle pourrait, en effet, avoir en elle-même une valeur excellente,
mais sa condition pourrait être mauvaise, ou vice versa.
Mais si toutes deux, la perfection morale et la perfection
physique, sont combinées, voilà alors le monde le meilleur.
La fin objective de Dieu dans la création était ainsi la perfection du monde, et non pas uniquement le bonheur des
créatures ; car celui-là ne constitue que la perfection physique, mais il lui manque la perfection morale, c'est-à-dire le
droit d'être heureux selon ses mérites. Pourrait-il y avoir
une quelconque perfection du monde si ses participants bai-
gnaient dans la fortune et la volupté et, pourtant, étaient
conscients d'être indignes de leur propre existence ?

Outre ces causes objectives de satisfaction dans une
chose elle-même et son essence, il existe aussi des causes
subjectives au plaisir de l'existence d'une chose. Ces deux
types de causes doivent être distingués ; car nous pouvons
toujours trouver une chose bien pour des causes objectives
et n'accorder, pourtant, aucune importance personnelle à
son existence. Dans ce cas, il nous manque les causes subjectives de notre plaisir, en d'autres termes, de notre intérêt.
Cela vaut même souvent pour les motivations morales qui,
si elles sont objectives, nous obligent en fait à faire quelque
chose mais ne nous accordent pas pour autant force et incitation à le faire. Car, afin d'accomplir des actions reconnues

comme bonnes et justes, certaines motivations subjectives nous sont nécessaires. Pour les réaliser, il importe non seulement que nous jugions l'acte noble et beau, mais que ce jugement détermine également notre choix. Se pose alors la question : dans la création du monde, Dieu avait-il, en dehors de la cause objective de la perfection du monde, une incitation subjective également qui a déterminé son choix de cette perfection et, si oui, quelle était-elle ? En dehors des motivations objectives, aucune incitation n'est pensable en Dieu. Son bon plaisir, qui consiste en l'idée de la perfection d'un objet, liée à la conscience qu'il a de lui-même comme cause suffisante de toute perfection, détermine déjà sa causalité. Car si, avant même que Dieu ait effectivement créé une chose, un plaisir subjectif à l'existence de cette chose devait s'ajouter comme une nouvelle incitation à la causalité, une partie de sa béatitude dépendrait alors de l'existence de la chose dans laquelle il trouverait un intérêt. Ce plaisir de la perfection de la seule idée de la chose ne serait pas alors suffisamment puissant pour pousser Dieu à la produire ; il aurait au contraire besoin de l'intérêt particulier constitué par l'existence même de cette chose. Mais cet intérêt ne pourrait exister si la chose, qui aurait pu être parfaite rien que selon son idée, n'avait pas effectivement existé. Par conséquent, Dieu aurait eu besoin de l'existence d'un monde pour jouir d'une béatitude complète. Ce qui contredit sa perfection suprême.

On doit faire la distinction, pour cette raison, entre une *Voluntas originaria* et une *Voluntas derivatia*. C'est assurément cette dernière qui a besoin d'incitations spéciales pour déterminer le choix du bien. Ainsi, un homme peut trouver un acte très noble pour des causes objectives mais reporter son exécution parce qu'il croit ne pas avoir de motivations subjectives particulières pour l'accomplir. Une volonté totalement parfaite, en revanche, accomplirait un tel acte uniquement parce qu'il est bon. La perfection de la chose qu'elle aurait envie de produire serait une motivation suffisante pour qu'elle accomplisse effectivement cet acte. C'est pourquoi Dieu a créé le monde : parce qu'il trouvait la satisfaction suprême dans la perfection suprême d'un

monde où toutes les créatures rationnelles devraient participer au bonheur, dans la mesure où elles s'en seraient rendues dignes ; bref, Dieu a créé le monde pour sa perfection
à la fois physique et morale. On ne doit donc pas dire qu'en
créant le monde la motivation de Dieu était uniquement le
bonheur des créatures, comme si Dieu pouvait être satisfait
de voir d'autres êtres heureux sans qu'ils en soient dignes.
Au contraire, l'entendement éternel divin connaissait déjà
la possibilité d'un bien suprême en dehors de lui, et la
moralité était le principe suprême de ce bien suprême. Dieu
était également conscient de posséder tout pouvoir d'amener au jour ce meilleur de tous les mondes possibles. Cette
satisfaction dans la conscience de lui-même comme cause
totalement suffisante était justement ce qui a déterminé sa
volonté de réaliser ce bien suprême fini. Par conséquent, il
est préférable de dire que Dieu a créé le monde pour son
propre honneur, ce qui revient à dire que l'on ne peut honorer Dieu que par l'obéissance à ses saintes lois. Mais que
veut dire « honorer Dieu », sinon le servir ? Comment peut-
on servir Dieu ? Certainement pas par le fait de vouloir
attirer sa faveur par toutes sortes de louanges qui ne sont,
au mieux, qu'un moyen de préparer et de diriger notre propre cœur à de bonnes dispositions ; non, servir Dieu signifie
tout simplement suivre sa volonté et observer ses saintes
lois et ses commandements. La moralité et la religion sont
donc liées l'une à l'autre le plus étroitement ; elles se distin-
guent seulement par le fait que, pour la première, les
devoirs moraux sont respectés comme des principes propres
à tout être rationnel qui doit agir en tant que membre d'un
système universel des fins, tandis que, pour la seconde, ces
mêmes devoirs sont considérés comme autant de commandements d'une volonté suprêmement sainte, parce que les
lois de la moralité sont fondamentalement les seules qui
s'accordent à l'idée d'une perfection suprême.

Le monde entier peut être considéré comme un système
universel des fins, non seulement selon la nature mais aussi
selon la liberté. Cette théorie des fins s'appelle la téléologie. Tout comme il existe un système physique des fins,
dans lequel toutes les choses naturelles sont des moyens

correspondant à certaines fins propres aux créatures rationnelles, il y a de même un système pratique des fins, c'est-à-dire un système conforme aux lois de la volonté libre, dans lequel toutes les créatures rationnelles se lient mutuellement les unes aux autres comme fins et moyens. Le premier système des fins fait l'objet de la *Theologia Physica* ; le second est examiné par la *Theologia Practica Seu Pneumatica*. Dans le premier système toutes les créatures rationnelles sont considérées elles-mêmes comme des moyens adaptés aux fins qu'elles peuvent atteindre en tant que créatures rationnelles et, de cette manière, le monde est démontré non seulement *In Nexo Effectivo*, selon une combinaison de causes et d'effets, comme une machine, mais aussi *In Nexo Finali*, comme un système de toutes les fins. Dans la *Theologia Practica*, on voit que les créatures rationnelles constituent le centre de la création et que tout dans le monde est en corrélation avec elles qui, à leur tour, se rattachent les unes aux autres comme moyens réciproques. Et si l'histoire nous dépeint le comportement des hommes comme négligent et vain, cela ne doit pas nous dissuader de croire, malgré tout, à l'existence d'un plan universel pour l'espèce humaine, selon lequel, en dépit de tous les usages abusifs qu'elle fait de sa liberté, l'humanité pourra finalement atteindre la plus haute perfection possible. Car, jusqu'à présent, nous n'avons survolé que des détails et des fragments de la question.

Pour conclure cet examen de Dieu comme créateur du monde, il nous reste toujours à résoudre le problème cosmologique : Dieu a-t-il créé le monde dans le temps ou de toute éternité ? Ne serait-ce pas une contradiction interne que de le considérer comme créé de toute éternité ? Dans ce cas, en effet, le monde serait, comme Dieu, éternel, alors qu'il est supposé dépendre de Dieu. Si l'éternité signifie, ici, un temps infini, il s'agit alors d'un *Regressus in Infinitum* et donc d'une absurdité. La création ne peut-elle alors être pensée que dans le temps ? Pas plus. Car si nous disons que le monde a eu un commencement, nous affirmons par-là qu'il y avait aussi un temps avant l'origine du monde car tout commencement d'une chose est issu de la fin d'une

autre et est le premier moment d'un temps subséquent.
Mais s'il y avait un temps avant que le monde n'existe, ce
devait être un temps vide. Autre absurdité ! Et Dieu lui-
même devait être dans ce temps !

Comment la raison peut-elle arriver à sortir de ce conflit
entre ses différentes idées ? Où se trouve la cause de cette
illusion dialectique ? Elle réside dans le fait que nous considérons une simple forme de la sensibilité, une simple condition formelle, un phénomène, le temps, comme une
détermination du *Mundus Noumenon*. Toutes les apparences ne sont, bien sûr, que des données dans le temps ; mais
si nous tenons également à placer sous la règle du temps
l'actualisation des substances elles-mêmes, qui sont le
Substratum de toutes les apparences et, par conséquent, de
notre représentation sensible, nous commettons une gros-
sière erreur, une Μεταβασις εις αλλο γενος. Car nous
confondons des choses qui n'ont aucun rapport. Notre raison reconnaît, ici, son impuissance à s'élever au-dessus de
toute expérience, car si elle peut montrer que toutes les
objections de ses adversaires sont inutiles et inefficaces,
elle demeure, par ailleurs, trop faible pour constituer quelque chose de façon apodictiquement certaine.

DE LA PROVIDENCE

L'actualisation du commencement du monde est la création. L'actualisation de sa durée est sa conservation. Dans
les deux cas, seules les substances sont concernées. Car
pour ce qui est des éléments accidentels qui leur sont inhérents, nous ne pouvons dire ni qu'ils sont créés, ni qu'ils
sont conservés. C'est pourquoi il est bon de distinguer le
concept de Dieu comme architecte du monde du concept
de Dieu comme créateur du monde. Cette distinction est
aussi importante que celle entre contingence et substance.
En Dieu, il n'y a, à proprement parler, qu'un seul acte pensable mais qui s'effectue sans cesse ; un acte qui se manifeste sans aucune variation, sans aucune interruption. Car
aucune succession d'états n'a lieu en Dieu et, donc, aucun
temps. Comment une puissance divine pourrait-elle, en

effet, s'exercer pendant un certain temps puis s'interrompre ou même s'arrêter ? La même puissance divine qui a actualisé le commencement du monde, actualise aussi et toujours sa durée. Et la conservation des substances requiert autant de puissance que leur création. Si toutes les substances dans le monde continuaient à durer uniquement en vertu d'un *Actus Divinus*, il semblerait alors qu'elles aient perdu ainsi leur nature de substance. En fait, c'est l'expression *Subsistentia* (indépendance) qui est à l'origine de la difficulté ou, si l'on veut, de la contradiction apparente. Nous ne pouvons pas, en effet, la remplacer par une expression plus juste car la langue n'en possède pas. Nous pouvons néanmoins éviter, par une explication, une interprétation erronée. Une substance, ou une chose subsistant par elle-même, est un *Quod Non Indiget Subjecto Inhaerentiae*, c'est-à-dire une chose qui existe sans être l'attribut d'une autre [59]. Je suis moi-même, par exemple, une substance parce que tout ce que je fais se rapporte à moi sans qu'il faille que je considère mes actions comme inhérentes à une autre chose. Je peux, nonobstant, avoir besoin de l'existence d'un autre être afin de pouvoir exister moi-même. Et cet être peut être l'auteur de mon existence et de ma continuation sans qu'il soit ni ne devienne, pour autant, l'auteur de mes actions. Il faut distinguer soigneusement, par conséquent, l'élément substance et accident de l'élément cause et effet. Car les deux relations sont totalement différentes. Une chose peut être un *Causatum Alterius*, c'est-à-dire avoir besoin de l'existence d'une autre pour exister, et, pourtant, continuer de subsister en elle-même. Mais il faut rigoureusement distinguer « subsister » et « exister » *Originarie*. Car « subsister » impliquerait une contradiction si quelque chose qui existe *Originarie* devait exister aussi comme un *Causatum Alterius*. Il s'agirait là d'une fausse définition d'une substance, comme celle que le bien intentionné **Spinoza**, trop influencé par les doctrines de **Descartes**, a esquissée en comprenant par substance une chose *Quod Non Indiget Existentia Alterius*. Il en résulte que, bien que la manière dont la puissance divine assure aux substances leur continuation reste incompréhensible, elle n'est pas contradictoire à leur existence pour autant.

La causalité des *Causae* s'appelle *Concursus*, c'est-à-dire que plusieurs causes peuvent se réunir pour produire un effet. Cela se produit lorsque plusieurs *Causae* concourent à un même effet et quand, parmi ces différentes causes coopérantes, aucune ne suffit à elle seule à produire cet effet. Dans le cas contraire, l'union avec les autres causes, qui lui donne ce *Complementum Ad Sufficientiam*, ne serait pas nécessaire. Là où il y a une *Causa Solitaria*, une cause exclusive, il n'y a pas de *Concursus*. Donc, un *Concursus* nécessite plusieurs causes et, de plus, ces causes doivent être également les *Concausae*, c'est-à-dire qu'elles doivent être coordonnées et non subordonnées les unes aux autres. Car si elles étaient subordonnées les unes aux autres et formaient ainsi une chaîne, une série où chacune était un maillon particulier, chaque cause serait alors la cause complète de la suivante, même si elles avaient toutes leur fondement commun dans une cause initiale. Chaque cause, considérée en elle-même, serait toujours une *Causa Solitaria* et il n'y aurait donc pas de *Concursus*. Pour qu'un *Concursus* puisse avoir lieu, les causes qui sont réunies ensemble doivent être aussi coordonnées, et l'une doit suppléer ce qui manque à la capacité de produire de l'autre pour que cet effet soit produit seulement par leur réunion.

Il est clair que Dieu, quant à lui, ne concourt nullement à l'existence des substances car celles-ci ne contribuent en rien à leur propre continuation et, par conséquent, ne peuvent pas fonctionner comme *Concausae* à leur conservation en union avec Dieu. Il n'y a, ici, qu'une subordination des causes, de façon à ce que toutes les substances aient leur fondement en Dieu comme *Prima Causa*, étant créées par lui en tant que matière ; mais, précisément pour cette raison, il n'y a pas *Concursus* car elles devraient être, alors, coordonnées à Dieu. Il n'y a pas non plus de *Concursus* de Dieu dans les événements de la nature. Par le fait même qu'ils sont censés être des événements de la nature, il est présupposé que leur cause première la plus proche est elle-même dans la nature et que, donc, elle doit se suffire à elle-même pour les réaliser, même si, comme toutes les causes naturelles, son fondement est en Dieu en tant que cause suprême.

Un *Concursus* de Dieu dans les événements du monde n'est pourtant pas impossible, car on peut toujours considérer qu'une cause naturelle n'est pas suffisante en elle-même pour produire un certain effet. Dieu peut alors lui donner un *Complementum Ad Sufficientiam* ; mais ce faisant, Dieu produit chaque fois, *eo ipso*, un miracle. Quand la cause d'un événement est surnaturelle nous l'appelons, en effet, un miracle tout comme nous le ferions si c'était Dieu lui-même, agissant comme *Concausa*, qui était la cause de ce miracle. C'est pourquoi considérer que Dieu dispose et dirige d'une certaine façon les événements dans le monde revient à lui attribuer autant de miracles.

Qu'en est-il maintenant des actions libres ? Peut-on là aussi établir un *Concursus Divinus* ? En général, le fait qu'une créature puisse être libre n'est ni compréhensible par la raison spéculative, ni démontrable par l'expérience ; mais notre intérêt pratique nous oblige à présupposer que nous pouvons agir selon l'idée de la liberté. S'il est vrai que notre volonté peut se décider à des actes indépendamment de toutes causes naturelles, le fait que Dieu puisse concourir à nos actions sans porter préjudice à notre liberté, qu'il puisse concourir à notre volonté comme une cause coopérante, reste totalement incompréhensible ; car alors, *eo ipso*, nous ne sommes pas nous-mêmes les auteurs de nos actions, tout au moins pas complètement. Bien sûr, cette idée de la liberté appartient à un monde intelligible, un monde dont nous ne connaissons rien, si ce n'est qu'il existe, un monde dont nous ne savons même pas quelles lois le gouvernent. Mais même si notre raison ne peut nier la possibilité d'un tel *Concursus*, elle voit bien que ses effets seraient autant de miracles dans le monde moral, tout comme le sont, dans le monde physique, les actions coopérantes de Dieu par rapport aux événements du monde sensible.

L'omniprésence divine est étroitement liée à la conservation, car celle-ci consiste précisément dans l'action immédiate de Dieu sur la durée de toutes les choses dans le monde. Cette omniprésence divine est donc, avant tout, immédiate. Pour autant qu'il les conserve, Dieu n'agit pas sur les substances par des causes intermédiaires ; si, au contraire, tel était le cas, les substances seraient de nouveau ses effets et, par conséquent, une substance devrait avoir une influence sur la conservation des autres et, donc, les unes dépendraient des autres. Mais nous avons démontré plus haut qu'une substance ne peut être, dans le monde, la cause de l'existence d'une autre lorsque nous avons examiné l'impossibilité pour les substances, qui ont une relation de *Commercium* réciproque, de pouvoir se produire l'une l'autre. Il est tout aussi impossible que ces substances puissent contribuer en quelque façon à une continuation mutuelle de leur existence ou, même, à leur conservation. Car création et conservation sont un seul et même acte. De plus, l'omniprésence de Dieu est la présence la plus intime, c'est-à-dire que Dieu conserve le substantiel, ce qu'il y a d'intrinsèque dans les substances. C'est justement ce qui est nécessaire à leur continuation et elles devraient cesser d'exister si Dieu ne maintenait pas, sans cesse, ce qu'il y a d'intrinsèque et d'essentiellement substantiel en elles [60].

On peut penser, il est vrai, une présence qui soit immédiate mais non intime. On en trouve un exemple dans la théorie newtonienne de l'attraction de toutes les choses dans le monde entre elles, choses qui s'attirent immédiatement ou, selon ses propres termes, à travers un espace vide ; elles ont, par conséquent, les unes sur les autres, une influence réciproque, elles sont toutes présentes les unes aux autres, sans être pour autant intimes, car il s'agit d'une influence uniquement réciproque, c'est-à-dire d'un effet sur leur situation ou, autrement dit, d'une modification dans les déterminations variables entre elles. Une présence intime, en revanche, est une actualisation de la durée de la substance elle-même dans une chose. C'est pourquoi il ne faut surtout pas appeler cette conservation, comme le fait **Baumgarten**, une influence constante dans la substance ; car cela signifierait qu'il s'agit d'une influence de Dieu sur la conservation de la seule situation des substances, c'est-à-dire seulement sur leurs déterminations variables et non sur les substances elles-mêmes ; partant, selon l'affirmation de **Baumgarten**, la matière serait indépendante de Dieu. L'omniprésence de Dieu est donc à la fois immédiate et intime, mais non pas localisée car il est impossible à une chose d'être en plusieurs lieux à la fois puisqu'alors elle serait aussi à l'extérieur d'elle-même, ce qui est une contradiction. Décidons, par exemple, que « A » est en « a », alors « A » est entièrement en « a » ; si nous disons maintenant que « A » est en « b », alors « A » ne peut être ni entièrement en « a », ni entièrement en « b », mais seulement en partie dans chaque lieu. Par conséquent, si l'on affirme que Dieu est en tous les endroits, on doit alors penser Dieu comme un être composite, comme une masse étendue dans le monde entier, comme l'air en quelque sorte. Dieu n'est alors nulle part entièrement ou, plus exactement, une parcelle de lui est partout, tout comme ce n'est pas l'atmosphère tout entière qui se trouve en un endroit sur la terre, mais une multitude de petites parties d'elle-même qui sont partout. En revanche, si Dieu est l'esprit le plus parfait, on ne peut absolument pas le penser dans l'espace. Car l'espace n'est qu'une condition de l'apparence sensible des choses.

Newton dit, quelque part, que l'espace est le *Sensorium* de l'omniprésence de Dieu. Il est vrai que l'on peut penser un *Sensorium* chez les hommes, une sorte d'endroit où se trouverait le siège de l'âme et où toutes les impressions sensibles convergeraient ; un tel lieu serait aussi l'organe de l'âme, à partir duquel elle dispenserait ses forces et opérerait dans tout le corps. En revanche, une telle représentation appliquée à l'omniprésence divine est tout à fait inappropriée car, alors, Dieu serait considéré comme l'âme du monde et l'espace comme son *Sensorium*. Ce qui contredit le concept d'un Dieu indépendant. Si Dieu devait être cette âme universelle, il devrait alors être aussi en *Commercium* avec le monde et avec toutes les choses dans le monde, c'est-à-dire qu'il devrait non seulement agir dans ces choses mais aussi recevoir lui-même leurs effets. Quoi qu'il en soit, le concept minimum que nous avons de l'âme n'est autre que celui d'une âme ayant une intelligence unie à un corps, s'influençant mutuellement. On peut comprendre aisément qu'un tel concept soit peu compatible avec l'impassibilité d'un être suprême. Il serait préférable de considérer l'espace comme un phénomène de l'omniprésence de Dieu, bien que cette expression, non plus, ne soit pas tout à fait appropriée. Mais elle reste inévitable en raison de la pénurie de mots dans la langue pour désigner de telles notions et, à plus forte raison, pour les exprimer clairement. Puisque l'espace n'est qu'une apparence de nos sens et une relation au milieu duquel se trouvent les choses, la relation entre les choses elles-mêmes n'est rendue possible que dans la mesure où Dieu les maintient et leur reste présent de façon intime et immédiate, son omniprésence déterminant ainsi la place de chacune d'elles ; Dieu est lui-même, dans cette mesure, la cause de l'espace et l'espace est un phénomène de son omniprésence. L'omniprésence de Dieu n'est pas, par conséquent, localisée mais virtuelle, c'est-à-dire que Dieu œuvre constamment et partout, par sa puissance, dans toutes les choses ; il maintient de cette manière les substances elles-mêmes et gouverne leur fonctionnement. Dans une telle représentation, il faut, cependant, se garder très soigneusement de tout fanatisme car, bien qu'il soit vrai que cette omniprésence se manifeste dans tout homme par l'actualisation même de son existence, aucun homme ne peut néanmoins sentir cette présence ni être certain que c'est bien Dieu qui œuvre dans tel ou tel cas. Comment pouvons-nous, en effet, éprouver ou ressentir quelque chose qui est la cause de notre propre existence ? S'il s'agissait simplement d'un changement de notre condition, il serait, bien sûr, tout à fait possible de le remarquer. Mais puisqu'il s'agit de l'actualisation même de notre existence, nous ne pouvons en avoir aucune expérience. Cela est de la plus grande importance et c'est une cautèle qui nous prémunit des aberrations et de l'aveuglement des fanatiques.

Si l'on établit un *Concursus Divinus* à l'égard des choses et des événements dans le monde, on le nomme habituellement *Concursus Physicus*. Toutefois, on reconnaît, en raison de nos remarques précédentes sur la coopération divine, à quel point cette expression, au lieu de celle de conservation divine, est inappropriée. Comment pourrions-nous considérer ces substances comme des *Concausae* concourant avec Dieu à leur propre conservation, alors qu'elles ne sont pas du tout coordonnées avec Lui et qu'elles dépendent totalement de Lui qui est leur *Causa Solitaria Absolute Prima* ? Ne serait-ce pas affirmer précisément que leur existence n'est pas actualisée par Dieu et que, par conséquent, elles n'ont pas besoin de Dieu comme unique cause de leur durée mais seulement comme cause coopérante ?

Il est également faux d'établir ce *Concursus Dei* pour les événements naturels. Car en eux, on doit toujours pouvoir penser une *Causa Proxima* qui fonctionne elle-même selon les lois de la nature car, sinon, *eo ipso*, il n'y aurait pas d'événements naturels. On ne peut pas, non plus, penser comment Dieu, en tant que *Causa Prima* de la nature entière, pourrait opérer exceptionnellement comme *Concausa* dans tel ou tel événement particulier car cela reviendrait à autant de miracles puisque, dans chaque cas où Dieu lui-même œuvrerait immédiatement, il y aurait dérogation à la règle de la nature. Si Dieu devait coopérer comme *Concausa* à chaque événement particulier de la nature, chacun d'eux serait alors une exception permanente aux lois naturelles ou, plus exactement, il n'y aurait aucun ordre naturel car ces événements ne suivraient absolument pas leur cours selon les règles universelles ; il faudrait, au contraire, que Dieu donne un *Complementum Ad Sufficientiam* à tout ce qui aurait dû assumer sa situation selon sa volonté. Une telle imperfection du monde ne saurait être associée à un auteur sage !

Cependant, le *Concursus Moralis*, ou libre coopération de Dieu aux actions libres des hommes, reste impensable en raison de la nature même de la liberté ; mais, au même titre, il ne faut rien considérer d'impossible car, s'il est supposé que tout être rationnel peut agir de lui-même, et même à l'encontre du plan divin, un tel être doit alors être totalement libre et indépendant de tout mécanisme naturel et il est donc tout à fait possible que Dieu, afin de rendre les créatures rationnelles capables d'utiliser leur liberté en conformité à sa volonté suprême, puisse coopérer, aussi, comme *Concausa* à leur moralité.

La providence divine est un acte unique ; nous pouvons, cependant, en distinguer trois fonctions particulières : la prévoyance, l'administration et la direction. La prévoyance divine consiste en l'institution de certaines lois selon lesquelles le déroulement du monde doit avoir lieu. Le gouvernement, ou administration, est la conservation du déroulement du monde d'après ces lois et la direction divine, ou orientation, est la détermination des événements particuliers dans le monde conformément à ses décrets. Dans la mesure où la providence divine est bienveillante, elle s'appelle considération. Mais toutes ces expressions sont entachées du concept de temps et donc trompeuses. Faute d'expressions plus appropriées, on doit pourtant les utiliser à propos de Dieu, après en avoir, bien sûr, ôté les limitations dues aux sens.

On divise habituellement la providence divine en *Providentia Generalis* et *Providentia Specialis*. On entend, par la première, la providence divine qui conserve toutes les races et toutes les espèces (*Genera*) ; on signifie, par la seconde, la providence par laquelle Dieu prend soin également ment des *Species*, un mot qui ici, comme dans son sens juridique, désigne les individus. Le terme *Generalis* est à distinguer du mot *Universalis* ; dans le domaine de la providence comprise en général, en effet, de nombreuses expressions peuvent être utilisées. On dit, par exemple, d'un roi qu'il prend soin de ses sujets *Generaliter*, c'est-à-dire en général. Mais ce concept utilisé à propos de la providence divine est évidemment tout à fait anthropomorphique. Car cette considération générale est extrêmement imparfaite et ne concerne, en tout état de cause, que les êtres qui doivent acquérir, seulement par l'expérience, une connaissance de leurs besoins. Les faits tirés de l'expérience ne forment jamais qu'un agrégat et c'est pourquoi, précisément, les règles que l'on en déduit ne peuvent jamais être universelles ; il leur manque toujours une partie des perceptions possibles et il est donc impossible que de telles lois, dont la bienfaisance repose uniquement sur les principes de l'expé-

rience, puissent à la fois convenir à tous les individus d'un
Etat et avoir un intérêt général pour le bien-être de tous.
Comment le souverain d'un pays pourrait-il en effet connaître tous ses sujets, et chacun d'entre eux, ainsi que toutes
les circonstances où ses lois seraient tantôt avantageuses à
l'un, tantôt nocives à l'autre ? Mais Dieu n'a besoin d'aucune expérience ; il connaît, au contraire, tout *a priori* parce
qu'il a lui-même tout créé, qu'il prend soin de tout, et que
tout n'est possible que par Lui. Dieu a façonné les lois
selon lesquelles le monde doit suivre son cours, c'est-à-dire
avec une connaissance totale de tous ses événements isolés
et, avec certitude, a eu en vue également dans leur établissement leur perfection la plus grande possible parce qu'il
est la sagesse même, qu'il est le tout dans le tout. Dans son
omniscience, Dieu a prévu sans faute et tout individu possible et tout *Genus*, avant même qu'ils n'existent, et, en les
rendant réels, a pris soin, par l'établissement de lois appropriées justement, de leur existence comme de leur bien-être.
La providence de Dieu, parce qu'il connaît tout *a priori*,
est donc *Universalis*, c'est-à-dire universelle puisqu'elle
embrasse tout en elle-même, les *Genera*, les *Species* et les
individus. D'un seul regard, il saisit tout ce qui existe dans
toute son étendue et le maintient par sa puissance. Cette
universalité de la providence divine n'est pas logique,
comme peuvent l'être certaines règles universelles que
nous, les hommes, concevons pour classer les caractéristiques des choses, mais réelle ; car son entendement est intuitif et le nôtre simplement discursif. Il est donc insensé de
penser dans l'être suprême une providence en général
(*Generalis*) seulement, parce qu'un tel être ne peut pas
manquer de tout connaître dans le moindre détail. Sa prévoyance est, au contraire, tout à fait universelle (*Universalis*). Ainsi disparaît d'elle-même la distinction entre une
providence *Generalis* et une providence *Specialis*.

   La direction divine est en partie ordinaire et en partie
exceptionnelle puisque tous les événements dans le monde
sont guidés par sa volonté suprême. La direction ordonnée
est l'établissement par Dieu de l'ordre de la nature de telle
sorte que les lois qui le gouvernent soient conformes à son

décret concernant le cours du monde ; la direction extraordonnée est la détermination par lui-même, selon ses intentions, des événements particuliers qui ne doivent pas
correspondre à l'ordre naturel de leurs fins. Il n'est pas du
tout impossible, en effet, que, même dans le meilleur des
mondes, les forces naturelles aient besoin de temps à autre
d'une coopération immédiate de Dieu, afin que puissent se
réaliser certaines de ses grandes fins, et pas impossible,
donc, que le Seigneur de la nature puisse parfois leur procurer un *Complementum Ad Sufficientiam* pour que son projet
soit mené à bien. Qui aurait l'audace de prétendre tout
connaître, ou même de prétendre savoir que tout ce que
Dieu a l'intention de faire avec le monde peut se réaliser
selon les lois universelles — mais sans sa régie extraordinaire ? Dieu peut utiliser, en effet, pour certains événements
qu'il se serait fixés comme fins à atteindre pour une perfection d'autant plus grande du tout, les causes naturelles qu'il
aurait choisies pour la production de tel ou tel autre événement simplement comme des moyens. De telles exceptions
aux règles de la nature peuvent être nécessaires ; Dieu ne
pourrait, sans cela, mettre en œuvre de nombreuses et grandes intentions selon le cours normal des choses. Il faut toutefois nous garder de vouloir déterminer, sans autres
instructions, s'il s'agit bien, dans tel ou tel cas, d'une direction extraordinaire de Dieu. Il suffit que tout soit sous la
direction divine ; il suffit de placer une immense confiance
en Dieu.

Tout ne passe pas, néanmoins, par la direction de Dieu,
même si tout est sous sa direction. Si un événement se produit immédiatement par la volonté divine, il s'agit d'un
miracle, d'un effet de la direction extraordonnée de Dieu.
Les miracles sont entremêlés par Dieu aux lois de la nature
dès le moment de la création du monde, ou produits par lui
dans des cas particuliers, au cours de l'évolution du monde,
pour une intention nécessaire. Dans les deux cas, il s'agit
de miracles que nous ne pouvons prévoir même si nous ne
pouvons pas les nier.

Nous pouvons en fait penser chaque événement comme
une conséquence de l'orientation et du gouvernement

divins pour nous rassurer devant les contingences de la vie. Que nous importe après tout que cet événement se passe selon l'ordre de la nature ou d'une manière extraordinaire, puisque tout est sous la prévoyance de Dieu ?

Nous ne devons jamais considérer la prière comme un moyen d'acquisition mais plutôt l'envisager, lorsque son objet est la demande d'un avantage corporel, avec confiance et soumission à la sagesse divine. Mais la plus grande utilité de la prière reste, incontestablement, morale car elle permet que s'opèrent en nous et le remerciement et la résignation envers Dieu. Quand il nous faut, en revanche, examiner si tel ou tel événement est un propos immédiat de Dieu, qu'il aurait préparé et réalisé de manière extraordinaire, une grande prudence et une grande précaution s'imposent alors car il ne faut pas attribuer à Dieu en tant que cause immédiate des choses, sous l'effet d'une raison paresseuse, ce qu'une réflexion plus aiguë pourrait nous convaincre n'être qu'un effet de la nature. Si toutes nos investigations s'avéraient vaines, nous aurions malgré tout, par une telle recherche, accompli notre vocation et avancé, ainsi, le développement de notre raison.

Lorsque nous avons traité de cette vérité selon laquelle Dieu a créé le monde entier pour le mieux, il nous fallait répondre à l'objection qui demandait comment le mal moral pouvait exister bien que ce monde fusse le meilleur. Notre devoir sera maintenant de montrer pourquoi Dieu n'a pas empêché le mal puisque tout, pourtant, est sous son gouvernement.

Toutes les créatures doivent avoir la possibilité de dévier des lois morales. Car des créatures sans besoins ni limitations sont impensables. Dieu seul est illimité. Si donc toute créature a des besoins et des imperfections, il doit alors lui être possible, succombant aux impulsions physiques (car celles-ci proviennent des besoins), d'abandonner la moralité. Il va sans dire qu'ici nous parlons uniquement de créatures libres car les créatures irrationnelles n'ont aucune moralité. Si l'homme doit être une créature libre et avoir la responsabilité du développement et du perfectionnement de ses capacités et dispositions, il doit donc aussi disposer du

pouvoir de suivre ou de fuir les lois de la moralité. L'utilisation de sa liberté doit dépendre de lui, même si elle devait
être en conflit total avec le plan de Dieu à l'égard du monde
moral. Dieu pourrait, bien sûr, donner à l'homme des forces
et des motivations prépondérantes afin qu'il puisse se rendre digne du bonheur, en tant que membre du grand
royaume des fins, selon le décret divin. Si Dieu n'empêche
pas le mal dans le monde, ce n'est en aucune manière par
consentement mais seulement par tolérance.

3. *De Dieu comme souverain du monde*

Dieu est l'unique souverain du monde ; il gouverne en
tant que monarque et non comme despote, car il veut que
ses commandements soient observés par amour et non par
crainte servile. Il réclame ce qui est bon pour nous comme
un père et non, comme le fait un tyran, par simple arbitraire. Dieu demande, qui plus est, que nous méditions sur
le bien-fondé de ses commandements et tient à leur obéissance parce qu'il veut nous rendre dignes du bonheur pour
ensuite nous y faire participer.

Sa volonté est bonne et sa fin est la meilleure. Si Dieu
devait nous ordonner quelque chose dont nous ne pourrions
pas voir le motif, les limitations de notre connaissance en
seraient la cause et non la nature même de ses commandements. Dieu dirige tout seul le règne de son univers car il
saisit, d'un seul regard, l'ensemble de la totalité, dans toute
son étendue. Il peut, bien sûr, se servir fréquemment de
moyens incompréhensibles afin de réaliser ses intentions
salutaires.

Si Dieu gouverne tout, nous sommes alors autorisés à
présumer une cohésion téléologique dans la nature. Car tout
gouvernement présuppose des intentions et le gouvernement de Dieu présuppose les plus sages et les meilleures
intentions. Certes, nos efforts resteront souvent vains car
les vraies fins de l'entendement suprême sont, pour notre
compréhension, trop cachées pour que nous puissions les
déceler. Ici aussi une grande prudence nous sera nécessaire
afin de ne pas prendre pour une fin divine précise un événe-

ment naturel qui ne serait qu'un moyen ou une conséquence secondaire d'une fin plus haute. Et si nos investigations ne sont pas souvent couronnées de succès, nous aurons malgré tout exercé notre raison et aurons au moins découvert quelque chose. A supposer même que nous nous trompions complètement, notre erreur ne serait que d'avoir pris pour une œuvre intentionnelle ce qui n'était qu'un mécanisme naturel. Mais notre raison exige que nous cherchions en tous lieux les lois universelles selon lesquelles certains événements sont ordonnés. De cette façon, nous apportons unité et harmonie à notre connaissance de la nature au lieu de considérer chaque chose particulière dans le monde comme le résultat d'une providence spéciale, ce qui détruit tout l'ordre naturel. Nous pouvons également penser dans l'histoire du monde que des événements sont des conséquences de la liberté humaine, tout en étant accomplis en liaison avec le plan divin et en le suivant. Là également, nous devons, d'après la nature de notre raison, nous en tenir simplement à l'universel et ne pas déterminer dans quels cas particuliers la providence divine se serait effectivement démontrée. Pour l'entendement de Dieu, qui connaît tout de façon intuitive, le tout n'est vraiment un tout que dans la mesure où il se compose de l'ensemble des individus ; par conséquent, la providence divine est pleinement universelle, afin d'inclure chaque individu dans son plan. Mais vouloir partir de l'individuel pour aller vers l'universel et, ainsi, embrasser la totalité d'un seul regard, serait une méthode qui irait totalement à l'encontre de notre raison discursive et nous mettrait sens dessus dessous. La nature de notre raison nous impose, au contraire, le devoir de méditer d'abord sur les lois universelles, puis de rassembler, dans la mesure du possible, sous ces lois universelles tous les individus et toutes les espèces et de tracer, ainsi, une esquisse du tout ; cette façon de procéder, bien que très imparfaite, suffit pourtant à nos besoins.

Les propos de **Baumgarten** concernant les décrets divins ne sont, bien sûr, qu'une représentation humaine ; car en Dieu, le décret et l'exécution de ce décret ne font qu'un. Mais cette représentation est pourtant nécessaire à notre concept pourvu qu'on la pense d'une manière digne. Néanmoins, un *Absolutum Decretum* est totalement inapproprié s'il est appliqué à Dieu car Dieu deviendrait non seulement un despote mais aussi un tyran absolu si, sans aucune considération de la dignité du sujet, il devait choisir certains pour le bonheur et en rejeter d'autres sans autre forme de procès. Pour procéder ainsi décemment, et sembler le faire de droit, il devrait aussi procurer toutes sortes de moyens d'aide aux premiers, tout en retirant aux seconds toute force et toute occasion de se rendre dignes du bonheur. Il n'est guère possible de concevoir que des hommes de cœur et de compréhension puissent accueillir des idées si déshonorantes pour Dieu, à moins d'admettre, pour leur honneur, qu'ils n'aient pas réfléchi sur les conséquences horribles d'une doctrine si pernicieuse, ou qu'ils n'aient pu récuser ces idées sous l'effet de la stupeur. Car ainsi, le concept de Dieu deviendrait un scandale et toute moralité une chimère. Ce serait, de plus, en conflit total avec l'idée de la liberté humaine, car toutes les actions ne pourraient être alors considérées que comme autant de nécessités naturelles. Cependant, on peut pardonner aux philosophes spéculatifs de s'être laissés porter à de telles représentations, puisque la liberté humaine et sa possibilité resteront toujours, pour eux, des problèmes insolubles. Mais il serait aussi inconcevable qu'absurde que la théologie, qui doit justement être un principe de la religion, se fonde sur de tels concepts de Dieu. Si, en tant qu'intelligence, l'âme humaine est libre (car en tant qu'apparence elle appartient évidemment à l'ordre des choses naturelles), il doit alors dépendre d'elle de vouloir ou non se rendre digne du bonheur.

La doctrine de la prédestination, dans la mesure où elle a pour objet le rejet d'une partie des hommes, suppose un ordre de la nature immoral. Cette doctrine prétend, en effet, que certains hommes ne peuvent être qu'indignes du salut car les circonstances de leur vie seraient ordonnées dès le début et dirigées dans ce sens. Dans ce cas, ces malchanceux doivent être sacrifiés à la calamité selon l'ordre de la nature. Mais comment concilier cette doctrine avec le concept d'un bon, d'un sage et d'un saint créateur du monde ? En effet, l'avantage le plus important que ce concept de Dieu procure à notre connaissance et à notre consolation est précisément de placer le royaume de la nature dans une relation exacte avec le royaume de fins ! C'est justement grâce à cette doctrine que nous concluons à une disposition et à un accord de l'ensemble de l'ordre naturel selon les fins divines ! Comment la misère d'une partie de ses créatures pourrait-elle alors être le but de Dieu ?

Toute moralité disparaîtrait si nous ne supposions pas que Dieu gouverne le monde selon les principes moraux ; car si la moralité ne peut nous fournir la perspective de satisfaire notre besoin de bonheur, elle ne peut alors rien nous enjoindre. Voilà pourquoi il est nécessaire que l'on ne fasse pas de la volonté de Dieu le principe de la moralité rationnelle, car nous resterions alors, en vérité, incertains quant aux projets de Dieu à l'égard du monde. Comment pouvons-nous savoir par la raison purement spéculative ce qu'est la volonté de Dieu et ce en quoi elle consiste ? Sans l'aide de la moralité sur ce point, nous sommes là sur une pente glissante entourée de tous côtés de montagnes qui nous privent de toute perspective. Oh, combien serions-nous en danger de faire une glissade et nous perdre dans un labyrinthe parce que nos yeux ne rencontreraient plus aucun horizon !

La connaissance de Dieu doit donc compléter la moralité mais non pas déterminer d'abord si quelque chose est un devoir pour nous ou si quelque chose est moralement bon. Nous devons pouvoir en juger d'après la nature des choses, selon la possibilité d'un système de toutes les fins, et nous devons pouvoir en être aussi certains que nous pouvons l'être du fait qu'un triangle a trois angles. Mais pour prendre vraiment cela à cœur, avec conviction, avec sérieux et fermeté, il nous faut un Dieu qui nous fasse participer au bonheur conformément à ses lois éternelles et inaltérables, si toutefois nous en sommes dignes. C'est précisément ainsi que la connaissance de Dieu et de sa providence est le but de nos sciences naturelles et doit couronner tous nos efforts, mais n'est pas le principe à partir duquel nous devons déduire tout événement particulier sans avoir cherché en lui les lois universelles pertinentes.

Quatrième section

Sur la révélation

Baumgarten définit la *Revelatio Latius Dicta* par la *Significatio Mentis Divinae Creaturis A Deo Facta*. Mais cette définition d'une révélation en général est *Angustior Suo Definito*. Une révélation divine doit nous fournir une connaissance convaincante de l'existence et des attributs de Dieu comme de sa volonté, ceux-là devant nous motiver et nous inciter à accomplir celle-ci. On peut classer les révélations en révélations extérieures et révélations intérieures. Une révélation divine extérieure peut nous être apportée soit par les œuvres de Dieu, soit par la parole ; la révélation divine intérieure est la révélation de Dieu par la raison. Cette révélation intérieure doit précéder toutes les autres et servir de critère aux révélations extérieures. Elle doit être la pierre de touche qui nous permet de déterminer si une révélation extérieure est divine et si les concepts de Dieu qu'elle nous fournit sont ceux qui conviennent. Comme nous l'avons vu précédemment, la nature ne peut en aucun cas, en effet, nous donner d'elle-même un concept complet et déterminé de Dieu ; il nous faut toujours l'aide de notre raison. La nature nous apprend, en effet, à craindre ce ou ces êtres qui ont pu créer le monde, mais elle ne nous apprend pas à honorer sans flatterie et à aimer un Dieu doté de toutes les perfections. Si donc nous devions prendre comme principe de la religion le concept de Dieu qui nous est donné par la nature, celui d'un être très puissant (car la nature ne peut guère nous amener à connaître Dieu comme un être bienveillant en raison du conflit apparent entre les fins dans le monde), en bref si nous devions baser la religion non sur le concept de Dieu comme l'être le plus parfaitement complet de tous mais seulement sur le concept d'un être qui ne serait que très complet, nos conclusions quant à la confirmation ou le réveil d'une vraie moralité seraient maigres, voire inexistantes. Quelle est, alors, l'utilité du concept naturel de Dieu ? Il ne sert à rien d'autre, manifestement, qu'à donner une image épouvantable de la fantaisie ou un objet de vénération cérémonieuse et superstitieuse, de louanges exagérées et hypocrites, ce qui est l'usage que la plupart des peuples en ont fait. Si, avant d'arriver à une théologie physique, notre raison nous a déjà appris, en revanche, que Dieu est le tout dans le tout, si, en d'autres termes, nous avons saisi, précisément par la connaissance des lois morales, le concept de Dieu en tant que gouverneur du monde selon la plus haute moralité, la connaissance de la nature nous sert admirablement alors à donner une expression plus convaincante et plus claire, pour des hommes sensibles, à nos concepts purs de l'entendement. Nous ne risquons plus, ainsi, de créer un concept incomplet de Dieu, basé sur la nature uniquement, puisque nous avons déjà obtenu par la raison un concept entièrement déterminé grâce auquel nous pouvons juger toutes les œuvres de Dieu, dans la mesure où il s'est révélé à nous de cette façon. Voilà pourquoi la révélation divine par la parole présuppose une révélation divine intérieure par la raison. Les paroles ne sont jamais, en effet, que des signes sensibles de nos pensées ; comment pourrions-nous arriver à un concept totalement pur de Dieu par le seul moyen de la parole ? Si, en revanche, notre raison a déjà abstrait ce concept à partir des choses et si elle est également arrivée, à l'aide de la moralité, à un concept entièrement déterminé de Dieu, nous avons alors une norme selon laquelle nous pouvons mesurer les expressions d'une révélation divine par la parole et les éclairer. Une théologie rationnelle devrait être présupposée même si Dieu nous apparaissait immédiatement. Comment pourrions-nous être certains, en effet, que c'est Dieu lui-même qui nous serait apparu et non un autre être très puissant ? Une idée pure de l'entendement, une idée pure de l'être le plus parfait nous sont donc toujours nécessaires afin de ne pas nous laisser aveugler et de ne pas tomber dans l'erreur. Aucune révélation divine extérieure ne peut être, par conséquent, comprise ou utilisée correctement avant que nous ne soyons en possession d'une théologie rationnelle complète. Une telle révélation, pourtant, peut être l'occasion pour des hommes de trouver des concepts de Dieu qui soient des concepts purs de l'entendement et peut donc être l'occasion de les examiner sérieusement. Si, au début des temps, une révélation par la parole était tout à fait simple, elle est devenue par la suite un objet d'érudition. Cette révélation devient, en effet, avec le temps, une affaire de tradition orale ou écrite ; il y a, alors, de moins en moins d'individus dotés d'une érudition suffisamment large pour leur permettre de remonter à ses origines et vérifier soigneusement son authenticité. Voila pourquoi la religion de la raison doit toujours demeurer le substratum et le fondement de toute vérification ; la valeur de cette révélation par la parole doit être déterminée selon elle. La religion rationnelle doit, par conséquent, précéder et servir de critère à toute révélation.

Il y a dans la théologie rationnelle beaucoup de *Credenda* ; la raison elle-même nous incite à les accepter et il s'agit d'un devoir important que de croire en eux fermement. L'objet de cette connaissance — Dieu — est d'une telle nature que l'on ne peut pas, dans ce monde, en avoir une connaissance scientifique parce qu'il dépasse les limites de l'expérience possible et parce qu'il appartient au monde des idées. Nous ne pouvons connaître de façon scientifique que ce dont nous faisons nous-mêmes l'expérience. Il est bon pour notre moralité, de plus, que notre connaissance de Dieu ne soit pas scientifique mais soit une croyance car, ainsi, l'accomplissement de notre devoir peut être plus pur et plus désintéressé. Ces objets de croyance de la théologie rationnelle imposent cependant une obligation à toute l'espèce humaine car tout être rationnel doit les accepter sans réserve, en ce qui concerne la moralité particulièrement, même s'il ne peut les prouver de façon apodictique.

Peut-il y avoir, également, dans une révélation supérieure, des *Credenda* que nous devrions accepter sans que notre raison admette la nécessité de les croire ? Cette possibilité ne peut être ni niée ni démontrée selon la raison.

D'une part, aucun homme ne peut affirmer qu'il soit impossible que Dieu ait donné aux hommes dans une révélation supérieure, afin d'amener l'espèce humaine sur la voie de sa destinée — vers son plus haut degré de perfection possible —, certaines vérités nécessaires au bonheur, vérités que la raison, conformément à sa propre formation, ne pourra peut-être jamais comprendre. Car qui oserait décider quels plans et quels moyens Dieu veut utiliser pour aider les hommes à atteindre ce qu'ils doivent être selon leur destinée ? D'autre part, notre raison ne peut comprendre comment quelque chose qui doit être nécessaire au bien-être de toute l'humanité ne se trouve pas déjà en elle, mais dépasse au contraire toute raison. Un philosophe païen, à ce propos, a porté le jugement suivant : *Quod Supra Nos, Nihil Ad Nos.* La voie que nous trace notre raison est constituée de tout ce qu'elle professe de Dieu en vue de nous rendre dignes, par la connaissance exacte et l'obéissance, d'une compréhension plus grande qu'il pourrait nous donner afin de suppléer les carences qu'elle pourrait avoir. Si nous ne pouvons, en effet, appliquer et utiliser ce qui nous a déjà été octroyé, comment pourrions-nous compter sur des cadeaux et des dons supplémentaires ?

Les mystères proprement dits sont des doctrines qui ne doivent pas être rendues publiques ; ils sont, généralement, des vérités dont la raison ne peut comprendre la possibilité ni même ce pour quoi elle devrait les accepter. Il y a de nombreux mystères naturels ; il y a également beaucoup de mystères dans la religion rationnelle. La nécessité absolue de Dieu, nécessité à laquelle la raison est pressée de croire, dans son propre intérêt, en est un exemple ; mais une fois qu'elle a accepté d'y croire, la raison reste incapable d'examiner de plus près la possibilité d'une telle nécessité. Un autre mystère est constitué par le fait qu'un Dieu juste et dispensateur de tout bonheur ne peut faire partager celui-ci qu'en fonction de la dignité du sujet et que, pourtant, il peut rendre heureux un homme qui, malgré tous ses efforts, ne se trouve pas encore, selon le tribunal de la conscience morale, à la hauteur de l'ensemble des lois de la moralité et est, donc, indigne de ce bonheur. Notre raison observe, là, un silence profond. Car si elle nous disait : « *Faites autant de bonnes actions que vous le pouvez* », cela ne suffirait pas, de loin, à nous rassurer. Quel est l'homme qui pourrait déterminer le nombre de bonnes actions dont il est capable ? Quel est l'homme qui aurait l'audace d'affirmer : « *J'ai fait autant de bonnes actions que je le pouvais* » ? Nous ne pouvons compter sur la bonté de Dieu dans ce cas car notre raison doit toujours le penser comme un juge suprêmement droit qui limite sa bonté selon la sainteté la plus exacte, sainteté qui ne laisse aucun être indigne en bénéficier. Le moyen dont dispose Dieu pour remplacer ce qui nous manque pour mériter d'être heureux reste, dès lors, un mystère impénétrable pour notre raison. Il nous suffit de devoir agir conformément aux lois morales, de nous y efforcer le plus possible, afin de nous rendre, ainsi, susceptibles et dignes d'un tel moyen. Que des miracles soient possibles, également, dans une révélation divine par la parole ne peut, en conséquence, être nié. Que de tels miracles aient lieu est une question qui n'appartient pas au domaine de la théologie rationnelle.

APPENDICE

L'histoire de la théologie naturelle
d'après l'*Historia doctrinae de uno vero Deo*
de Meiners [61]

On est, depuis toujours, tombé dans deux extrêmes lorsque l'on a considéré ce que la raison humaine connaît de Dieu. Et l'on a fondé, ensuite, la théologie rationnelle sur l'un ou l'autre de ces extrêmes, selon la diversité du système considéré.

1. Certains ont voulu absolument refuser à la raison toute capacité de connaître quoi que ce soit de vrai ou de sérieux concernant Dieu.

2. D'autres ont vanté la raison à un tel degré qu'ils ont voulu en déduire toute la connaissance de Dieu nécessaire à l'homme.

Les premiers avaient besoin d'une révélation divine verbale à tout instant ; les seconds méprisaient une telle révélation. Tous faisaient appel à l'histoire et tous se trompaient. Si l'on y réfléchit avec sincérité et avec un esprit d'investigation impartial, on découvrira que la raison a, en fait, la

capacité de se former un concept de Dieu qui soit moralement déterminé et, pour elle, peut-être complet. Mais il
nous faut également reconnaître, d'un autre côté, que ce
concept pur de la divinité ne se rencontre que rarement chez
les peuples anciens, pour de multiples raisons. La faute
n'en incombe pas à la raison elle-même mais, plutôt, aux
obstacles qu'elle rencontrait et qui l'empêchaient d'utiliser
ses compétences dans cette voie. La raison est cependant
encore loin d'avoir le droit d'être fière d'une telle capacité
et a peut-être tort de croire qu'elle puisse tout connaître de
ce qui concerne l'infini et de son rapport à cet infini. Si elle
est honnête et libre de préjugés, combien de carences et
de faiblesses ne découvrira-t-elle pas déjà dans le système
complet d'une théologie qu'elle peut concevoir ? Elle ne
doit surtout pas se vanter de sa connaissance de Dieu et si,
lors d'une révélation supérieure, des éclaircissements lui
sont communiqués sur son rapport à Dieu, elle devra, plutôt
que de les rejeter, les accepter avec reconnaissance et les
utiliser. Il est vrai que le concept moral de Dieu que nous
fournit la raison est si simple et si évident pour un entendement humain ordinaire qu'il ne faut pas une grande culture
pour croire en un souverain suprême du monde. Il est
nécessaire également à une connaissance qui intéresse la
totalité de la race humaine d'être compréhensible à tous les
hommes. Mais ce serait méconnaître les erreurs de l'entendement humain que de vouloir affirmer avec sérieux que ce
concept de Dieu est à l'abri de toute mauvaise compréhension et de toute défiguration par une spéculation vétilleuse
et qu'il est donc inutile de le sauvegarder de toute corruption au moyen d'une réflexion aiguë et profonde à la fois
et d'une critique de toute raison spéculative.

La source principale de la corruption du concept de Dieu
chez les Grecs et les Romains se trouvait dans le fait qu'ils
connaissaient peu d'éléments purs et certains de la moralité.
Ils prenaient habituellement leur devoir pour un avantage
uniquement, toute la valeur morale véritable de leurs
actions disparaissant ainsi ; pour certains, la beauté et la
grandeur de la vertu étaient fondées sur de simples émo-
tions ; pour d'autres, le principe même que se formait une

raison libre, comme norme inaltérable et condition à toutes ses obligations, n'était ni déterminé ni solidement établi. C'est pourquoi ils ne reconnaissaient aucune exigence morale à poser, avec une rigueur extrême, un législateur parfait du monde.

Les Anciens acceptaient une cause suprême d'un point de vue uniquement spéculatif, afin de compléter la série des causes et des effets. Mais ils tombaient dans un polythéisme qui se multipliait à l'infini selon des concepts uniquement naturels, car la nature ne peut jamais conduire qu'à un auteur du monde puissant et intelligent mais, en aucun cas, à celui qui possède toute la réalité. Si certains acceptaient une cause unique du monde par souci d'une plus grande harmonie, cela ne restait, fondamentalement, qu'un concept déiste parce qu'ils n'y voyaient pas un auteur du monde suprême et souverain mais uniquement une source suprême de tout. En fait, les peuples anciens n'avaient aucun concept de Dieu qui pût être utilisé comme base de la moralité. **Meiners** a certainement raison sur ce point ; si, comme il croit, cela est dû à la nécessité d'une très grande culture et d'une connaissance scientifique, ce dont les peuples anciens manquaient pour arriver à un tel concept, il n'en est pas de même du simple concept moral de Dieu. Car il n'est presque rien de plus facile que de penser un être absolument suprême qui soit le tout dans le tout. Il est bien plus difficile de diviser la perfection et d'attribuer à l'un une perfection, à l'autre une autre, car l'on ne sait jamais quelle part donner à chacun. On peut toutefois l'admettre si cela permet de comprendre qu'une certaine connaissance et réflexion scientifique sont nécessaires, ne serait-ce que pour sauvegarder ce concept du point de vue de la spéculation. Cependant, cette réflexion n'est pas nécessaire avant que l'intellect humain, malgré son acuité, n'ait commencé à se perdre dans les nuées de la spéculation, ce pour quoi une certaine culture est indispensable.

Les Egyptiens n'avaient qu'un concept déiste de Dieu ou, plus exactement, un horrible concept polythéiste. L'opinion, pourtant basée sur les récits d'**Hérodote**, selon laquelle toute la science et la culture grecques provenaient

de l'Egypte, n'est qu'un préjugé car la situation et la constitution du pays, la tyrannie de ses pharaons et l'usurpation
de ses prêtres ont transformé ce peuple en une masse igno-
rante, mélancolique et morne. Nous n'avons également
aucune preuve que les Egyptiens aient dépassé d'autres
peuples de cette époque dans un domaine quelconque de la
connaissance utile, à moins de considérer comme tels l'art
divinatoire et l'interprétation des rêves. Ces hommes
devaient, certes, déjà posséder certaines sciences, telle la
géométrie, ne serait-ce que pour peupler leur pays et le rendre habitable car, sans ces sciences, l'inondation annuelle
du Nil aurait détruit tous leurs biens. En outre, les prêtres
avaient un véritable monopole sur presque tous les arts que
possédaient les Egyptiens à cette époque mais ils ne les
laissaient pas au bien commun car leur autorité en aurait
été ruinée et leur avidité battue en brèche. Les historiens
les plus crédibles du monde antique nous informent, de
plus, sur les sciences que les Grecs ont inventées et sur la
date de cette invention ; parmi celles-ci on en trouve certaines, précisément, dont on avait la folie d'attribuer la provenance aux Egyptiens.

On peut aussi expliquer raisonnablement l'adoration des
animaux, tout au moins son origine. Ces animaux n'étaient
peut-être, initialement, que de simples blasons des villes,
que chacune choisissait pour se distinguer des autres, et
qu'elles gardaient par la suite pour finir, aveuglées par la
superstition, par les reconnaître comme des dieux protec-
teurs et par les adorer. On ne peut certainement pas dire de
ces hommes qu'ils étaient tolérants bien que **Hume**, dans
sa *Religion naturelle*, ait attribué, avec raison, cette caractéristique au polythéisme. Il n'était pas rare, en effet, qu'une
ville ait un dieu protecteur qui soit directement opposé à
celui d'une autre, le chien pour une ville et le chat pour
l'autre, par exemple. Pour cette raison précisément, les
habitants de chacune étaient ennemis car ils croyaient
qu'une déité s'opposait toujours à une autre, empêchant
ainsi ses protégés de recevoir tous les bienfaits qu'elle leur
octroyait habituellement.

Les Grecs et certains autres étaient, assurément, tolérants
entre eux et même relativement tolérants à l'égard des peuples païens ; car ils reconnaissaient leurs propres déités
dans les déités des autres peuples puisque, dans la plupart
des cas, elles avaient les mêmes attributs ; seuls les noms
étaient différents. C'est précisément pourquoi les païens
tenaient les Juifs en horreur car, selon ces derniers, leur
déité s'élevait au-dessus de toutes les autres, sa nature et sa
volonté n'ayant rien de commun avec les qualités de celles
des autres peuples. On comprend ainsi facilement que le
monothéisme ou, plus exactement, les Juifs qui le défen-
daient aient été si intolérants vis-à-vis de tous les païens.

Les Perses, les Hindous et d'autres peuples païens des
temps anciens possédaient une théologie plus compréhensible que celle des Egyptiens. Ils priaient, certes, plusieurs
dieux mais le concept qu'ils s'en formaient était néanmoins
passablement digne de son objet, même si leurs dieux
étaient plutôt corrompus. Il nous faut bien avouer que pratiquement tous ces peuples avaient au moins une pensée,
même si elle était obscure, d'une divinité suprême au-dessus de l'ensemble de ces idoles, ne fût-ce qu'en tant que
simple source de laquelle tout, même les dieux inférieurs,
provenait et bien que cette divinité suprême ne se préoccu-
pât en aucune façon du monde. Cette représentation est
encore celle que certains païens ont de Dieu. Leur concept
de Dieu étant tiré du monde uniquement, il leur est tout à
fait naturel de le considérer, par analogie à la nature,
comme une source féconde dont tout est issu.

Chez les Grecs, nous ne trouvons aucune théologie naturelle avant l'époque de ceux que l'on a appelés les sept
sages. Pendant longtemps leurs concepts sont restés déistes,
jusqu'à ce que **Anaxagore** et **Socrate**, enfin, aient posé
Dieu comme fondement de la moralité. Or, à cette époque,
la moralité elle-même était déjà fondée sur des principes
sûrs et il était donc facile d'établir un concept moral de
Dieu, le seul qui fût avantageux et vraiment utile à l'humanité. Mais dès que l'on chercha à connaître ce Dieu comme
un principe de la nature et que l'on commença à spéculer
sur son être, on tomba dans l'erreur. **Platon** et **Aristote** [62]

ont maintenu, certes, un concept déterminé, pur et moral de Dieu parce qu'ils ne l'ont utilisé qu'en vue de la moralité. Mais **Epicure** et d'autres, qui voulaient fonder également les sciences naturelles sur ce concept, se sont trouvés ainsi dans l'embarras ; ils ont manqué abandonner toute moralité et sont tombés dans le scepticisme. Combien de connaissances et quelle prudence auraient été nécessaires, dans leur cas, pour relier à la fois la science et la moralité sans tomber dans l'erreur en raison du conflit apparent entre les fins dans le monde ! On doit avouer, néanmoins, que, pour son époque, **Epicure** a gardé ses concepts de Dieu assez purs puisqu'il les comprenait uniquement dans un sens spéculatif. Mais ne pouvant utiliser ses concepts comme incitation à la moralité, **Epicure** et son école en perdaient l'avantage le plus important. Les Stoïciens avaient, sans doute, les concepts de Dieu les plus purs et ils les ont effectivement appliqués à des buts pratiques. Ils ne pouvaient, pourtant, s'élever suffisamment haut pour concevoir Dieu comme créateur du monde. Car même s'ils ont utilisé le mot *Creator* pour le désigner, ils n'entendaient par-là, quand on y regarde de plus près, que le concept d'architecte. Ils acceptaient toujours, en effet, en même temps que Dieu, et éternelle comme lui, une matière avec laquelle Jupiter avait formé et organisé les choses dans le monde ; pour eux, Jupiter n'était pas le Dieu poétique du tonnerre mais, au contraire, le Dieu suprême, au-dessus de tout. Si l'on considère qu'ils commettaient une faute pour avoir soutenu la nécessité des choses dans le monde et de leurs transformations, on est alors injuste à leur égard car ils ont soigneusement fait la distinction entre destin et nécessité et ne comprenaient par *destin* rien d'autre que le gouvernement et la prévoyance de Dieu. Pour justifier la perfection suprême de Dieu en face du mal et de la misère qui se trouvaient dans le monde, ils en ont attribué la faute à l'inaptitude de la matière qui ne pouvait pas toujours servir les plus hautes intentions de l'architecte.

Quelle chance avons-nous que ni le mal moral, ni le mal physique ne puissent ébranler notre croyance en un Dieu qui gouverne le monde selon les lois morales !

1. Cette première phrase est lourde de conséquences. Qu'il suffise pour le moment de souligner le rôle central qu'occupe cette idée de la perfection suprême dans la philosophie critique de Kant, car dans le vocabulaire « kantien » l'idée de la perfection suprême signifie l'idée du système complet du Tout, ou encore, plus simplement, *Dieu*, l'idéal de la raison pure.

2. On verra par la suite, dans le « *Théisme moral* », le rôle particulier que joue cette marque de divinité, « l'amitié la plus parfaite », comme l'analogie la plus appropriée pour exprimer la relation religieuse entre Dieu et l'homme.

3. Ici nous sommes non seulement au centre de la philosophie critique de Kant, à savoir dans la *Dialectique transcendantale* de la raison pure (on verra par la suite le rôle qu'y joue déjà la raison pratique), mais aussi au sommet de ses idées transcendantales, c'est-à-dire de l'idéal même de toute unification de l'esprit humain. Voici une explication du début : une idée est un concept qui nous est nécessaire comme échelle de référence (« *Maastabe* », ou critère) afin de mesurer, donc de déterminer ou encore d'apprécier, les différents « degrés » des choses, sans que l'on puisse pour autant percevoir la « réalité » de l'idée elle-même. Ceci ouvre, dans ce qui suit immédiatement, la discussion sur le statut de l'idée chez Kant. D'une part l'idée est critère ; elle nous est nécessaire pour déterminer des choses. De l'autre elle n'est pas réelle. Critère, elle contient en elle une certaine complétude, ou totalité, mais est, de ce fait, éloignée de toute réalité concrète, objective. Elle est *notionnelle* par nature et, au sommet de ses possibilités *idéationnelles*, elle devient « idéal ». Pourtant, elle n'est pas simple utopie ou chimère parce qu'elle nous guide par principe dans nos entreprises les plus diverses et les « arrange ». L'idée est régulatrice par excellence.

Platon, philosophe grec, disciple de Socrate, est surtout connu pour sa théorie des Idées, ou essences immuables dont le monde sensible n'est que l'image. La connaissance est donc, selon Platon, une vision et la sagesse une contemplation de ces Idées. Voir à ce propos la *Critique de la raison pure*, A 314ff, et les remarques pertinentes dans Cassirer : *Kant*, chapitre v.

4. « *Une telle idée* » ; essayons d'être à la fois clairs et concis. L'Idée en question ici est celle déjà évoquée, l'idée de la perfection suprême, en d'autres termes Dieu ou l'idéal de la raison pure. Kant a détaillé les composantes de cette idée à plusieurs reprises dans son œuvre. Ces composantes représentent et réunissent les trois étapes de la raison dialectique, raison qui se cherche au-delà des limites de toute expérience possible. Elles deviennent ainsi transcendantes et, comme telles, sont des illusions.

Rappelons, ne serait-ce que très brièvement, la position kantienne sur la théorie de la connaissance. Il n'y a véritablement de « connaissance » que si celle-ci est *éveillée* par l'expérience d'une part et préconçue par la puissance de saisir l'essence de cette expérience d'autre part. Toute connaissance objective est une saisie d'objets donnés dans une structure conceptuelle préétablie. Cette saisie de l'objet possible (qui « se donnerait ») ou, si l'on préfère, de ses conditions de possibilité (dans les intuitions : l'espace et le temps) est donc une connaissance *a priori*, c'est-à-dire une connaissance qui se veut à la fois nécessaire et universelle. Les choses physiques (la science naturelle) peuvent être ainsi connues dans la mesure où elles manifestent une essence, une *collection* de traits à la fois intuitionnels (dans l'espace et le temps) et catégoriels qui les rendent susceptibles d'être objectives. C'est ainsi que l'*Analytique transcendantale*, suite de l'*Esthétique transcendantale*, expose les structures principielles de l'essence de toute réalité objective ou, si l'on veut, de tout objet physique, et montre de quelle manière celle-ci s'accorde avec les structures de l'entendement pur.

Or, l'idéal de la raison pure, Dieu, l'idée de la perfection suprême, télescope, si l'on peut dire, l'ensemble des trois éléments qui sont nécessaires à cette idée unique et suprême. Il y a tout d'abord l'élément de l'unité du sujet, c'est-à-dire l'unité la plus complète du sujet avec tous ses attributs et, pour l'idée de Dieu, cela signifie toutes les réalités ; comme le disaient les théologiens scolastiques : « *Dieu est l'idée dont une plus grande n'est pas possible.* » Le deuxième élément souligne l'aspect de déduction ou production des choses existantes et nous renvoie à l'idée d'un être suprême qui en est leur cause. Enfin, l'idée de la perfection suprême elle-même qui, en ramassant la diversité de la production, nous ramène à l'idée de l'unité originaire comme à la source la plus complète parce qu'unifiant source et diversité qui s'expriment ainsi ensemble comme la plus grande perfection, la Totalité de la communion du Tout. Si les deux premières idées, celle du sujet, ou de l'âme, et celle du monde, restent en « contact » avec la réalité sur un point précis, même si ce point n'est qu'illusoire, dans la troisième idée il n'y a plus aucun rapport avec le sujet (fini) ni avec le monde (phénoménal). C'est pourquoi Kant « déplace » cette dernière idée en la nommant « Idéal ». Mais ce faisant, il nous pousse aux extrêmes limites de la pensée, du concevable. Il nous invite à considérer Dieu comme « but », comme destination de notre pensée. Dieu n'est plus ainsi à contempler comme grand, comme être fondateur seulement, mais à considérer comme objectif, comme projet de l'humanité, comme le Devoir-Être de l'homme.

5. Cette phrase peut être entendue comme un avertissement aux jeunes théologiens qui risqueraient de sombrer dans le panthéisme. On connaît l'importance de cette question pour l'Allemagne des années 1780. Sans le préalable d'une critique transcendantale des notions de Dieu (ce qui est l'objet de la première partie des *Leçons*, sections I, II et III), le jeune théologien pourrait être tenté de voir dans ces trois éléments nécessaires à l'idée de Dieu une tendance vers le Spinozisme. Cette phrase annonce donc très clairement la position de Kant :« *Le monde dépend de Dieu* » et aucunement la position inverse qui est celle des disciples de Spinoza.

6. L'intéressant ici est de voir le rôle qu'attribue déjà Kant à l'entendement (« *Begriff* »), c'est-à-dire l'activité de synthèse qui est propre à l'esprit humain et qui cherche toujours à aller de l'avant et à comprendre plus et mieux.

7. Kant parlera plus en détail du mal par la suite (dans la section qui traite de la providence et de la justice divines, deuxième partie, troisième section).

8. L'exemple ici proposé par Kant est frappant parce qu'il renforce sa notion d'enseignement, de pédagogie. Comme on le sait, c'était Jean-Jacques Rousseau (1712-1778, philosophe et penseur genevois) qui, le premier, avait avancé l'idée de l'enfance comme étape propre dans le développement de l'individu. C'était une idée toute nouvelle : l'enfant n'était plus un petit homme mais vraiment un enfant. Kant en conclut qu'il faut respecter ce stade, c'est-à-dire, d'un point de vue pédagogique, ne pas trop ni trop vite anticiper sur les capacités intellectuelles et morales des jeunes. Au contraire, un bon maître doit se mettre à la place de l'élève ou de l'étudiant. Nous l'avons déjà dit, Kant s'adressait à des étudiants en Théologie, avec toute l'habileté et la prudence nécessaires de ce point de vue religieux. Mais il s'adressait avant tout à des étudiants. Or un étudiant est différent du maître et il faut donc supposer que son point de vue, si imprégné de bonne « foi » soit-il, soit plutôt un point de vue « dogmatique ». C'est ce que Kant va prendre en considération pour amener ses étudiants pas à pas vers une vision plus critique des choses. Il va commencer par examiner ce point de vue naïf, pour ne pas dire cynique, afin, ensuite, de le décomposer, de « séparer le bon grain de l'ivraie » en quelque sorte, afin de les amener, une fois achevée la critique négative de la théologie (critique effectuée dans la partie transcendantale des *Leçons*), vers une conception plus pratique de Dieu, celle qu'il élabore dans son « Théisme moral ».

9. *Cyropaïdie*, ou *Cyropédie*, livre de Xénophon qui décrit l'éducation *idéale* de Cyrus le Grand, roi des Perses, génie militaire et politique, connu pour sa grande tolérance. Ainsi, selon Xénophon, Cyrus incarne l'idée du roi parfait et devient par conséquent son idéal.

10. Changement de registre capital. Ici Kant reprend, dans l'ordre, les éléments nécessaires à notre conception de la perfection, mais les expose cette fois-ci de façon métaphysique : Dieu est donc un être qui exclut, qui

contient, etc. D'où une confusion, un mélange qu'il lui faudra *décomposer* par la suite pour différencier un langage transcendantal acceptable pour la philosophie critique et un langage qui, tant qu'il reste métaphysique, c'est-à-dire dogmatique, est à condamner comme erreur. Voir à ce sujet les beaux propos de Philonenko, *L'Œuvre de Kant*, vol. 1, le paragraphe 24 en entier, pages 306-318.

11. Comme nous l'avons déjà dit, la raison n'a pas besoin de l'existence de Dieu pour penser son Idéal. L'Idéal est donc l'archétype, ou *prototypon*, c'est-à-dire la forme originelle de toutes les choses, tandis que *l'ectypa*, c'est-à-dire les copies dérivées de cet originel ne sont que des imitations de celui-ci, néanmoins indispensables à l'être humain. Voir aussi *Critique de la raison pure*, A577.

12. La « raison paresseuse », véritable leitmotiv des *Leçons*, est une raison qui, comme l'indique son nom, cherche la facilité, ne travaille pas. Kant n'a de cesse de combattre cette façon de ne pas s'adresser aux vrais problèmes, car la raison paresseuse cherche plutôt à recourir à des notions extraordinaires, telles qu'un Dieu *bouche-trou*, ou un Dieu *béquille*.

13. Notion fondamentale dans la pensée de Kant. Séparée de la moralité, la théologie n'a qu'une valeur négative, critique, par rapport aux notions reçues du divin. En revanche, une fois unie à la moralité, la théologie devient un théisme moral, ce qui forme ainsi la base de toute religion.

14. Plus haut, dans ce même paragraphe, Kant utilise le terme de théologie rationnelle, alors qu'ici il parle de théologie naturelle (et de religion naturelle). Comment expliquer ce glissement ? La théologie rationnelle au sens large s'oppose à une théologie ou religion qui relève du sens commun et qui, tout en n'étant pas systématique, garde, on le verra par la suite, une grande valeur morale sur le plan pratique.

15. Ici, la théologie naturelle est à prendre au sens strict, philosophique ; ainsi *naturel*, ayant un rapport au monde ou à l'âme, s'oppose à *transcendantal*, défini uniquement par des concepts purs de la raison.

16. Ayant défini le concept de Dieu comme celui de l'être qui possède toutes les réalités, Kant peut maintenant présenter diverses appellations ontologiques. Dans l'ordre : l'être originel (original, originaire), l'être suprême, l'intelligence suprême, enfin le bien suprême.

17. Anselme, théologien et philosophe du XIᵉ siècle, qui aurait, le premier, exposé l'argument ontologique.

18. Leibniz (1646-1716), penseur d'une érudition universelle, était considéré comme le plus grand philosophe allemand du XVIIᵉ siècle. C'est Leibniz qui inventa l'expression *argument cosmologique*, c'est-à-dire l'argument de l'existence de Dieu à partir de faits contingents (d'où monde ou cosmologique).

19. Wolff (1679-1754), disciple de Leibniz, est connu comme un champion des Lumières, surtout pour sa méthode démonstrative. Si Kant mentionne Leibniz et Wolff ensemble, c'est que, pour lui, leur attitude philosophique, fondamentalement dogmatique, était identique. Kant utilise même l'expression *Leibnizo-Wolffien*, in *Critique de la raison pure*, A273.

20. Anaxagore, philosophe grec, est généralement considéré comme le fondateur de l'argument physico-théologique, l'argument de l'existence de Dieu à partir du principe téléologique.

21. Socrate, philosophe grec, considéré comme le père de la philosophie en raison de son génie à éveiller les esprits à la réflexion et à la moralité.

22. Descartes (1596-1650), philosophe et savant français, qui, par ses exigences en matière de raison, d'ordre et de vérité fonda une nouvelle philosophie basée sur l'idée de méthode ; ainsi, Descartes fut le fondateur de la philosophie moderne.

23. Epicure, philosophe grec, prêchait une doctrine atomiste qui avait comme fondement la notion selon laquelle les dieux étaient totalement éloignés du monde, qu'ils vivaient une béatitude totale qui serait *gâchée* s'ils s'occupaient des affaires humaines.

24. Comme Kant l'a déjà souligné (*supra*, p. 15), le théisme moral est une nouvelle conception de la théologie :

il considère Dieu avant tout comme l'auteur des lois morales ; il est ainsi la véritable théologie qui sert de fondement
à la religion.

1

LA THEOLOGIE TRANSCENDANTALE

25. On remarquera, outre les nouvelles appellations de
Dieu, l'*ens maximum* (littéralement : l'être le plus grand)
puis l'*ens entium* (l'être des êtres), le langage fortement
métaphysique de ces propos.

26. *Cf.* note du paragraphe 43 des *Prolégomènes* : « *Le
principe ontologique de la détermination intégrale d'une
chose en général (de tous les principes opposés possibles,
il en revient un à chaque chose), qui est en même temps le
principe de tous les jugements disjonctifs, a pour fondement
l'ensemble de toute la possibilité, dans lequel la possibilité
de chaque chose en général est envisagée comme déterminable. Cela sert à éclairer quelque peu la proposition énoncée plus haut : à savoir que l'opération de la raison dans
les raisonnements disjonctifs est, quant à la forme, identique à celle par laquelle elle établit l'idée d'un ensemble de
toute la réalité qui contient en soi le positif de tous les
prédicats opposés entre eux.* »

27. Cette conceptualisation de Dieu comme fondement
(*Grund*) fut avancée par Kant dès 1763 dans son *Unique
fondement* comme une des preuves de l'*existence* de Dieu.
Bien que vidée de son aspect démonstratif, cette notion
reste tout de même valable dans nos constructions du
concept du *divin*. Brièvement, de la possibilité comme
conséquence, l'esprit s'élève à l'idée de Dieu comme son
fondement. Alors, bien que l'esprit, parce que libre, puisse
nier toute existence, ce qu'il ne peut se permettre c'est d'affirmer cette possibilité d'existence et, en même temps, de
nier son fondement. Car il est impossible de le nier sans
penser, et *penser* c'est affirmer cette possibilité. Voir : *Uni-*

que fondement, pp. 87, 88, et plus loin p. 178 et suivantes, sur la *toute-suffisance* de Dieu.

28. Kant expliquera par la suite que c'est seulement par le moyen de l'analogie, cette « *voie excellente* », que nous pouvons correctement concevoir la relation qui doit exister entre Dieu et le monde. En deux mots, au lieu d'utiliser la notion de causalité au sens strict de cause à effet, qui relève plutôt des sciences naturelles, il vaut mieux la comprendre comme le rapport de fondement (Dieu comme origine) à conséquence (ce qui en résulte : la création, le monde). Pour cette notion transcendantale de Dieu comme fondement, voir *Critique de la raison pure*, A 696 et suivantes.

29. «*L'être n'est donc manifestement pas un prédicat réel.* » Thèse fondamentale kantienne. Rappelons-la brièvement : toute affirmation de l'existence d'un concept, *Dieu* par exemple, est ou analytique (l'acte de *poser* cette existence logiquement par la simple copule *est*), ce qui n'ajoute rien au concept lui-même, ou synthétique (l'existence en question est jugée, dans et par mon acte de synthèse, conforme aux intuitions et catégories). Elle fait ainsi partie des objets de l'expérience, déterminant par-là sa schématisation dans ma conscience. En d'autres mots, *être* n'est pas un simple prédicat similaire aux autres. *L'être* relève de toute une épistémologie, de toute une théorie de la connaissance. En effet, il faut aller au-delà du simple concept (*Cf.* p. 55) pour pouvoir lui attribuer légitimement l'existence réelle ; il faut pouvoir faire la synthèse complète entre tous les éléments dans une proposition et passer par les formes de l'intuition sensible et les règles des catégories, pour *vérifier* si telle ou telle existence affirmée est en conformité avec les normes d'objectivité. A ces conditions épistémologiques seulement, peut-on dire de quelque chose qu'il existe en réalité (voir *Critique de la raison pure*, A 597-599).

Dans ce sens, *l'existence* est un problème épistémologique qui ne peut être résolu que par référence aux postulats de la pensée empirique en général, c'est-à-dire par rapport « *au contexte de toute expérience* », puisque le concept d'existence est, chez Kant, systématique. Son critère est la capacité pour le *quelque chose* dont il est question de rentrer dans ce système d'expérience empirique. C'est donc seulement quand ce *quelque chose* satisfait à ces exigences et, ainsi, trouve sa position catégorielle, que l'on peut affirmer son existence réelle (voir aussi la belle analyse proposée par Philonenko, *Kant*, vol. 1, p. 306 et suivantes).

30. Voir *supra* : p. 33 des *Leçons* et notre commentaire.

31. « *Möglich sein soll* » (édition de Pölitz, p. 68). Deux remarques : le mot *möglich* est évidemment un contresens ici, vu le sens global de l'argument développé. Une reprise de ce même argument plus loin (pp. 108, 109) confirme bien l'intention de Kant ; si besoin est, on peut consulter la *Critique de la raison pure* (A593) où l'on retrouve le même problème, signalé d'ailleurs dans la plupart des éditions de ce texte. Voir, par exemple, *Kritik der reinen Vernunft*, p. 567, Felix Meiner, Hamburg, 1956.

32. Haller (1708-1777), naturaliste suisse, était également un poète d'une certaine renommée.

33. Eberhard (1739-1809), philosophe allemand, contemporain de Kant. Dans les universités allemandes de l'époque, les professeurs devaient suivre et commenter des textes imposés par les autorités.

34. Un *rien négatif*. Comme Kant l'explique dans la *Critique de la raison pure*, ce *nihil negativum* est un objet vide sans concept. Voir A292.

35. Référence à *L'unique fondement possible d'une démonstration de l'existence de Dieu*, publié par Kant en 1763.

36. Newton (1642-1727), mathématicien, physicien et astronome anglais dont les théories scientifiques, considérées comme le summum de la pensée scientifique de l'époque, avaient une influence considérable sur Kant.

37. Baumgarten (1714-1762), philosophe allemand, disciple de Wolff. C'est le plan de son livre *Metaphysica* que suit Kant ici.

38. Spinoza (1632-1677), philosophe et penseur hollandais d'une très grande érudition scientifique comme religieuse, fut souvent accusé de panthéisme à cause de son affirmation de l'unité unique d'une substance infinie cause

d'elle-même, les autres *êtres* n'étant que des modes de celle-ci.

39. « *Beziehe* » (édition de Pölitz, p. 86). Le fait qu'il manque une négation semble évident en raison de la cohérence interne de l'argument et par les stricts parallèles que l'on trouvera plus loin (*Leçons*, p. 92, p. 169). Par ailleurs dans la *Vernunft-Theologie*, dite de *Magath* (Akademie, vol. XXIX, pp. 1047-1077), on peut lire (p. 1065) : « *beziehe auf mich* ».

40. On trouvera dans la *Critique de la faculté de juger* (paragraphe 77) une discussion similaire à celle de cette section des *Leçons* (pp. 89-91), sur la faculté de connaissance divine.

41. Pour respecter l'aspect verbal, nous avons cru bon de conserver le mot *entendre*. Substantivés, ces trois verbes, *Wissen, Glauben* et *Meinen*, deviennent *science, foi* (ou *croyance*) et *opinion*. Voir dans la *Critique de la raison pure* (Méthode, chapitre II) la section consacrée à ces expressions, ainsi que les remarques dans notre présentation et celle de Philonenko, *Kant*, vol. II, p. 220.

42. « *La sagesse présuppose une capacité (ou faculté) de désir.* » Sans une connaissance plus approfondie de l'œuvre de Kant, cette phrase peut étonner. En fait, Kant fournit les premiers éléments de compréhension de ces propos dans les pages suivantes des *Leçons* (pp. 98-100), en attendant une discussion plus élaborée dans la seconde partie, La Théologie Morale, la section consacrée au sens de la création (*Leçons*, p. 161 et suivantes).

43. Souvent traduit par *prudence*, le mot allemand *Klugheit* se prête à des nuances variées ; notons, entre autres, *finesse, ingéniosité, perspicacité, sagacité*... Voir, à ce propos, Philonenko, *Kant*, vol. II, p. 124 et suivantes, mais aussi p. 117.

44. Sur le fond de cette discussion du *bonheur* et de son caractère contingent, ainsi qu'au sujet des exemples amusants qu'il propose à notre réflexion, voir Philonenko, *Kant*, vol. II, p. 130 et suivantes.

45. Sur le fond de cette question, voir Philonenko, *Kant*, vol. II, p. 182 et suivantes, ainsi que plus loin ici (*Leçons*, p. 111).

46. Hume (1711-1776), philosophe écossais, critique de toute position dogmatique, son scepticisme empiriciste eut une grande influence sur Kant. Ses *Dialogues sur la religion naturelle* furent publiés en 1779.

2

LA THEOLOGIE MORALE

47. « *Le concept de Dieu n'est pas un concept naturel.* » Affirmation très ferme de l'échec des preuves de la théologie naturelle : l'idée de Dieu ne peut en aucune façon être déduite de la nature.

48. On revient au leitmotiv de la raison paresseuse qui cherche à éviter l'effort de ses propres recherches dans la nature par un recours à un *Deus Ex Machina* qui achèverait la tâche de la raison à sa place. Voir *Critique de la raison pure*, A 689-692, pour une discussion de cette façon erronée de procéder, ce que Kant appelle alors *Ignava Ratio*, c'est-à-dire raison paresseuse, ainsi que la note qui explique le sens de cette expression. On peut également consulter à ce propos Philonenko, *Kant*, vol. II, p. 324 et suivantes.

49. Chez Kant, un postulat moral, quoique non démontrable, est tout de même nécessaire à la loi morale pour l'exécution de notre devoir moral. Pour une discussion plus ample, voir *Critique de la raison pratique*, première partie, livre II, chapitre VI.

50. Cette phrase exprime négativement ce que Kant appelle ailleurs l'impératif universel du devoir : « *Agis comme si la maxime de ton action devait être érigée par ta volonté en loi universelle de la nature.* » Voir les *Fondements de la métaphysique des mœurs*, pp. 285 et suivantes de l'édition de la Pléiade, vol. II.

51. Tout comme dans la philosophie spéculative Dieu est l'idéal de la raison pure, dans la philosophie morale il est l'idéal de la raison pratique. On mesure par les termes de cette phrase à quel point, même dans la moralité, l'idée

de Dieu est une fonction de nos exigences rationnelles. Sur ce même point, voir plus loin dans les *Leçons*, p. 149.

52. La *Théodicée* de Leibniz, un essai de justifier l'essence bonne de Dieu par rapport au mal dans le monde, fut publiée en 1710. En deux mots, la question présentée est la suivante : Si Dieu est bon, pourquoi le mal et d'où provient-il ?

53. Pour une compréhension approfondie de ce passage (*Leçons* pp. 129 et suivantes) consacré au mal dans le monde et des objections que Kant propose à notre réflexion, voir l'excellente mise en perspective de ces préoccupations faite par Philonenko, *Kant*, vol. II, pp. 25-88.

54. A ce point précis, on trouve dans l'édition de Pölitz (p. 151) l'unique renvoi à une note en bas de page que nous avons cru bon de présenter hors texte : « *Il est intéressant de comparer ces propos de Kant ici avec ses thèses futures sur le mal radical que, il ne faut pas l'oublier, Kant a écrites pendant le ministère de Wöllner.* » Wöllner fut chargé de la censure après la mort du roi de Prusse Frédéric II, en 1786. Pour le contexte historique, voir Philonenko dans son Introduction à *Qu'est-ce que s'orienter dans la pensée ?*, pp. 23 et suivantes ainsi que pp. 59 et suivantes.

55. Shaftsbury (1671-1713), philosophe anglais, a basé sa doctrine morale sur l'idée d'un sens inné du beau et du bien chez l'homme.

56. Le *phlogistique*, ou feu (du grec *flammable*), était considéré comme un des matériaux ou principes de la composition des corps. Développée surtout en Allemagne par le chimiste Stahl (1660-1734), la notion de phlogistique fut ruinée par le chimiste français Lavoisier (1743-1794) en 1785.

57. La référence concerne l'œuvre de Kant écrite en 1759 : *Essai de quelques considérations sur l'optimisme*. La phrase allemande originale a toutes les marques d'une scholie : « *Ein Mehreres in Kants Versuch einiger Betrachtungen über den Optimismus.* »

58. « Beste » dans le texte de Pölitz (p. 187), ce qui est un non-sens complet vu le contexte. Deux remarques : en premier lieu, le passage auquel renvoie Kant considérait

justement la difficulté de comprendre le mal dans le monde le meilleur ; on peut également, en second lieu, consulter la *Vernunft-Theologie* (p. 1073) où l'on voit bien, dans un passage similaire, qu'il s'agit de « Böse ».

59. La notion de substance est très complexe et n'admet pas une simple explication une fois pour toutes. A chaque évocation du sujet, il faut garder à l'esprit le contexte. Ainsi, dans les *Leçons*, cette notion apparaît : page 68, où Dieu est considéré comme substance, « *en tant que chose* » ; p. 74, où Kant discute de la notion de substance chez Spinoza ; ou encore, p. 169, où Kant parle de substance en rapport à la causalité et de la Providence. Ces évocations sont souvent métaphysiques, donc inacceptables du point de vue transcendantal, ou analogiques, ce qui est la seule façon correcte de parler de la relation entre l'homme et Dieu. Pourtant, et Kant est lui-même le premier à en être conscient, la notion de substance comporte toujours un risque d'être utilisée de façon dogmatique.

Bien sûr, en tant que catégorie, la substance est une affirmation, un jugement synthétique portant sur le caractère permanent des apparences sensibles. Voir *Critique de la raison pure*, A 182 et suivantes, ainsi que la fine analyse du sujet dans Philonenko, *Kant*, vol. I, pp. 205 et suivantes.

60. Ici, on est en présence de deux expressions difficiles à traduire de façon pleinement satisfaisante dans leur contexte. Le mot « *Innere* » se traduit soit par intérieur soit par intrinsèque ; nous avons ici opté pour intrinsèque, qui nous a semblé plus adapté au contexte. Le mot « *Innig* » signifie intime, ce qui, au sens étymologique, veut dire le plus intérieur. C'est pourquoi nous l'avons conservé malgré de possibles incompréhensions.

61. Meiners (1747-1810), historien allemand qui se dévoua à des recherches en histoire de la religion.

62. Aristote, philosophe grec d'une érudition encyclopédique, voyait dans la philosophie la totalité ordonnée du savoir humain.

Lecture commentée
des
*Leçons sur la théorie philosophique
de la religion*

Structure et mouvement
des Leçons sur la théorie philosophique
de la religion

Ce qui est nouveau, et ce qui frappe dès le commencement d'une lecture des *Leçons sur la théorie philosophique de la religion*, c'est que, pour la première fois, Kant renverse complètement sa façon de présenter ses idées critiques. Là où, dans la *Critique de la raison pure* et dans les *Prolégomènes*, Kant procédait de manière cumulative, en partant d'éléments d'abord séparés pour arriver à une notion complète de son système, dans les *Leçons* il procède de façon diamétralement opposée et commence par la « Totalité », pour ne pas dire la complexité confuse, qui est le propre des débuts tâtonnants de toute prise de conscience, pour, peu à peu, défaire, décomposer cet ensemble en attribuant à ses divers éléments leurs domaines respectifs.

Ici, le point de départ est l'Idée de « perfection suprême [1] », le concept de Dieu qui, autrefois, faisait l'objet

_____
1. *Leçons*, p. 51.

d'une métaphysique spéciale selon la philosophie scolastique (et c'est cette méthode scolastique que suit Kant dans la *Critique de la raison pure* et dans les *Prolégomènes*, approche qui part d'une Ontologie générale pour se diriger vers une critique de l'Ontologie spéciale, c'est-à-dire de l'Ontothéologie[1]). Kant commence ici par démontrer au lecteur qu'il ne peut plus — sauf à vouloir renoncer à son humanité — prétendre connaître Dieu parce que ce qui constitue le propre de la faculté de connaissance humaine, c'est-à-dire l'intuition sensible et les concepts discursifs, fait défaut quand l'homme essaie de dépasser sa condition et ne lui permet par conséquent pas de connaître quoi que ce soit en dehors du domaine limité de l'expérience humaine.

Progressivement, pendant toute la partie sur la critique transcendantale des preuves de *l'existence* de Dieu, Kant n'a de cesse de nous rappeler notre *finitude*, nos limites épistémologiques. Etape par étape, il nous montre la nécessité, pour notre connaissance, de la sensibilité et de la discursivité qui sont, précisément, à l'opposé de l'Idée de Dieu, laquelle n'est ni déductible de l'expérience sensible, parce que non localisable, ni déductible de l'expérience intellectuelle parce qu'immédiate, c'est-à-dire sans médiation ni élaboration.

Mais après cette décomposition, après avoir, une fois pour toutes, délimité ce que l'on peut prétendre connaître (les sciences et les mathématiques), en d'autres termes ce qui relève de la nature, de notre capacité de la penser, il affirme que c'est précisément en définissant les limites de la raison humaine que nous sommes autorisés à penser et à croire en un nouvel ordre du réel, moral celui-ci, qui vient démarquer les frontières du domaine *naturel*. Il y a donc d'une part une métaphysique immanente, ce qui reste après avoir écarté les illusions transcendantales de la métaphysique classique, et de l'autre une métaphysique morale qui

---

1. On sait, et Kant le redit dans les *Leçons*, qu'il basait ses cours sur les textes, les manuels de théologie traditionnelle, notamment ceux d'Eberhard et de Baumgarten. Voir les *Leçons*, p. 99 et p. 103.

peut, désormais, reprendre les Idées transcendantales régulatrices pour en faire le fondement d'une philosophie morale et pratique.

Pour reprendre ses propres mots dans les *Leçons* : « *Il nous reste un domaine très vaste, celui de la croyance à l'existence de Dieu. Et nous déduirons cette croyance de principes moraux* a priori. *Si, dans ce qui suit, nous devions susciter des doutes concernant ces preuves spéculatives et sembler nous en prendre à ces prétendues démonstrations de l'existence de Dieu, nous ne voulons pas, pour autant, miner la croyance en Dieu mais, au contraire, frayer la voie aux preuves pratiques. Nous ne faisons que renverser cette prétention illusoire de la raison humaine à vouloir démontrer d'elle-même, et de façon dogmatique, l'existence de Dieu ; mais selon les principes moraux, nous considérons la croyance en Dieu comme le principe de toutes les religions* [1]. »

La lecture proposée des *Leçons* se concentre ainsi autour de ces grandes lignes du texte, le mouvement suivant la structure même du livre : à partir d'un commencement compact et complexe (Introduction), Kant développe une décomposition de la Théologie traditionnelle (Première partie : la Théologie transcendantale) pour ouvrir un nouveau domaine de réflexion concernant l'idée de Dieu, l'idée religieuse (Seconde partie : la Théologie morale). Analysons maintenant de façon détaillée le contenu des *Leçons* avant d'en tirer les conclusions qui, croyons-nous, s'imposent.

INTRODUCTION

L'introduction des *Leçons* s'ouvre par un *état des lieux*, par une présentation des pièces clés nécessaires à la compréhension de la suite. A première lecture, tout semble n'être que confusion ! Kant entame, sans ambages, sa théorie de la Religion Philosophique par « *l'idée de la perfection suprême* » (p. 51). *In medias res* ! Cette idée est

---

1. *Leçons*, p. 71.

immédiatement reprise (p. 52) par une articulation de ses
éléments de base, des éléments requis pour pouvoir penser
cette première idée fondamentale. Ils sont au nombre de
trois : 1) la détermination du sujet, 2) la dérivation des choses existantes, 3) l'unité de l'ensemble de tous les êtres.
Cette présentation est, de nouveau, reprise (p. 53) dans la
définition de l'idée d'un être suprême qui est : 1) celui qui
exclut toute imperfection, 2) celui qui contient en lui toutes
les réalités, 3) celui qui est considéré comme le bien
suprême, puisqu'incluant la sagesse et la moralité.

Voyons ces conceptions de plus près. On connaît le rôle
central qu'occupe cette idée de la perfection suprême dans
la philosophie critique de Kant, car dans le vocabulaire kantien l'idée de la perfection suprême signifie l'idée du
système complet du Tout, ou encore, plus simplement,
Dieu, l'idéal de la raison pure. Nous sommes non seulement au centre de sa philosophie critique, à savoir dans la
Dialectique transcendantale de la raison pure (on verra par
la suite le rôle qu'y joue déjà la raison pratique), mais aussi
au sommet de ses idées transcendantales, c'est-à-dire de
l'idéal même de toute unification de l'esprit humain.

Voici une explication du début : une idée est un concept
qui nous est nécessaire comme échelle de référence (*Maastabe*, ou critère) afin de mesurer, donc de déterminer ou
encore d'apprécier, les différents « degrés » des choses,
sans que l'on puisse pour autant percevoir la « réalité » de
l'idée elle-même[1].

Ceci ouvre, dans ce qui suit immédiatement, la discussion sur le statut de l'idée chez Kant. D'une part l'idée est
critère car rationnelle, donc logique ; elle nous est nécessaire pour déterminer des choses. De l'autre elle n'est pas
réelle. Critère, elle contient en elle une certaine complétude, ou totalité, mais est, de ce fait, éloignée de toute réalité concrète, objective. Elle est *notionnelle* par nature et,
au sommet de ses possibilités *idéationnelles*, elle devient
« idéal ».

---

1. *Leçons*, pp. 51 à 53.

Or, l'idéal de la raison pure, Dieu, l'idée de la perfection suprême, « *une telle idée* », télescope, si l'on peut dire, l'ensemble des trois éléments qui sont nécessaires à cette idée unique et suprême. Il y a tout d'abord l'élément de l'unité du sujet, c'est-à-dire l'unité la plus complète du sujet avec tous ses attributs et, pour l'idée de Dieu, cela signifie toutes les réalités ; comme le disaient les Théologiens scolastiques : « *Dieu est l'idée dont une plus grande n'est pas possible* [1]. » Le deuxième élément souligne l'aspect de déduction ou production des choses existantes et nous renvoie à l'idée d'un être suprême qui en est leur cause. Enfin, l'idée de la perfection suprême elle-même qui, en ramassant la diversité de la production, nous ramène à l'idée de l'unité originaire comme à la source la plus complète parce qu'unifiant source et diversité qui s'expriment ainsi ensemble comme la plus grande perfection, la Totalité de la communion du Tout. Si les deux premières idées, celle du sujet, ou de l'âme, et celle du monde, restent en « contact » avec la réalité sur un point précis, même si ce point n'est qu'illusoire, dans la troisième idée il n'y a plus aucun rapport avec le sujet (fini) ni avec le monde (phénoménal). C'est pourquoi Kant « déplace » cette dernière idée en la nommant « Idéal ». Mais ce faisant, il nous pousse aux extrêmes limites de la pensée, du concevable. Il nous invite à considérer Dieu comme « but », comme destination de notre pensée. Dieu n'est plus ainsi à contempler comme grand, comme être fondateur seulement, mais à considérer comme objectif, comme projet de l'humanité, comme le Devoir-Être de l'homme.

Ainsi, nous est proposée une autre conception de Dieu, toute métaphysique cette fois-ci, parce qu'elle se représente Dieu : 1) comme un être qui exclut toute imperfection, 2) comme un être qui contient toutes les réalités en lui, 3) comme le bien suprême dont la sagesse et la moralité font partie.

Nous voilà alors dans le plus grand embarras ! Kant, contrairement à ce qu'il a coutume de faire dans ses autres

---

1. Voir Anselme, *Proslogum*, Capitulum II, « *Quod vere est Deus* ».

écrits, ne commence pas ses investigations par une thématisation ordonnée de ses recherches pour arriver progressivement, de façon constructive, à ses conclusions. Dans les *Leçons*, il commence par le sens général de cette nécessité pour la raison humaine de trouver une réponse à ses exigences ; d'où un mélange de perspectives et transcendantales et métaphysiques, lesquelles ont pour but de poser les éléments qui ne sont, au début, qu'autant d'aspects confondus de la problématique ontothéologique.

Son point de départ est donc ce besoin, cette nécessité de la raison humaine, lequel, tant qu'il reste tel quel, incompris, ne fait que semer la confusion, permettant un usage à la fois légitime et illusoire de la raison. Ce besoin, pour autant qu'il est considéré de façon transcendantale comme l'exigence de la raison « *d'une idée de la perfection suprême* », donc comme une maxime de la pensée, reste raisonnable, demeure dans le domaine d'une théorie critique. Mais dès qu'il sort de ce domaine, il devient inévitablement métaphysique, débouchant tout droit sur un concept de Dieu qui est réifié, transformé en réalité *ontique* ou, si l'on préfère, *objective*.

La question de Dieu dans les *Leçons* peut être, en effet, considérée de deux façons différentes. Car la raison (logique) cherche un concept de Dieu qui serait à la fois un être réel (ontologie) et une idée parfaite (théologie). Et c'est pour cette raison que la première partie de cet ouvrage est consacrée à la décomposition de cette *Onto-Théo-Logie*.

Or, cette mise en scène, on le constate, n'est pas gratuite. Dans les trois premières pages des *Leçons*, l'auteur juxtapose les aspects transcendantal et métaphysique, tout en précisant les trois éléments qui sont nécessaires au concept de Dieu, lesquels, suivant les trois catégories de la relation (Substance, Causalité et Communion), donnent lieu tour à tour aux préoccupations de la philosophie kantienne telles qu'elles sont exposées dans la *Dialectique transcendantale*. Mais, tandis que la *Critique de la raison pure* avertit le lecteur en expliquant clairement les difficultés qu'annoncent les illusions de la Dialectique, dans les *Leçons*, Kant n'a pas les mêmes prévenances.

Cette mise en scène, pourtant, ne correspond-elle pas à l'entreprise philosophique proprement dite qui est effort de penser, de clarifier un tout qui, avant elle, n'était qu'obscurité ? Dans ce sens, la vraie philosophie commence, se doit de partir de notre situation humaine naturelle et difficile et c'est ce projet de compréhension et de décomposition, dont le but est d'ouvrir la voie à la méthode transcendantale, c'est-à-dire à la recherche des conditions de possibilité de nos connaissances supposées, qui nous est proposé ici.

Dès le commencement des *Leçons*, nous est fournie une clé pour une première compréhension de cette tâche de décomposition : entre la notion transcendantale de perfection (p. 51) et la notion métaphysique d'être suprême (p. 53), on trouve, en effet, la notion systématique de totalité (p. 52). Or, celle-ci, en raison de son caractère essentiellement ambivalent, agit comme un pivot, orientant l'esprit tantôt vers l'idée régulatrice, tantôt vers une conception métaphysique. La notion de totalité, c'est-à-dire le désir de totaliser le tout de la réalité, va nous amener d'une part à la conception dogmatique d'un *Ens Realissimum*, d'un être qui, précisément, possède toutes les réalités en lui (notion métaphysique s'il en est), mais, de l'autre, ce ne sera qu'à la fin du processus de décomposition que nous pourrons apprécier pourquoi, tout en évacuant les aspects réifiants du concept de Dieu, il nous reste la possibilité, voire la nécessité, de maintenir cette notion de totalité, mais désormais comme idée régulatrice, comme maxime de la totalité, pour rendre systématiques toutes nos connaissances empiriques.

LA THÉOLOGIE ONTOLOGIQUE
(Première partie, première section)

La section sur la « Théologie ontologique » (*Die Ontotheologie*) s'ouvre sur une considération ou, plus exactement, une discussion du statut du concept de Dieu comme être suprême. Discussion, disons-nous, car, dès le début, est posé un problème au lecteur, sous forme d'une question fondamentale : « *Mais comment pourrions-nous, au moyen de la raison pure, penser un être suprême simplement comme une chose*[1] *?* » Pourtant, Kant, rigoureux, commence cette discussion sur le concept de Dieu par une catégorisation des notions en jeu. Par rapport à l'*Ens Realissimum*, il distingue son contraire, un *Non Ens*, un pur non-être, et, entre ces deux extrêmes, un *Ens Partim Reale, Partim Negativum*. Nous nous trouvons, bien sûr, en présence ici des concepts purs de la raison, des formes de la pensée appelées catégories. En effet, puisque la théologie est « *notre système de connaissance de l'être suprême*[2] », seul l'emploi des catégories permet d'arriver à un épuisement complet de la notion de Dieu.

« *Ce système des catégories rend [...] systématique tout traitement de chacun des objets de la raison pure, et il donne une indication indubitable, un fil directeur pour déterminer comment et selon quels points de la recherche doit être conduite toute considération métaphysique, si elle doit être complète : car il épuise tous les moments de l'entendement sous lesquels tout autre concept doit être placé.*[3] »

De la Qualité

Or, les premières catégories utilisées dès l'ouverture de l'Ontothéologie sont celles de la qualité : Réalité, Négation et Limitation. Et comme cela est déjà noté dans les *Prolégomènes*, et plus tard dans la deuxième édition de la *Critique de la raison pure* (§ 11, B 110), on peut notamment remarquer à propos des catégories, et cela nous concerne directement ici, que « *la troisième catégorie résulte de l'union en un concept de la première et de la deuxième*[4] ». Ainsi, dans le cas présent, la limitation n'est rien d'autre que la réalité liée à la négation.

---

1. *Leçons*, p. 76. « Ein hochtes Wesen, blos als Ding », édition de Pölitz, p. 36.
2. *Leçons*, p. 53.
3. *Prolégomènes*, § 39, Pléiade, vol. II, p. 103.
4. *Ibid.*, voir la note de Kant.

Cependant, on peut s'étonner que l'examen du concept de Dieu se termine par la catégorie de la limitation, car l'idée même d'un *Ens Realissimum*, d'un être suprême, est précisément celle qui exclut toute imperfection [1], toute limitation. Mais rappelons le correctif introduit à propos des deux premières séries de catégories : « ... *dans celles de la grandeur et de la qualité, il y a simplement une progression de l'unité à la totalité ou de quelque chose au rien (pour cela, les catégories de la qualité doivent suivre cet ordre : Réalité, Limitation, Négation Totale)...* [2] ».

Or, dans la *Critique de la raison pure*, on le sait, Kant reprend cette série de catégories en précisant que : « *Il y a donc un rapport et un enchaînement, ou plutôt un passage de la réalité à la négation, qui rend toute réalité représentable à titre de quantum... ou l'on descend à un certain degré, jusqu'à sa disparition, ou bien l'on monte peu à peu de la négation jusqu'à sa grandeur* [3]. » Ces remarques ont lieu à l'intérieur de l'étude du schématisme qui a pour but de « *subsumer un objet à un concept* [4] », c'est-à-dire dans cette partie de l'Analytique de la Raison pure où il se donne pour tâche d'appliquer des concepts purs de l'entendement aux formes de l'intuition, seule base de sa philosophie transcendantale, de l'objectivité du réel. C'est à ce point de l'Analytique, où sont traitées les conditions de possibilité de toute connaissance objective, qu'il montre que la procédure *décroissante* décrite ci-dessus (de la grandeur de *quelque chose* jusqu'à sa cessation dans le rien, « *0 = Negatio* [5] ») est celle de l'imagination pour laquelle les catégories de l'entendement sont appliquées au divers des intuitions sensibles. En d'autres termes, l'imagination, en synergie avec la forme pure du temps, combine, lie le temps et l'entendement, ce qui n'est possible que grâce à la nature *double* de l'imagination qui contient les éléments

---

1. *Leçons*, p. 53.
2. *Prolégomènes*, § 39, note de Kant.
3. *Raison pure*, A 143.
4. *Ibid.*, A 137.
5. *Ibid.*, A 143.

et sensibles et rationnels lui permettant ainsi de formuler des règles (schématisme) grâce auxquelles des représentations sensibles peuvent être subsumées à des concepts purs, ou catégories.

Cette procédure et ce lien sont bien connus. Mais ici, en face du concept d'un être suprême, l'*Ens Realissimum*, il faut, pour atteindre notre objectif, inverser non pas la procédure, qui, elle, restera la même, mais le sens de sa visée. Car l'*Ens Realissimum*, « *ce concept de Dieu en tant qu'*Ens Maximum [1] », est le concept le plus grand, le plus complet de la réalité, celui qui, précisément, parce qu'il contient toutes les réalités et qu'il exclut toute imperfection, s'achève par la notion de négation qui, cette fois-ci, dans un mouvement ascendant vers le concept d'*Ens Maximum* exclut du concept d'*Ens Realissimum* toute limitation. C'est, si l'on ose dire, la négation totale elle-même qui élimine tout aspect négatif de la notion d'un être suprême, de l'*Ens Realissimum*. Exprimé de façon positive, cela signifie que « *le concept* d'Ens Realissimum *contient le fondement* [Grund] *de tous les autres concepts. Par conséquent, il est la mesure fondamentale d'après laquelle nous devons penser, voire juger, toute autre chose* [2] ».

Ce sera donc par le jeu de l'application des catégories à l'idée d'être suprême, à l'idéal de la raison pure, que le lecteur sera conduit dans une investigation complète des preuves de l'existence de Dieu. Et si la notion d'*Ens Realissimum* ouvre la discussion, c'est qu'elle est le substratum commun aux concepts de toutes les autres choses [3]. Et c'est pourquoi, dès la toute première page de la Théologie Transcendantale, sont abordés les « *trois concepts constitutifs de Dieu* [4] ». Ces trois concepts sont rigoureusement les mêmes que ceux que l'on trouve dans la *Critique de la raison pure*, c'est-à-dire ceux qui expriment « *le fondement*

---

1. *Leçons*, p. 75.
2. *Leçons*, p. 77 (Pölitz, p. 38).
3. Voir *Critique de la raison pure*, A 578, 579 (T.P. pp. 418, 419).
4. *Leçons*, p. 75-76.

de tous les autres concepts de Dieu [1] », et qui sont renforcés à leur tour par ce concept de base que Kant nomme l'*Ens Realissimum* [2].

Or, si nous avons insisté sur la catégorie de la limitation, ce n'est pas simplement parce que les dix premières pages de l'Ontothéologie sont consacrées à ce sujet, et qu'y apparaît la première grande distinction entre l'application de ces notions à « *l'objet lui-même* » d'une part et à « *l'idée de cet objet* » de l'autre [3] ; c'est également parce que la notion même de limitation est en quelque sorte la clé non seulement de notre conception de Dieu — qui, précisément comme idéal de la raison pure, ne saurait admettre aucun aspect négatif — mais aussi parce que cette notion de limitation va sensibiliser le lecteur à la constatation de sa propre incapacité [4] sinon à penser Dieu, du moins à prouver son existence [5].

En premier lieu, Kant pose le problème de l'existence réelle de cette conception idéale de Dieu [6]. Le fait que ce concept ne contienne rien de contradictoire ne fait que démontrer sa possibilité logique [7]. Mais s'il peut être pensé, il ne peut, et ne pourra jamais, être connu et, encore moins, démontré. Il est donc fort intéressant de constater que c'est précisément à ce point des *Leçons* que Kant avance, suivant en cela les théologiens scolastiques, la thèse selon laquelle « *chaque attribut de Dieu est effectivement Dieu lui-même* [8] ». Les perfections divines sont autant de formulations du concept de Dieu, cet idéal de la raison pure : « *Dieu est omniscient, tout-suffisant, éternel* [9]. » Pour

---

1. *Leçons*, p. 76.
2. Kant utilise également, et fréquemment dans les *Leçons*, l'expression *Ens Perfectissimum*.
3. *Leçons*, p. 78.
4. Voir à ce sujet la note de Kant in *Critique de la raison pure*, A 575.
5. *Leçons*, p. 64 et suivantes, p. 88 et suivantes.
6. Alors que dans la *Dialectique* (A 577, 578) il prend la notion d'existence comme un acquis catégorial de la logique transcendantale, ici cette question est toujours fondamentalement problématique.
7. *Leçons*, p. 79.
8. *Leçons*, p. 78.
9. *Leçons*, pp. 78-79.

démontrer la validité de cette thèse, il faut relier les deux notions de réalité et de limitation, comme nous l'avons montré. Toute réalité singulière, considérée sans restriction, est un concept entier de Dieu, car toute réalité pensée sans limitation est un idéal de la raison pure[1].

On voit bien le caractère idéal de ce concept de Dieu, être omniscient[2], qui possède toute la réalité de la *science*, l'*omni-science* étant précisément la plénitude de toutes les connaissances possibles. Cette notion d'omniscience, essence de l'idée de Dieu[3], est donc un fondement qui permet de poser les autres attributs formant le concept de Dieu, lequel est « *le substratum de la possibilité de toutes choses*[4] », « plénitude » et « toutes choses » renvoyant au concept de Totalité et à tout ce qu'il comprend sur le plan catégorial.

Cette notion de Totalité est introduite par une considération sur l'inefficacité du concept d'infini lorsqu'il est appliqué à la connaissance de Dieu. Concept appartenant uniquement aux mathématiques, lesquelles ne déterminent jamais qu'une grandeur relative, l'infini est « *le concept d'une grandeur qui, par rapport à son unité de mesure, est plus grande que tout nombre*[5] ». « *Tout nombre est susceptible d'être plus grand ou plus petit qu'un autre ; comme tel, aucun ne peut prétendre évaluer l'absolument grand*[6]. » Le concept d'infini n'exprime donc que notre incapacité à exprimer l'idée d'une grandeur qui soit plus élevée que tout ce que nous pouvons formuler grâce aux mathématiques. Il en est de même pour Dieu et pour ses attributs. Il n'y a pas de mesure pour Dieu, car quelle est l'unité qu'il nous faudrait utiliser pour la calculer[7] ? Nous

---

1. *Leçons*, pp. 78-79.
2. A propos de l'entendement divin, voir l'introduction de Luc Ferry à la *Critique de la raison pure*, p. 10 (Flammarion, 1987).
3. A. Philonenko, *Kant*, vol. I, p. 109.
4. *Leçons*, p. 78 (Pölitz, p. 40).
5. *Leçons*, p. 80.
6. Voir *Sublime et système chez Kant*, Luc Ferry ; *Les études philosophiques*, 1975, n° 3.
7. *Leçons*, p. 82.

voyons donc, pour la première fois, et cela est très important, qu'en tentant d'appliquer ces concepts purs, ces catégories, à l'idéal de la raison pure, à l'idée de Dieu, nous ne comprenons que le fait que nous ne pouvons pas le comprendre !

La notion d'infini métaphysique serait-elle alors plus opérante ? Pourrait-elle nous aider à formuler un concept adéquat de Dieu ? « *Qu'est-ce, alors, qu'un infini métaphysique ? Par infini métaphysique on comprend toutes les perfections au degré suprême ou, mieux, sans aucun degré. L'Omnitudo Realitatis serait précisément ce que l'on appelle l'infini métaphysique. Et il est vrai que, par ce moyen, nous obtenons un concept précis de la grandeur de Dieu. Car cette réalité totale détermine sa grandeur d'une façon absolue*[1]. » Cette notion d'*Omnitudo Realitatis* réunit, synthétise les notions de Totalité et de Réalité (elles-mêmes synthèses des deux premières séries de catégories) en un seul concept : la réalité totale. « *Nous voyons là, en effet, que tout ce qui constitue vraiment la réalité pure se trouve dans ce concept. Et le concept de totalité est toujours tout à fait précis si bien que nous ne pouvons en penser ni plus, ni moins*[2]. » Ainsi, le concept d'*Ens Realissimum*, le maximum de la réalité, et celui d'*Omnitudo Realitatis*, le seul qui nous fournisse une notion de la grandeur absolue de Dieu, se reflètent et se complètent.

On voit déjà l'importance, la signification qu'a cette notion de Totalité, réunissant à la fois la notion de perfection suprême et le concept d'être suprême[3]. « *Dans ce qui précède nous avons établi solidement le concept universel de Dieu, c'est-à-dire le fait qu'il est l'Ens Realissimum. Ceci constitue l'idéal dont a besoin notre raison afin d'avoir une mesure fondamentale suprême par rapport à ce qu'il y a de moins complet*[4]. » Telle est la démarche par laquelle la raison s'élève à l'idée de Dieu. « *Dans la théorie*

---

1. *Ibid.*, p. 82.
2. *Ibid.*, p. 82.
3. *Ibid.*, p. 83.
4. *Ibid.*, mais aussi *Critique de la raison pure*, A584-590, 604-608.

*de l'Idéal Transcendantal de la Raison Pure — c'est-à-dire
dans la réflexion sur l'idée de Dieu —, Kant a cherché
à conférer à la critique de la théologie rationnelle et de
l'ontologie classique une signification positive. Dans la
métaphysique classique, Dieu est pensé comme l'être
suprêmement réel, qui enveloppe en lui toutes les "positions" et qui exclut toutes les négations. Or, l'idée critique
qui peut être ici conquise par rapport à la métaphysique
est celle de la totalité, totalité à l'intérieur de laquelle les
moments particuliers de l'expérience peuvent être déterminés*[1]. »

Pourtant, et comme nous l'avons déjà constaté dans les
Leçons, bien que cette idée nous soit nécessaire, c'est-à-
dire nécessaire subjectivement pour notre compréhension
— car elle est la seule véritable mesure (« Maastab »[2]),
mieux la seule mesure de base (« Grundmass »[3]), pour penser, voire juger, toute autre chose —, son utilité, sa valeur
pour nous ne repose pas sur une affirmation de son existence objective[4].

« *Il va de soi que la raison, pour atteindre ce but, c'est-
à-dire pour se représenter uniquement la détermination
nécessaire et complète des choses, ne présuppose pas
l'existence d'un être conforme à l'idéal, mais seulement
l'idée d'un être de ce genre, afin de dériver, d'une totalité
inconditionnée de la détermination complète, la totalité
conditionnée, c'est-à-dire celle du limité*[5]. » Si donc, l'idée
de Dieu n'est rien d'autre que l'idéal de la raison pure :
« *L'idéal est donc pour elle le prototype* (prototypon) *de
toutes les choses qui toutes ensemble, comme des copies
défectueuses* (ectypa), *en tirent la matière de leur possibilité et qui, s'en rapprochant plus ou moins, en restent toujours infiniment éloignées*[6]. » Nous touchons ainsi à la
signification fondamentale du rôle que joue le concept de

---

1. A. Philonenko, *Kant*, vol. I, p. 314.
2. *Leçons*, p. 81.
3. *Ibid.*, pp. 82-83.
4. *Leçons*, p. 78 et suivantes.
5. *Critique de la raison pure*, A 577, 578.
6. *Ibid.* ; voir aussi *Leçons*, p. 53.

Totalité dans la théologie rationnelle. Car la structure formelle du concept de Totalité débouche ou sur une manière
transcendantale ou sur une manière métaphysique de concevoir la notion de Dieu, et cette différence est cruciale. Elle
permet, en effet, de voir, à partir d'une même disposition
naturelle de la raison humaine, comment deux procédures,
l'une métaphysique, l'autre transcendantale, s'entrecroi-
sent, voire se confondent, produisant la situation lamenta-
ble [1] d'échec dans laquelle toute la théologie traditionnelle
s'est trouvée avant la thématisation du concept de Totalité.
La confusion initiale par laquelle Kant ouvre à dessein les
Leçons illustre cet oubli de la différence cruciale entre bon
et mauvais usage de la notion de Totalité. Et si la découverte dans l'Analytique du « *principe qui permet de comprendre la signification de la structure de la conscience* [2] »
est souvent comparée à la révolution copernicienne, la
découverte dans la Dialectique de la signification fondamentale du rôle du concept de Totalité est, certainement,
une seconde révolution kantienne [3]. Car, « *de l'ontologie à
la méthode transcendantale, l'idée de Totalité subit donc
une transformation décisive : de chose, elle devient règle,
d'être nécessaire, elle devient présupposition méthodique
fondamentale, de contenu suprême, elle devient forme
suprême. Mais parce que l'on comprend la transformation
transcendantale de l'idée de Totalité, on se trouve aussi
à même d'expliquer l'illusion dialectique qui gouverne la
théologie rationnelle comme passage illégitime de la
méthode à l'ontologie, de la règle à la chose, de la méthode
à l'être et, enfin, de la forme au contenu [4] ».*
   On est ici au cœur même de la Dialectique de la Raison
pure, car cette dialectique se produit chaque fois que l'on
tente de transformer une structure de relation, légitime pour
et dans l'expérience comme principe d'unification du divers
donné dans les formes de l'intuition, en une substance, une

---

1. *Critique de la raison pure*, A VIII, IX.
2. Philonenko, *Kant*, vol. I, p. 92.
3. Que l'on se souvienne de l'expression « Kant-brise-tout ».
4. Philonenko, *Kant*, vol. I, p. 316 et suivantes.

« chose » [1] qui serait indépendante de toute expérience et existant avant toute expérience. L'illusion métaphysique que produit cette dialectique n'est autre que le « fétichisme » [2] de la raison pure qui transforme son moyen de production en *plus-value*, l'ontologie classique prenant pour sa progéniture ce qui n'est en fait que son bâtard.

« *Mais que nous hypostasions en outre cette idée de l'ensemble de toute réalité, cela vient de ce que nous convertissons dialectiquement l'unité **distributive** de l'usage expérimental de l'entendement en unité **collective** d'un tout de l'expérience et que, dans ce tout du phénomène, nous concevons une chose individuelle qui contient toute la réalité empirique, et qui, au moyen de la subreption transcendantale, dont nous avons déjà parlé, se transforme en concept d'une chose située au sommet de la possibilité de toutes les choses pour la détermination complète desquelles elle fournit des conditions réelles. Cet idéal de l'Être souverainement réel est donc, bien qu'il ne soit qu'une simple représentation, d'abord **réalisé**, c'est-à-dire transformé en objet, puis **hypostasié** enfin même, par un progrès naturel de la raison vers l'achèvement de l'unité, **personnifié** (comme nous le verrons bientôt), c'est que l'unité régulatrice de l'expérience ne repose pas sur les phénomènes eux-mêmes (sur la sensibilité toute seule), mais sur l'enchaînement de ce qu'il y a de divers en eux par l'**entendement** (dans une aperception), et qu'en conséquence l'unité de la suprême réalité et la complète déterminabilité (possibilité) de toutes choses semble résider dans un entendement suprême, par suite, dans une **Intelligence** [3].* »

De la Modalité

Or, une fois la voie vers l'idée de Dieu, cet Idéal de la raison pure, ouverte par ces considérations préliminaires sur ce concept, considérations utilisant les catégories clés de la

---

1. *Leçons*, p. 76.
2. Ferry, Renaut, *Système et Critique*, pp. 152-153 ; pp. 162-163.
3. *Critique de la raison pure*, A 582, 583.

quantité (la Totalité) et de la qualité (l'*Ens Realissimum*),
Kant aborde immédiatement les catégories de la modalité
(la possibilité, l'existence, la nécessité) afin de vérifier si
elles peuvent contribuer à une investigation des preuves de
l'existence de Dieu. L'examen de l'argument ontologique,
basé, encore une fois, sur les seuls concepts purs, reprenant
ainsi l'essentiel de la tradition métaphysique, va permettre
l'application de ces catégories de la modalité, validant ou
invalidant cette tradition. « *Le premier argument pour
l'existence de Dieu est l'argument ontologique basé sur des
concepts purs. Mais, pour cela, la possibilité réelle d'un
être parfait doit être démontrée avant que nous ne puissions prouver l'existence de Dieu*[1]. » Car si nous voulons
prouver *a priori* que Dieu existe, nous devrons alors nous
trouver préalablement devant l'obligation de démontrer par
la raison pure que Dieu est possible. « *Pour cela, il faut
un discernement* [Einsicht[2]] *jusque dans la constitution et
l'étendue de tous ses attributs par rapport à tous leurs
effets. Si nous entreprenons alors de prouver la possibilité
d'un* **Ens Realissimum**, *c'est-à-dire de prouver la possibilité de la synthèse de tous les attributs dans un objet, nous
devons alors prouver par la raison* a priori, *de façon apodictique et certaine, que ses perfections peuvent être unies
dans une même origine et déduites d'un seul principe*[3]. »
Mais nous ne pouvons pas prouver cette possibilité car nous
sommes incapables d'appréhender l'ensemble de cette idée
totale qui restera toujours, pour nous, un idéal de la raison.
Pour pouvoir le faire, nous devrions posséder un discernement infini ce qui est hors des possibilités de la raison
humaine. Si donc nous continuons à tenter de démontrer la
possibilité réelle de concepts purs, nous persistons ainsi
dans la confusion fondamentale entre la possibilité de la
chose en soi (métaphysique) et la possibilité de l'idée de
cette chose (idéale), cette dernière étant tout ce que nous

---

1. *Leçons*, p. 88.
2. Pölitz, p. 89.
3. *Leçons*, pp. 49-50.

pouvons prétendre posséder. Seule la réflexion transcendantale est capable de dissiper cette confusion.

Néanmoins, cette tentative de démontrer la possibilité réelle à partir des concepts purs nous montre clairement que notre raisonnement est capable de synthèse [1], qu'il doit utiliser la synthèse afin de porter ses fruits, à condition que celle-ci soit solidement basée sur le fondement de l'expérience. En d'autres termes, notre raison doit *composer* [2] avec l'expérience pour pouvoir déterminer si l'effet d'une qualité attribuée à une certaine chose ne contredit pas l'effet d'une autre qualité attribuée à cette même chose. Nous ne pouvons connaître toutes les réalités d'une chose parce que nous ne percevons que des réalités particulières et, par conséquent, uniquement les conséquences de ces réalités particulières et non toutes les conséquences possibles d'une synthèse de toutes ses réalités. Dans le cas de Dieu, notre raison ne peut évidemment pas discerner les réalités suprêmes et leurs conséquences [3].

Ainsi, ce qui semblait, au départ, être un argument *a priori* en faveur de l'existence de Dieu nous montre que la raison humaine est, en effet, capable de former une idée de Dieu, mais que celle-ci reste une idée vide. Car le seul concept de possibilité qui peut contenir une signification pour nous est le concept, la catégorie de l'expérience possible. « *Le concept est toujours possible, quand il n'est pas contradictoire. C'est le critérium logique de la possibilité et par-là son objet se distingue du* nihil negativum. *Mais il n'en peut pas moins être un concept vide, quand la réalité objective de la synthèse par laquelle le concept est produit n'est pas démontrée en particulier, et cette démonstration, ainsi que nous l'avons montré plus haut, repose toujours sur les principes de l'expérience possible et non sur le principe de l'analyse (le principe de contradiction). Cela nous avertit de ne pas conclure aussitôt de la possibilité (logi-*

---

1. *Leçons*, p. 90.
2. *Ibid.*, « composition ». Pölitz, p. 58, « Zusammensetzung ».
3. *Leçons*, p. 90.

que) des concepts à la possibilité (réelle) des choses [1] ». « *Il résulte de tout ceci que la raison humaine ne peut prouver* a priori *ni la possibilité ni l'impossibilité de Dieu, parce que, pour ce faire, il lui manque le discernement nécessaire de l'étendue de toutes les réalités et de leurs conséquences. Mais rien ne nous empêche d'accepter la possibilité d'un Dieu si, d'une autre manière, nous devons en trouver des raisons convaincantes* [2]. »

Après la tentative, et l'échec, d'appliquer la première catégorie de la modalité au concept de Dieu, Kant procède à la même opération avec la deuxième et avoue que, en fait, « *tout bien considéré, la preuve ontologique de l'existence de Dieu est tirée du concept d'un* **Ens Realissimum**. *Le raisonnement est le suivant : un* **Ens Realissimum** *est un être d'une telle nature qu'il contient en lui-même toutes les réalités ; or l'existence est elle aussi une réalité ; l'***Ens Realissimum** *doit donc exister nécessairement* [3] ». La tactique qu'il va utiliser dans l'examen de ce deuxième argument ontologique sera la même que celle qu'il a suivie pour invalider le premier. Si, là, toute possibilité réelle s'avérait être au fond l'*expérience* possible, ou la possibilité de l'expérience, ici toute existence réelle va s'avérer être fondamentalement une *expérience* réelle, ou la réalité expérimentale de l'existence. Car, « *dans cette preuve, il est incontestable que tout dépend du fait de savoir si l'existence d'une chose est en fait une réalité de cette chose* [4] ». L'essentiel de la critique kantienne de l'argument ontologique va donc consister à souligner que le fait qu'une chose soit dite *existante* ne signifie pas qu'elle devienne, pour autant, une chose plus parfaite, plus réelle [5]. Ce qui nous conduit directement à la fameuse théorie kantienne de l'existence : « *"Être" n'est donc manifestement pas un prédicat réel, en d'autres termes, "être" n'est pas un concept*

---

1. *Critique de la raison pure*, A 596, note en bas de page.
2. *Leçons*, p. 91.
3. *Leçons*, p. 92 ; *Critique de la raison pure*, A 596.
4. *Leçons*, Ibid.
5. *Leçons*, pp. 92-93 ; *Critique de la raison pure*, A 596.

de quelque chose qui pourrait s'ajouter au concept d'une chose pour la rendre encore plus parfaite. "Être" est simplement la "position", le "poser" d'une chose ou de certaines déterminations en elle. Utilisé en logique, "être" est uniquement la copule d'un jugement. La proposition "Dieu est tout-puissant" ne contient que ces concepts ayant leurs objets : "Dieu" et "tout-puissant". Le petit mot "est" n'est pas ici un prédicat de plus, mais seulement ce qui pose le prédicat (tout-puissant) en relation avec son sujet (Dieu). Si maintenant nous prenons le sujet (Dieu) avec tous ses attributs ensemble (au nombre desquels se trouve la toute-puissance) et si nous disons "Dieu existe" ou "il y a un Dieu", nous n'ajoutons ainsi aucun prédicat nouveau au concept de Dieu, nous ne faisons au contraire que poser le sujet, en lui-même avec tous ses attributs, et l'objet ensemble en relation avec notre concept. Tous deux, l'objet et le concept, doivent avoir exactement le même contenu et il ne peut, donc, y avoir rien d'autre à ajouter au concept — qui n'exprime que la possibilité — quand nous pensons cet objet comme tout simplement donné (par l'expression "il est"). En d'autres termes, le réel ne contient donc rien de plus que le purement possible[1]. » Cette théorie figure de façon plus élaborée dans la *Critique de la raison pure*. Toute affirmation de l'existence d'une chose, *Dieu* par exemple, est ou analytique (l'acte de *poser* cette existence logiquement par la simple copule *est*), ce qui n'ajoute rien au concept lui-même, ou synthétique (l'existence en question est jugée, dans et par mon acte de synthèse, conforme aux intuitions et catégories). Elle fait ainsi partie des objets de l'expérience, déterminant par-là sa schématisation dans ma conscience. En d'autres mots, *être* n'est pas un simple prédicat similaire aux autres. L'*être* relève de toute une épistémologie, de toute une théorie[2] de la connaissance. Il faut aller au-delà du simple concept[2] pour pouvoir lui attribuer légitimement l'existence réelle ; il faut pouvoir faire la synthèse complète entre tous les éléments dans une pro-

---

1. *Leçons*, pp. 92-93.
2. *Leçons*, p. 93.

position en passant par les formes de l'intuition sensible et les règles des catégories, pour *vérifier* si telle ou telle existence affirmée est en conformité avec les normes d'objectivité. A ces conditions épistémologiques seulement, peut-on dire de quelque chose qu'il existe en réalité[1].

Dans ce sens, *l'existence* est un problème épistémologique qui ne peut être résolu que par référence aux postulats de la pensée empirique en général, c'est-à-dire par rapport « *au contexte de toute expérience* », puisque le concept d'existence est, chez Kant, systématique. Son critère est la capacité pour le *quelque chose* dont il est question de rentrer dans ce système d'expérience empirique. C'est donc seulement quand ce *quelque chose* satisfait à ces exigences et, ainsi, trouve sa composition, sa synthèse catégorielle, que l'on peut affirmer son existence réelle[2]. « *On voit bien, ainsi, combien serait hâtive la conclusion que l'existence devrait être elle aussi comprise parmi toutes les réalités, et donc que l'existence se trouverait déjà dans le concept d'une chose possible. De la même manière, s'écroule aussi toute l'argumentation qui consiste à dire que l'existence résulte nécessairement du concept d'un* **Ens Realissimum**[3]. »

Devant ce deuxième échec à démontrer l'existence de Dieu, nous est présenté un troisième argument, une preuve qui maintient « *le lien entre la nécessité absolue de l'existence et la réalité suprême, mais, au lieu de déduire celle-ci de celle-là,* [elle] *déduit de la nécessité inconditionnelle présupposée de l'existence d'un être, quel qu'il soit, sa réalité illimitée*[4] ». L'argument repose ici sur la catégorie de la nécessité. « *Tout ce qui existe ne peut exister que sous l'un de ces deux modes : contingent ou nécessaire. Le contingent doit avoir quelque part une cause, une raison pour laquelle il existe tel qu'il est et pas autrement. Mais*

---

1. *Voir Critique de la raison pure*, A 597-599.
2. Voir aussi la belle analyse proposée par Philonenko, *Kant*, vol. 1, p. 306 et suivantes.
3. *Leçons*, p. 94.
4. *Leçons*, p. 94.

j'existe moi-même de façon contingente, tout comme le monde en général. Par conséquent, un être absolument nécessaire doit exister également, comme cause qui explique que je suis comme je suis et pas autrement. Cette preuve dépend donc essentiellement de l'expérience, elle n'est pas établie entièrement a priori *ou, si l'on préfère, ontologiquement ; et puisque l'objet de toute expérience possible s'appelle le monde, voilà pourquoi cette preuve est nommée la preuve cosmologique*[1]. » Cette preuve est donc cosmologique et il pourrait sembler étrange, de prime abord, de la trouver au milieu d'une argumentation ontothéologique. En fait, elle n'est abordée ici que pour « *comparer ces deux preuves de la théologie transcendantale* [la preuve ontothéologique et la preuve cosmologique] *et montrer leur grande affinité*[2] ». Sans désavouer cette explication — nous verrons plus tard le choc que produit sur la raison la confrontation de ces deux preuves —, il est toutefois possible d'interpréter autrement la présence de cette preuve cosmologique dans ce contexte. Ayant déjà appliqué et la possibilité et l'existence, les deux premières catégories de la modalité, à la tentative de démontrer l'existence de Dieu, et ayant constaté que leur application invalidait les preuves traditionnelles, Kant essaie de vérifier si l'utilisation de la troisième catégorie de la modalité, celle de la nécessité, aboutit au même résultat. Mais ce qui est différent dans le cas de l'argument cosmologique c'est que « *cette preuve dépend donc essentiellement de l'expérience, elle n'est pas établie entièrement* a priori *ou, si l'on préfère, ontologiquement*[3] ». Et si l'argument proprement ontologique, établi entièrement *a priori*, cherche à déduire sa nécessité du concept d'*Ens Realissimum*, la preuve cosmologique, « *à partir de l'existence d'un être absolument nécessaire, déduit ensuite que cet être doit être également un **Ens Realissimum***[4] », car le concept d'un être

---

1. *Ibid.*
2. *Leçons*, p. 115.
3. *Leçons*, p. 94.
4. *Leçons*, p. 95.

d'une réalité suprême est l'unique concept permettant de penser un être nécessaire [1]. Pourtant, « *un concept empirique ne peut rien nous apprendre des propriétés qu'aurait cet être* [2] ». L'argument cosmologique et l'argument ontologique commettent, en effet, la même erreur, mais de façon symétrique, en passant indifféremment du concept à l'existence, du réel à l'idéal, dans une prétendue progression qui n'est, en fait, qu'une transgression, un passage *illégal* d'un domaine à l'autre, un franchissement de frontières sans passeport adéquat. L'argument ontologique prétend passer du domaine des concepts purs à celui de l'existence réelle, c'est-à-dire *nécessaire* et *universelle*, sans l'appui de l'expérience ; l'argument cosmologique prétend passer du domaine de l'expérience à celui de la nécessité absolue, sans la médiation des concepts *a priori* seuls habilités à explorer ces zones pures ! Ce faisant, l'une et l'autre de ces prétendues preuves oublient la différence entre penser et être, tombant ainsi dans la confusion [3].

Les catégories de la modalité nous ont-elles fait avancer dans la tentative de prouver l'existence de Dieu ? En un mot, non ! Ces trois catégories nous laissent plus que jamais désemparés. Si les deux premières séries de catégories, celles de la quantité et de la qualité, nous ont aidés dans la conceptualisation de l'idée de Dieu, en particulier les notions de Totalité et de réalité suprême qui sont à même de nous guider vers une notion de perfection suprême, cet idéal de la raison pure, les catégories de la possibilité, de l'existence et de la nécessité nous ont montré de façon indubitable que toutes nos tentatives de traduire le concept de cet idéal en objet réel, en chose objective existant réellement, ne sont pas fondées, ne sont qu'autant de rhapsodies [4]. L'éclaircissement donné par Kant dans la *Critique de la raison pure* à propos des catégories de la modalité est, à ce titre, révélateur : « *Les catégories de la*

---

1. *Leçons*, p. 95.
2. *Leçons*, p. 95.
3. Voir Cassirer, *Kants Leben und Lehre*, pp. 220 et suivantes.
4. *Prolégomènes*, voir le § 43.

modalité contiennent ceci de particulier qu'elles n'augmentent pas le moins du monde, comme détermination de l'objet, le concept auquel elles sont jointes comme prédicats, mais qu'elles n'expriment que le rapport au pouvoir de connaître. Quand le concept d'une chose est déjà tout à fait complet, je puis encore demander de cet objet s'il est simplement possible ou si de plus il est réel, ou aussi dans le cas où il est réel, s'il est en outre nécessaire. Pas une détermination de plus n'est conçue par-là dans l'objet lui-même, mais il s'agit seulement de savoir quel est le rapport de cet objet (et de toutes ses déterminations) avec l'entendement et son usage empirique, avec le jugement empirique et avec la raison (dans son application à l'expérience). C'est précisément pour cela que les principes de la modalité ne sont rien de plus que des éclaircissements des concepts de la possibilité, de la réalité et de la nécessité, dans leur usage empirique, et en même temps aussi des restrictions de toutes les catégories à l'usage simplement empirique, sans qu'on en admette ou qu'on en permette l'usage transcendantal. En effet, pour que ces catégories n'aient pas une valeur simplement logique et ne se bornent pas à exprimer analytiquement la forme de la pensée, mais qu'elles se rapportent aux choses et à leur possibilité, à leur réalité ou à leur nécessité, il faut qu'elles s'appliquent à l'expérience possible et à son unité synthétique dans laquelle seule sont donnés les objets de la connaissance [1] ».

Nous avons bien, d'une part, une idée de Dieu mais nous n'avons pas, de l'autre, la moindre possibilité réelle de prouver son existence objective, et encore moins la possibilité d'en démontrer sa nécessité. Il nous reste alors à savoir, « *si la nécessité absolue n'est qu'un simple concept* [2] », quelle sorte de concept il nous est possible de former d'un être ou d'une chose absolument nécessaire [3]. Que signifie-t-il ? Selon Kant, « *il signifie quelque chose dont la non-existence est impossible ; mais cela ne nous explique pas*

---

1. *Critique de la raison pure*, A 219.
2. *Leçons*, p. 96.
3. *Ibid.*

*les conditions qui rendent impossible cette non-existence.
Car l'entendement humain, qui ne possède le concept de
l'impossibilité que par le principe de contradiction, ne peut
absolument pas saisir comment la non-existence d'une
chose pourrait être impossible. Pour toute contradiction,
deux éléments sont nécessaires, car un élément seul ne peut
pas se contredire. Qu'une chose n'existe pas ne peut donc
jamais être une contradiction et, par conséquent, le fait
qu'un* Ens Realissimum *n'existe pas n'est pas une contradiction*[1] *».* Donc, *« si nous supprimons l'existence de cette
chose, nous supprimons la chose elle-même avec tous ses
prédicats. D'où surgit alors la contradiction ? A l'extérieur, il n'y a rien à lui opposer, car la chose n'est pas
censée exister extérieurement nécessairement, et à l'intérieur non plus, car, par la suppression de la chose elle-
même, nous avons en même temps supprimé tout élément
intérieur. Prenons comme exemple la proposition "Dieu
est tout-puissant". Il s'agit d'un jugement nécessaire. La
toute-puissance ne peut pas être supprimée si nous posons
une divinité dont ce prédicat est identique au concept. Ici,
nous avons donc une nécessité logiquement inconditionnée.
Mais que serait une nécessité absolument réelle ? Elle
consisterait dans le fait qu'il est absolument nécessaire
qu'un Dieu existe. Mais si nous disons : "Dieu n'existe
pas", alors ni la toute-puissance ni ses autres prédicats,
quels qu'ils soient, ne sont donnés ; ils sont tous supprimés
en même temps que leur objet et, dans cette pensée, pas la
moindre contradiction ne se manifeste. Car une contradiction interne ne peut pas se produire si nous supprimons le
prédicat d'un jugement ainsi que son objet — ce prédicat
peut être tout ce que l'on voudrait — et nous ne pourrons
pas non plus nous former le plus petit concept d'une chose
qui, si elle était supprimée avec tous ses prédicats, serait
censée laisser derrière elle une contradiction, et sans cette
contradiction nous n'avons, simplement par les concepts
purs* a priori, *aucune marque d'impossibilité. Il est alors
possible, dans ce cas, que Dieu n'existe pas.* **Car supprimer**

---

1. *Leçons*, p. 97.

*son existence dans la pensée ne coûte rien à la raison spé-
culative* [1] ».

Voilà, enfin, la première avancée que cette rigoureuse
application des catégories à la tentative de démontrer l'existence d'un être suprême, conçu métaphysiquement, permet
à l'esprit humain. Et si, dans un même mouvement, cela
ruine ce projet de démonstration, Kant, par cette conclusion
définitive, libère la pensée ! La raison humaine n'est plus
égarée par les illusions d'une dialectique trompeuse, par les
pseudo-vérités qu'engendre son usage illégitime ; elle est
libre d'utiliser ses facultés indépendamment de toute
contrainte extérieure. Si la raison ne reconnaît comme absolument nécessaire que ce qui est nécessaire conceptuellement, elle est alors conceptuellement libre de réfléchir sur
ses propres sources éventuelles de connaissance et, donc,
libre d'en tirer ses propres conséquences.

Mais, la réflexion libre, la liberté de réfléchir nous
ouvrent des horizons sans fin. Désireux de (re)trouver
« *quelque part le repos* [2] », mais incapable d'y parvenir
seul, l'esprit humain est dérouté : « *Ainsi, toute la tâche de
l'idéal transcendantal est de trouver ou bien un concept
pour la nécessité absolue ou bien la nécessité absolue elle-
même pour un concept d'une chose, quelle qu'elle soit. Si
l'on peut faire l'un, on peut alors faire l'autre ; car la raison ne reconnaît comme absolument nécessaire que ce qui
est nécessaire conceptuellement. L'un et l'autre dépassent
totalement tous les efforts pour satisfaire notre entendement mais nous obligent, aussi, à ne pas nous contenter
de cette incapacité de notre entendement. Cette nécessité
absolue dont nous avons besoin de façon indispensable
comme le fondement final de toutes choses est un véritable
abîme pour la raison humaine* [3]. »

La problématique conceptuelle de la Totalité n'est donc
résolue que par la réflexion transcendantale qui, en premier

---

1. *Ibid.*, pp. 97-98. Nous soulignons.
2. *Critique de la raison pure*, A. 584.
3. *Leçons*, p. 98.

lieu, la thématise comme problème pour l'esprit humain et, ensuite, la décompose en exposant comment ce qui est, et doit rester, une pure méthode de la pensée se transforme dialectiquement en *chose*, processus de réification qui est à l'origine de l'illusion qu'elle engendre en transformant en être ce qui n'est, au fond, qu'une règle, qu'une maxime. Cette notion de Totalité est donc fondamentalement ambiguë car débouchant sur deux conceptions différentes ou, si l'on préfère, sur une double tension conceptuelle, le problème étant de différencier son usage constitutif de son usage régulateur [1].

Cette prise de conscience de la problématique conceptuelle de la notion de Totalité, et de l'échec de la tentative de l'appliquer en l'absence de tout élément sensible, conclut donc l'essai d'appliquer les catégories de la modalité aux objets vides, c'est-à-dire à un domaine hors des conditions nécessaires à toute synthèse objective, et permet de comprendre la futilité de cet essai. Car les catégories de la modalité ont précisément pour rôle de permettre l'appréciation de la signification, de la vérité de toute proposition qui se veut une connaissance. Elles permettent de comprendre le processus même de l'illusion dialectique, dont l'analyse va se poursuivre, dans cette partie de la Théologie Transcendantale, par une ultime tentative, l'application des catégories de la relation, examinées dans l'ordre suivant lequel elles sont présentées dans la *Critique de la raison pure*.

---

1. « L'ensemble absolu de la série des conditions pour un conditionné donné est toujours inconditionné, car en dehors d'elle il n'y a plus de conditions relativement auxquelles il puisse être conditionné. Mais cet ensemble absolu d'une série de ce genre n'est qu'une idée ou plutôt qu'un concept problématique dont il faut rechercher la possibilité, même en ce qui concerne la manière dont l'inconditionné, en tant qu'il est la véritable idée transcendantale dont il s'agit, peut y être contenu. » *Critique de la raison pure*, A 417, 418, note de bas de page.

De la Relation

Kant commence donc par l'examen du concept de Substance, un des attributs ontologiques, concept purement transcendantal, qu'il présente comme faisant partie intrinsèque de tous les autres attributs provenant du concept de Dieu, « *le concept de substance, le concept de l'unité de la substance, la simplicité, l'infinité, la permanence, la présence, entre autres. Tous ces concepts ne déterminent, toutefois, que le concept d'une chose en général. Ce ne sont que des attributs **in abstracto**, que le déiste impute à Dieu. Et il nous est tout à fait impossible de nous en contenter. Car un tel Dieu ne nous serait d'aucune aide. Certes, il serait quelque chose, mais totalement isolé en lui-même, et il n'aurait aucune relation avec nous. Ce concept de Dieu doit constituer, il est vrai, le commencement de toute connaissance de Dieu ; mais considéré isolément en lui-même, ce Dieu nous est inutile et superflu si nous ne pouvons en connaître davantage. Si l'on veut que ce concept nous soit utile, nous devons alors voir si, oui ou non, ces attributs ontologiques peuvent être appliqués à des exemples **in concreto**. C'est précisément ce que fait le théiste quand il pense Dieu comme l'intelligence suprême. Mais si nous voulons également attribuer à Dieu des attributs **in concreto**, nous devons alors emprunter les matériaux du concept de Dieu au domaine des principes et des connaissances empiriques. Nous ne trouvons, dans toute notre expérience, rien qui ait plus de réalité que notre âme* »[1].
Pourtant, un raisonnement qui passe du concept d'une chose en général *in abstracto* au concept de la réalité de notre âme *in concreto* commet l'erreur que nous avons déjà constatée, en tentant de déduire une existence réelle, l'idée d'une âme substantielle, d'une méthode synthétique qui n'a son véritable usage que dans le domaine de l'expérience. « *[...] Je découvre ici un paralogisme. Seulement, pour le soupçonner (car si l'on ne faisait au préalable aucune conjecture de ce genre, on ne concevrait aucun doute sur*

---

1. *Leçons*, pp. 84-85.

*la valeur de la preuve), il est absolument nécessaire d'avoir
en main un critérium permanent de la possibilité des propositions synthétiques qui doivent prouver plus que l'expérience ne peut donner ; ce critérium consiste à ne pas
rapporter directement à la preuve le prédicat désiré, mais
à ne l'y rattacher que par l'intermédiaire d'un principe de
la possibilité d'étendre a priori notre concept donné jusqu'aux idées et de les réaliser. Si l'on usait toujours de
cette précaution, si, avant de chercher la preuve, on com-
mençait par examiner sagement en soi-même comment et
avec quel motif d'espoir on peut bien attendre de la raison
pure une telle extension et d'où, en pareil cas, on veut tirer
ces vues qui ne peuvent être ni dérivées de concepts, ni
anticipées par rapport à l'expérience possible, on
s'épargnerait ainsi beaucoup d'efforts pénibles et cependant stériles, car on n'attribuerait plus à la raison ce qui
est manifestement au-dessus de son pouvoir, ou plutôt on
soumettrait à la discipline de la tempérance cette faculté
qui ne se modère pas volontiers dans les élans où elle est
entraînée par son désir d'extension spéculative[1]. »* Il y a
donc bien, encore une fois, procédure illégitime, donc inad-
missible. Car, vouloir passer du contingent au nécessaire,
comme vouloir passer du concept du nécessaire à celui du
réel, ne sont que des transgressions.

L'examen de la notion de causalité, deuxième catégorie
de la relation, va permettre de poursuivre cette décomposition de l'illusion dialectique. Nous l'avons déjà vue au sujet
de la preuve cosmologique, dont nous comprenons maintenant mieux son introduction au milieu de la démonstration
dite ontologique. La preuve nommée *A Contingentia Mundi*
s'exprime de la façon suivante : *« Si quelque chose existe,
un être absolument nécessaire doit alors exister également.
Or, tout au moins, j'existe moi-même, il existe donc aussi
un être absolument nécessaire. La prémisse mineure
exprime une expérience et la majeure exprime une conclusion tirée de l'expérience. Cette conclusion repose sur la
loi naturelle de la causalité qui affirme que tout effet a sa*

---

1. *Critique de la raison pure*, A 785, 786.

*cause qui, si elle est elle-même contingente, doit avoir elle aussi sa cause, jusqu'à ce que cette série de causes toutes subordonnées entre elles aboutissent forcément à **une cause absolument nécessaire**, sans laquelle elles n'auraient aucune complétude. Car un "Regressus in Infinitum", une série d'effets sans une cause suprême, est absurde. Tout ce qui existe ne peut exister que sous l'un de ces deux modes : contingent ou nécessaire. Le contingent doit avoir quelque part une cause, une raison pour laquelle il existe tel qu'il est et pas autrement. Mais j'existe moi-même de façon contingente, tout comme le monde en général. Par conséquent, un être absolument nécessaire doit exister également, comme cause qui explique que je suis comme je suis et pas autrement. Cette preuve dépend donc essentiellement de l'expérience, elle n'est pas établie entièrement* a priori *ou, si l'on préfère, ontologiquement* [1]. »

Au fond, Kant nous montre la futilité de toute tentative de passage du domaine de l'entendement, de l'expérience, au domaine de la Raison. Car avant même de contrôler la validité de cet argument, il aurait d'abord fallu examiner les bases sur lesquelles il se fonde et se justifie. « *S'il s'agit des principes de l'entendement (de celui, par exemple, de la causalité), il est inutile de vouloir arriver par leur moyen à des idées de la raison pure, car ils ne valent que pour des objets de l'expérience possible. S'il s'agit, au contraire, des principes tirés de la raison pure, toute peine est encore perdue. Car la raison, sans doute, a des principes de ce genre, mais, comme principes objectifs, ils sont tous dialectiques et ne peuvent en tout cas avoir de valeur comme principes régulateurs de l'usage systématique de l'expérience. Que si ces prétendues preuves sont déjà mises en avant, il vous faut alors opposer à la fausse conviction le "non-liquet" de votre mûr jugement, et, quoique vous ne puissiez pas encore en percer l'illusion, vous avez cependant complètement le droit d'exiger qu'on vous fournisse la déduction des principes qui y sont employés, ce que l'on ne fera jamais si ces principes sont tirés simplement de la*

---

1. *Leçons*, p. 94, nous soulignons.

raison. Et ainsi vous n'avez pas besoin d'entreprendre de développer et de réfuter chaque fausse apparence ; vous pouvez, au contraire, renvoyer d'un seul coup et en bloc toute cette dialectique inépuisable en artifices devant le tribunal d'une raison critique qui demande des lois [1]. »

Reste enfin la dernière catégorie de la relation, celle de la communion, terme dont l'ambiguïté a été soulignée ailleurs par Kant [2], le mot allemand *Gemeinschaft*, « communauté », pouvant traduire aussi bien *communio* que *commercium*. La confusion qui pourrait en résulter est ainsi dissipée par Kant : « *Dans notre esprit* (Gemüthe) *il faut que tous les phénomènes, en tant que contenus dans une expérience possible, soient en communauté* (communio) *d'aperception, et, pour que les objets puissent être représentés comme liés par la simultanéité d'existence, il faut qu'ils déterminent réciproquement leur place dans le temps et forment ainsi un tout. Pour que cette communauté subjective puisse reposer sur un principe objectif ou être rapportée aux phénomènes comme substances, il faut que la perception des uns rende possible, à titre de principe, la perception des autres, et ainsi réciproquement, afin que la succession qui est toujours dans les perceptions, en tant qu'appréhensions, ne soit pas attribuées aux objets* (Objecten), *mais que ceux-ci puissent être représentés comme existant simultanément. Or, c'est là une influence réciproque, c'est-à-dire un commerce réel des substances, sans lequel le rapport empirique de la simultanéité ne pourrait pas trouver place dans l'expérience. Par ce commerce les phénomènes, en tant qu'existant les uns en dehors des autres et cependant en liaison, forment un composé* (compositum reale) *et des composés de cette nature sont possibles de plusieurs manières. Les trois rapports dynamiques d'où découlent tous les autres sont donc les rapports d'inhérence, de conséquence et de composition* [3]. »

---

1. *Critique de la raison pure*, A 786, 787.
2. *Ibid.*, A 213.
3. *Ibid.*, A 214, 215.

Pour ne pas demeurer dans la confusion engendrée par notre tendance métaphysique fondamentale, il faut donc, encore une fois, qu'une réflexion critique dissipe les équivoques terminologiques et notionnelles. Car si « *les idées transcendantales ne sont à proprement parler rien d'autre que les catégories étendues jusqu'à l'inconditionné* [1] », tout le problème de leur signification va reposer sur la question de leur usage. « *Or, tous les concepts purs en général ont à s'occuper de l'unité synthétique des représentations ; mais les concepts de la raison pure (les idées transcendantales) s'occupent de l'unité synthétique inconditionnelle de toutes les conditions en général. Par conséquent, on peut diviser toutes les idées transcendantales en trois classes, dont la première contient l'unité absolue (inconditionnée) du sujet pensant, la deuxième, l'unité absolue de la série des conditions du phénomène, la troisième l'unité absolue de la condition de tous les objets de la pensée en général. Le sujet pensant est l'objet de la psychologie ; l'ensemble de tous les phénomènes (le monde), l'objet de la cosmologie et ce qui contient la condition suprême de la possibilité de tout ce qui peut être pensé (de l'être des êtres), l'objet de la théologie. La raison pure nous fournit donc l'idée d'une psychologie transcendantale* (psychologia rationalis)*, d'une cosmologie transcendantale* (cosmologia rationalis)*, enfin aussi d'une théologie transcendantale* (theologia transcendantalis)*. La simple esquisse de l'une ou de l'autre des sciences n'est pas du ressort de l'entendement, qui ne saurait même pas la tracer en s'aidant du concours de l'usage logique le plus élevé de la raison, c'est-à-dire de tous les raisonnements imaginables, pour s'élever de l'un de ses objets (du phénomène) à tous les autres jusqu'aux membres les plus éloignés de la synthèse empirique ; cette esquisse est uniquement un produit pur et véritable ou un problème de la raison pure. Quels sont les modes de concepts purs de la raison qui rentrent sous ces trois titres de toutes les idées transcendantales ?* [...] *Ils suivent le fil des catégories. En effet, la raison pure ne se rapporte jamais directe-*

---

1. *Ibid.*, A 409.

*ment aux objets, mais aux concepts qu'en a l'entendement.
Ce n'est du reste qu'après avoir parcouru tout ce travail
qu'on verra clairement comment, uniquement par l'usage
synthétique de cette même fonction dont elle se sert dans
les raisonnements catégoriques, la raison peut arriver
nécessairement au concept de l'unité absolue du sujet pensant, comment le procédé logique, dans les raisonnements
hypothétiques, doit nécessairement amener l'idée de l'in-
conditionnel absolu dans une série de conditions données,
et enfin comment la simple forme du raisonnement disjonctif appelle le concept rationnel suprême d'un **être de tous
les êtres** ; ce qui nous paraît au premier abord être une
pensée paradoxale au suprême degré [1]. »*

On retrouve donc dans la conceptualisation de Dieu ce
qui est, au fond, la difficulté de préciser ce qu'est la bonne
ou la mauvaise utilisation des catégories. Tant que la communion indique la catégorie du *commercium* propre à son
usage empirique, elle est bénéfique, nous aidant à poursuivre la tâche d'intégration du divers dans une unité plus
grande et plus cohérente. Mais dès que cette même notion
de communion est prise comme l'*Ens Entium* de la
métaphysique et réifiée en une substance qui prétend jouir
en même temps de la réalité objective, elle nous induit en
erreur, elle crée l'illusion dialectique. Car comme notion
principielle de la synthèse des catégories, l'idée de Dieu
n'est au fond que la connexion des deux idées précédentes,
c'est-à-dire des deux catégories de la substance et de la
causalité, fusionnées dans leur extension vers l'inconditionné. « *La troisième idée de la raison pure, qui contient
une supposition simplement relative d'un être considéré
comme la cause unique et parfaitement suffisante de toutes
les séries cosmologiques, est le concept rationnel de Dieu.
Nous n'avons pas la moindre raison d'admettre absolument
l'objet de cette idée (de le supposer en soi) ; qu'est-ce, en
effet, qui pourrait nous donner le pouvoir ou seulement le
droit de croire ou d'affirmer en soi, en vertu du simple
concept que nous nous en faisons, un être de la plus haute*

---

1. *Critique de la raison pure*, A 334, 335.

perfection et absolument nécessaire, si ce n'était le monde, par rapport auquel seulement cette supposition peut être nécessaire ; et alors, on voit clairement que l'idée de cet être, comme toutes les idées spéculatives, ne signifie rien de plus sinon que la raison exige que l'on considère chaque liaison du monde suivant les principes d'une unité systématique, c'est-à-dire comme si toutes étaient sorties d'un être unique embrassant tout, comme d'une cause suprême et parfaitement suffisante. Il est clair par-là que la raison ne peut avoir ici pour but que sa propre règle formelle dans l'extension de son usage empirique, mais jamais une extension au-delà de toutes les limites de l'usage empirique et que, par conséquent, sous cette idée ne se cache aucun principe constitutif de son usage approprié à une expérience possible[1]. »

Kant poursuit cette application de la catégorie de la communion par une discussion de la notion de substance, en développant ces caractéristiques : l'unité, la singularité et la simplicité. Là encore, les difficultés surgissent lorsqu'on tente d'utiliser ces catégories de la relation, propres au domaine de l'expérience, dans celui de l'ontologie théologique. En effet, par la simple procédure logique, la raison ne parvient pas à comprendre la différence entre *communion* en tant que *commercium* ou action réciproque[2] et *communion* en tant qu'unité d'une substance simple, ce qui relève en propre de l'*Ens Realissimum*, de l'idée de Dieu, comme nous l'avons déjà constaté. Suivons le raisonnement : « *Pour qu'une chose puisse avoir une réalité illimitée, l'intégration de toutes les réalités doit être effectuée en un seul sujet. Et c'est précisément cette intégration qui identifie la forme d'un **Ens Realissimum**. Mais dès que ces réalités sont partagées (et un tel partage devrait avoir lieu entre les parties de ce **Compositum** si l'**Ens Realissimum** était aussi un **Ens Compositum**) surgissent alors des limitations. Car là où la réalité est partagée entre plusieurs parties,*

---

1. *Critique de la raison pure*, A 686.
2. « Wechelwirkung. » Voir *Leçons*, p. 110 et *Critique de la raison pure*, A 211.

*elle n'est par conséquent pas totalement en chaque partie et il manque donc à chacune une part de la réalité. L'unité d'un **Compositum** est seulement l'unité contingente d'une combinaison, autrement dit, dans un tel composite, nous pouvons imaginer les parties comme séparées ; et même si elles sont combinées elles pourraient aussi bien être arrangées autrement ; mais l'unité d'une substance simple est nécessaire. La simplicité de cet **Ens Realissimum** est précisément démontrée par sa nécessité absolue*[1]. »

Mais cette nécessité absolue, comme cela a déjà été souligné, n'a littéralement aucun sens pour notre esprit. Cependant, nous voyons là le sens du *télescopage* de notions dans le concept de Dieu sur lequel s'ouvrent les *Leçons*. Il y a d'une part, et cela commence à être clairement compris, une unification de trois *réalités*, sujet (substance), créateur (causalité) et liaison du tout (communion), dans une seule conception spéculative qui montre excellemment comment cette disposition de l'esprit humain à chercher une patrie, un foyer unique pour ses exigences spirituelles, se concrétise autour de l'idée de Dieu. Et s'il est vrai que l'esprit humain veut toujours pénétrer tout objet qui s'ouvre à sa conscience, il devient clair que cette inclinaison n'est qu'une projection au-delà du réalisable, parce que confondant objet de désir et réalité objective.

Nous sommes à présent en mesure de dresser un premier bilan de ces efforts de réflexion. Au passif figure l'échec de toutes les tentatives d'arriver à une connaissance de Dieu. Qui plus est, cet échec nous place devant un abîme spirituel, en face de ce qui est impensable pour l'esprit humain. A l'actif, en revanche, cette réflexion rigoureuse permet de tirer quelques leçons qui vont être exposées au lecteur dans les dernières pages de l'ontothéologie.

Les Attributs ontologiques

Et pour commencer, Kant va procéder à l'examen de l'attribut divin de l'immutabilité, examen auquel procéda avant

---

1. *Leçons*, p. 105 mais aussi p. 113.

lui Baumgarten, métaphysicien s'il en fut. « *Pourtant on ne doit pas confondre l'*Immutabile *en tant que concept avec l'*Immutabile *en tant que chose.* **Baumgarten** *n'a pas examiné cette distinction correctement. Car il déduit l'immutabilité de Dieu du fait que toutes les déterminations d'un être d'une réalité suprême sont absolument et intrinsèquement inaltérables. Alors que de ce fait ne résulte que l'immutabilité transcendantale du concept de Dieu qui consiste en ce que Dieu est déjà entièrement déterminé par son concept*[1]. » L'erreur de Baumgarten consiste donc à prendre Dieu comme une chose constituée de qualités absolues et intrinsèques, c'est-à-dire essentielles ou métaphysiques. Pour l'esprit critique, en revanche, Dieu n'est qu'un idéal, une méthode transcendantale entièrement déterminée par son concept, c'est-à-dire par le concept de la totalité de l'expérience possible.

Dorénavant, dans la décomposition de la métaphysique, des illusions de la raison seulement spéculative, il y aura systématiquement présent, en toile de fond de chaque discussion, ce réflexe critique : gardons conscience de l'impossibilité d'appliquer nos concepts synthétiques, les catégories et leurs corollaires méthodiques, à une notion de Dieu *chose* et isolé de tout. Ce qui implique que toute connaissance qui se veut vraie, toute philosophie critique, transcendantale, doit renvoyer à la possibilité d'objets réels, ce qui n'est réalisable que par la liaison synthétique entre les catégories et la sensibilité.

Il en va de même pour cet autre argument ontologique qui décrit Dieu comme un *Ens a Mundo Diversum*[2], thèse qui s'oppose au Spinozisme qui affirme que Dieu et le monde ne font qu'un, ne sont qu'une substance. « **Spinoza** *croyait que Dieu et le monde n'étaient qu'une substance et qu'en dehors du monde, il n'y avait aucune substance*[3]. » Ou encore, il n'y a qu'une substance, Dieu. « *Toutes les*

---

1. *Leçons*, p. 105-106.
2. *Leçons*, p. 108.
3. *Ibid.*

choses dans le monde ne sont que des Accidentia *qui sont inhérents à cette divinité, parce qu'elles ont toutes besoin de son existence pour pouvoir exister elles-mêmes. Par conséquent, tout ce qui existe est en Dieu et rien ne peut exister, ni même être pensé, en dehors de Dieu. Cela revient précisément à dire que Dieu et le monde ne font qu'un. Car le monde entier est en Dieu, et en dehors de Lui il n'y a rien* [1]. » Pour la métaphysique Dieu et le monde ne font qu'un mais la raison seulement spéculative est incapable de nous dire qui, de Dieu ou du monde, est la véritable substance. Et tant que ce problème n'est pas examiné du point de vue de la critique transcendantale, toute définition de la substance sera une définition arbitraire [2]. Car, selon la critique transcendantale, seul est substance « *ce qui existe pour soi, sans être une détermination d'une autre chose* [3] ». Par conséquent toutes les choses sont des substances et « *Le monde comprend en lui-même des choses qui toutes et chacune sont des substances et qui, donc, devraient cesser d'être des choses si elles n'étaient que de simples déterminations d'une autre chose ; par conséquent, le monde entier n'est pas une détermination de Dieu...* [4] ». C'est donc seulement du point de vue transcendantal que la réflexion critique nous permet de rejeter ces deux attitudes dogmatiques, l'une théologique qui affirme l'existence d'un *Ens Realissimum* différent du monde, l'autre athée qui affirme leur identité. Kant les renvoie dos à dos et nous invite à reconsidérer la question du rapport de Dieu au monde sous l'angle de l'idéal, seule façon de nous rendre cette relation (âme, monde, Dieu [5]) intelligible.

Donc, « *le monde entier n'est pas une détermination de Dieu* [6] ». Comme toute proposition affirmative, cette conclusion doit pouvoir s'inverser et l'on peut donc en

---

1. *Leçons*, pp. 108-109.
2. *Ibid.*
3. *Ibid.*, « *Für Sich* », en soi, pour soi, par soi, *per se*.
4. *Ibid.*, p. 110.
5. Voir *Critique de la raison pure*, A 682 et suivantes.
6. Voir supra, *Leçons*, p. 110, mais aussi p. 94 pour le sens du mot « monde » déjà examiné.

déduire que Dieu n'est pas, non plus, une détermination du monde. « *Dieu est donc isolé*[1] », conclusion éminemment importante car, si Dieu est isolé du monde, le monde est isolé de Dieu, indépendant du Dieu métaphysique, qui n'a aucun sens pour nous, et, en conséquence, Dieu n'existe pas. Seul existe, en effet, ce qui peut entrer dans le système des catégories reliées aux formes de l'intuition, c'est-à-dire à la sensibilité du divers donné. Tel n'est justement pas le cas de Dieu.

Après un bref rappel de la question d'infinité[2], Kant, pour en finir avec l'ontothéologie, procède à un examen de la notion d'éternité. « *La dimension de l'existence est sa durée ; nous combinons, ici, le concept de dimension avec celui d'existence, uniquement, à vrai dire, au moyen du temps. Le temps est par conséquent la mesure de la durée. La durée sans commencement ni fin est l'éternité*[3]. » Surgit alors le problème du sens d'une telle affirmation et toute la problématique de l'ontothéologie s'éclaire ici. D'une part, Kant démontre, par maints arguments, qu'il est impossible de saisir, pour ne pas dire connaître et encore moins prouver, quelque chose, en l'occurrence l'éternité, qui est hors de la forme de notre intuition humaine, c'est-à-dire hors du temps qui n'est rien d'autre qu'une « *limitation continue*[4] ». Donc, « *le temps doit être opposé à la qualité d'un Ens Realissimum*[5] ». Puisque Dieu n'est rien d'autre que ses attributs (infini, éternel, parfait...) et puisque ceux-ci sont proprement impossibles à saisir par l'esprit humain, cette conception métaphysique d'un tel Dieu est intenable. D'autre part, il serait absurde de réduire l'idée de Dieu, cet être suprême, à une simple représentation phénoménale, car un tel Dieu n'aurait alors rien de spécifiquement différent du monde ; il lui appartiendrait, ce qui a été rondement rejeté peu avant. « *On a voulu éviter les difficultés qui sur-*

1. *Leçons*, p. 110.
2. Voir supra, *Leçons*, p. 86 et suivantes, p. 94 et suivantes.
3. *Leçons*, p. 111.
4. *Leçons*, p. 111.
5. *Ibid.*

gissent lorsqu'on se représente l'existence de Dieu dans le temps en exigeant de penser toutes les étapes successives du temps comme simultanées en Dieu ; ce n'est qu'une prétention qui nous oblige à penser une contradiction : des étapes successives dans une chose et, cependant, simultanées ! Qu'est-ce, sinon une Contradictio In Adjecto *? Car le mot "simultané" ne veut dire rien d'autre que "en même temps" ; et penser des parties successives du temps les unes après les autres "en même temps" est contradictoire* [1]. » Par conséquent, « *de tout ce qui précède, nous voyons que si nous voulons nous représenter l'éternité comme une qualité particulière de Dieu, il est impossible de la penser dépourvue du temps parce que le temps est précisément la condition sensible de toutes nos représentations, la forme de la sensibilité* [2] ».

Dans les toutes dernières pages de l'ontothéologie, nous découvrons ainsi la véritable orientation de ces recherches, le fait qu'il ne nous est possible de connaître, et d'espérer connaître, que ce qui rassemble les catégories et la sensibilité, que ce qui rattache les formes de la pensée aux formes de l'intuition, c'est-à-dire de l'espace et du temps. La décomposition de l'illusion spéculative révèle ainsi exactement l'orientation de notre pensée et de notre connaissance. « *L'éternité a une grande ressemblance avec l'omniprésence ; car, tout comme l'éternité selon nos représentations sensibles remplit entièrement le temps, la présence de Dieu, selon ces mêmes représentations, est aussi une plénitude de l'espace. La présence spatiale de Dieu, ou la présence de Dieu dans l'espace, est précisément soumise aux mêmes difficultés que l'éternité quand elle est liée au temps ; car, qu'une chose puisse être simultanément en plusieurs endroits dans l'espace est une contradiction* [3]. » Il nous faut donc mettre fin à toutes les tentatives métaphysico-spéculatives et, « *au lieu de s'aventurer dans ces énormités de la pensée,* [la raison] *devrait plutôt, pleinement consciente de*

---

1. *Leçons*, p. 112.
2. *Ibid.*
3. *Leçons*, p. 113.

son incapacité, reculer et se contenter de réfléchir, en premier lieu, à la manière dont elle pourrait penser Dieu dignement[1] ».

LA THÉOLOGIE COSMOLOGIQUE
(Première partie, deuxième section)

La théologie cosmologique (cosmothéologie), objet de la deuxième section de la Théologie Transcendantale, a déjà été abordée dans la première section où l'on a vu que les preuves qu'elle était censée fournir se sont révélées, comme les autres, fausses. Pourquoi, alors, lui consacrer une section particulière ? En fait, et cela est capital, son examen va permettre d'exposer les implications de la décomposition de l'illusion dialectique qui vient d'être effectuée, exposé qui se poursuivra dans la dernière section, consacrée à la théologie physique, de cette première partie. La stratégie est ici particulièrement claire : ce qui n'appartient pas à Dieu, ce que nous ne pouvons pas nettement et certainement lui imputer, nous revient et est à nous. En d'autres mots, la décomposition de la notion métaphysique de Dieu signifie, une fois brisées les prétentions spéculatives, la (re-) composition, la restitution de l'homme à lui-même.

Il y a pourtant un changement de perspective. A partir de la cosmothéologie, il est admis que la réflexion sur la théologie commence par une expérience, même si elle reste pour le moment indéterminée[2]. C'est seulement par le biais d'un examen de l'expérience que nous pouvons essayer d'arriver au concept entier de Dieu. Dans la théologie ontologique en effet, Dieu est pensé comme la cause suprême du monde, comme la racine des choses, mais ces appellations ne désignent que le concept déiste de Dieu, ayant « *une nature éternelle mais aveugle*[3] ». En revanche, le concept théiste de Dieu, explicité dans la théologie cosmo-

---

1. *Ibid.*
2. *Leçons*, pp. 115-116.
3. *Leçons*, p. 116.

logique, est « *le concept qui reconnaît Dieu comme l'intelligence suprême, l'être suprême, l'auteur libre de toutes les choses par l'entendement*[1] », et « *seul le concept d'un auteur du monde, c'est-à-dire d'un Dieu vivant, nous intéresse*[2] ».

Comme base de cet examen, Kant prend « *l'expérience la plus simple qui puisse être : l'expérience de nous-mêmes. Ainsi, nous traiterons à présent des attributs psychologiques que nous emprunterons à la nature de notre âme et que nous conférerons à Dieu après en avoir ôté les limitations*[3] ». Désormais, la réflexion sur Dieu ne sera plus éclairée par de simples concepts purs, mais par la lumière de données humaines, en l'occurrence de données psychologiques. Finies les tentatives vaines de penser Dieu dans le vide, sans attache aucune à la réalité catégorielle, qui ne nous procurent, étant produites par la raison spéculative, que des illusions métaphysiques. La réalité, dorénavant, est la nôtre. « *Nous trouvons en premier lieu dans notre âme une faculté de connaissance. Personne ne peut douter que celle-ci soit une réalité*[4] ». Et bien que cette même réalité ne puisse être démontrée ontologiquement à propos de Dieu, car cela dépasse, nous l'avons vu, les compétences de la raison humaine, nous sommes cependant libres d'accepter la réalité de la faculté de connaissance chez l'être suprême, ou, tout au moins, « *personne ne peut nier que nous ayons, selon le concept d'*Ens Realissimum, *un droit bien plus grand d'attribuer à celui-ci la réalité d'une faculté de connaissance que d'exclure totalement qu'il possède cette réalité*[5] ». Le raisonnement, notre raisonnement, part de l'homme pour revenir à lui, et la constitution (*Beschaffenheit*) de l'idée de Dieu est effectuée à partir des réalités humaines ; c'est seulement ainsi que l'on peut parvenir au « *concept entier de Dieu* », le seul qui nous intéresse.

---

1. *Ibid.*
2. *Ibid.*
3. *Ibid.*
4. *Leçons*, p. 117.
5. *Leçons*, p. 118.

Qu'en est-il au juste de cette faculté chez l'*Ens Realissimum* ? Kant dresse la liste des caractéristiques de la faculté de connaissance divine et, *ce faisant*, va énumérer les qualités réelles qui sont celles de l'homme.

— Premièrement, puisqu'il est impossible que les objets puissent avoir une influence sur un être foncièrement indépendant, la faculté de connaissance de Dieu sera un résultat de l'entendement pur. La connaissance de l'homme, influencé par les objets, est en revanche sensible.

— Deuxièmement, l'entendement divin est intuitif, l'intuition divine est une intuition immédiate de toutes choses par l'entendement. En revanche, notre entendement est discursif (il déduit le particulier de l'universel) et notre intuition est nécessairement sensible.

— Troisièmement, Dieu connaît tout *a priori*, ce qui est loin d'être le cas de la connaissance humaine.

Une fois cette liste établie, nous constatons que la faculté de connaissance de Dieu comprend un entendement pur et intuitif, ce qui donne une connaissance pure *a priori* ; que la faculté de connaissance humaine joint un entendement discursif à une intuition sensible, caractéristiques décrites comme autant de limitations de la connaissance divine, de l'omniscience, c'est-à-dire la connaissance de toutes les choses possibles aussi bien que réelles car, en Dieu, la distinction entre possibilité et réalité disparaît.

Et Kant d'insister : « *L'être primordial est le fondement de tout ce qui est possible. Tout ce qui existe est dépendant et déduit de lui. Par conséquent, il doit connaître tout ce qui est, avant même que quelque chose n'existe, tout ce qui est possible* a priori. *Dieu connaît toutes les choses puisqu'il se connaît lui-même, lui le fondement de toute possibilité. On appelle cela la* **Theologia Archetypa** *ou* **Exemplaris** *comme nous l'avons déjà mentionné. Dieu ne connaît donc pas empiriquement parce que cette façon de connaître est incompatible avec un être primordial indépendant* [1]. » Comme annoncé tout au début des *Leçons* [2], la

---

1. *Leçons*, p. 121.
2. P. 54.

Theologia Archetypa[1], la connaissance de tout ce qui se trouve en Dieu, est donc opposée à la *Theologia Ectypa* qui, elle, est le système de connaissance de Dieu qui peut être atteint par la nature humaine, qui est donc en soi très imparfait, mais qui est le seul possible à l'homme. Limitée par l'expérience, la connaissance humaine ne peut en effet connaître que des apparences, le monde des phénomènes, et en aucun cas le monde des intelligibles, les choses comme elles sont en elles-mêmes, les choses en soi[2].

Nous retrouvons donc le clivage, qui nous est désormais familier, entre l'idée de Dieu, absolu, isolé en lui-même, séparé du monde, et ce qui en reste, ce qui en revient à l'homme, une connaissance phénoménale, une connaissance par l'expérience.

Quelles sont les caractéristiques de cette faculté de connaissance humaine ? L'entendement humain, c'est-à-dire discursif, fonctionne par « *attention, abstraction, réflexion* et *comparaison*[3] ». Apparaît ainsi la particularité de l'entendement humain, qui ne consiste pas seulement dans le fait que la connaissance dépende des formes de l'intuition de la sensibilité, à savoir de l'espace et du temps, mais qui est aussi effort, vrai travail intellectuel, par opposition à l'*Intellectus Archetypus* avec son intuition immédiate et créatrice. L'homme doit se concentrer, faire un effort d'attention aux seules conditions de possibilité de sa connaissance, celles de l'expérience, afin de procéder par abstraction à la différenciation de la forme et de la matière de sa pensée. C'est ensuite par un travail de réflexion qu'il doit prendre le recul nécessaire en toute conscience pour, enfin, comparer les différents éléments variables et émettre un jugement discursif affirmant, ou infirmant, ce qui se présente, dans l'expérience, à son discernement, pour détermi-

---

1. Voir les remarques pertinentes sur ce sujet *in* Karl Jaspers, *Kant*, p. 49 et suivantes.
2. On connaît les longues considérations de Kant dans la *Raison pure* sur cette distinction transcendantale nécessaire et la signification que l'on peut en tirer ; voir A. 568ff, A. 672ff, A. 695 ff.
3. *Leçons*, p. 122. Nous soulignons.

ner enfin le vrai, le réel, cette partie de l'être qui se donne à lui.

On sait que dans la *Critique de la raison pure*, la notion d'un *Intellectus Archetypus* [1] est projetée pour délimiter et, ainsi, définir la raison et l'entendement humains. Dans les *Leçons*, c'est le processus exactement inverse qui est utilisé. La raison et l'entendement de l'esprit humain sont *séparés*, *abstraits* de la notion d'entendement parfait par l'entreprise de réflexion de la décomposition métaphysique. « *Dieu n'a aucun **Conceptus**, mais plutôt un **Intuitus** pur d'où provient le fait que l'entendement divin connaît tous les objets immédiatement, tels qu'ils sont en eux-mêmes ; en revanche, les concepts ne sont que des moyens indirects puisqu'ils proviennent de critères universels. Mais un entendement qui connaît tout immédiatement, un entendement intuitif, n'a aucun besoin de la raison ; car la raison n'est qu'une caractéristique des limites de l'entendement auquel elle procure des concepts. Là où l'entendement reçoit ses concepts par lui-même, aucune raison n'est nécessaire. C'est pourquoi l'expression "raison" est en-dessous de la dignité de la nature divine. En ce qui concerne l'être le plus réel, on doit exclure complètement ce concept de raison et lui attribuer plutôt un entendement purement intuitif, tel que la perfection suprême de la connaissance. Dans cette vie, nous n'avons absolument aucun concept de cette intuition immédiate de l'entendement ; mais on ne peut ni nier ni prouver qu'une âme séparée, en tant qu'intelligence, puisse posséder une semblable intuition, au lieu d'une sensibilité, par laquelle elle pourrait connaître les choses en elles-mêmes, comme c'est le cas des idées de Dieu* [2]. »

C'est donc précisément par l'utilisation de *sa* raison que l'homme arrive à s'approprier la connaissance, tout en niant ce processus chez l'*Ens Realissimum*, Dieu, supposé avoir

---

1. Nous renvoyons de nouveau à l'excellente discussion de Jaspers in *Kant* (chapitre III, section 10), pour le rôle de l'idéal de l'entendement divin dans la *Critique de la raison pure*.
2. *Leçons*, p. 122.

en lui « *toutes les réalités* ». Une fois cela compris, nous sommes autorisés, dorénavant, à considérer Dieu, l'idéal (au sens propre du mot, comme n'étant qu'un point de vue, *le nôtre*) de la Raison Pure (*la nôtre*), comme ce qui serait, ou devrait être, la parfaite connaissance du Tout[1].

Nous sommes enfin en position de mieux apprécier la signification qui est ainsi donnée à cette perfection suprême de la connaissance. « *La connaissance de tout ce qui se trouve en Dieu est ce que nous appelons* Theologia Archetypa *et ne peut se trouver qu'en Dieu lui-même. Le système de connaissance de Dieu qui peut être atteint par la nature humaine s'appelle* Theologia Ectypa *et peut être très imparfait. La* Theologia Ectypa *constitue pourtant un système puisque ce que nous reconnaissons par la raison peut être pensé comme une unité. Le contenu de toutes les connaissances possibles de Dieu ne peut être atteint par l'être humain, même par la voie d'une révélation véritable. Mais un des efforts les plus estimables de la réflexion reste pourtant d'avancer le plus loin possible dans la connaissance de Dieu. La théologie rationnelle ne peut ainsi arriver à la perfection que lorsque plus aucune raison humaine n'est capable d'atteindre une connaissance et une compréhension plus grandes de Dieu. C'est pour cette raison qu'il est positif que la raison puisse déterminer précisément ses limites. C'est ce que permet la théologie dans le domaine de la possibilité d'une connaissance totale de Dieu[2].* »

Ainsi la raison, par le fait de reconnaître ses limites, mais aussi par l'effort de réfléchir sur cette signification, ne peut qu'avouer le processus d'idéalisation de la notion de Dieu comme possédant en lui une connaissance totale achevée. L'entendement divin est ainsi l'entendement humain poussé à un maximum par la suppression de toutes les restrictions, ce qui implique qu'il n'y a pas en Dieu de distinction entre "savoir", "croire" et "entendre".

---

1. Voir les *Leçons*, p. 126 : « *La perfection de la connaissance de Dieu s'appelle l'omniscience* », mais aussi *ibid.*, p. 101.
2. *Leçons*, p. 54.

C'est également la raison pour laquelle, en ce qui concerne l'idéal de la raison pure, Kant peut de nouveau rejeter les distinctions faites par **Baumgarten** entre une connaissance de tout ce qui est possible et une connaissance de tout ce qui est réel[1]. « *Pour Dieu, il n'y a aucune distinction entre ce qui est possible et ce qui est réel ; une connaissance totale de ce qui est possible est, en effet, une connaissance de ce qui est réel en même temps. Le réel est déjà compris dans le possible car ce qui est réel doit être possible, sans quoi il ne serait pas effectivement réel. C'est pourquoi, lorsque Dieu pense tout ce qui est possible, il pense également tout ce qui est réel. Ainsi, la distinction entre **Scientia Simplicis Intelligentiae** et **Scientia Libera** se trouve seulement dans notre représentation humaine de la connaissance divine, et non dans la connaissance divine elle-même. C'est-à-dire que nous nous représentons le fait que Dieu, en connaissant sa propre essence, connaît également tout ce qui est possible car il est le fondement de toute possibilité. Nous déduisons donc de la nature de Dieu cette connaissance de toutes les choses possibles et l'appelons* **Cognitio Simplicis Intelligentiae**[2]. »

La distinction entre le possible et le réel n'a de véritable sens, en effet, que pour nous, les hommes, et leur renvoi à une source divine qui est leur substratum, leur fondement ultime, est à considérer, afin de ne pas retomber dans l'illusion d'un *Ens Realissimum* constitutif provoquée par la confusion ontothéologique, plutôt comme une perspective imaginaire, idéalisée, de ce que la raison doit supposer être l'harmonie de ses recherches théoriques. Ainsi perçu, l'*Ens Entium*, Dieu, n'est autre que le point de vue de ce que serait cette *Cognitio Simplicis Intelligentiae*, une fois atteinte la pleine connaissance que poursuit l'homme au moyen du sensible et du conceptuel[3].

---

1. Nous avons déjà vu les difficultés qu'implique cette distinction dans la discussion de l'ontothéologie.

2. *Leçons*, p. 123.

3. Que cette distinction ne relève que de la limitation de l'esprit humain est très clairement exposé dans les *Leçons*. Voir, par exemple, p. 126. Consulter aussi l'excellente remarque d'Alain Renaut in *L'Ere de l'indi-*

Dans ce sens, Kant peut *jouer* sur l'antinomie de la causalité, et défaire cette antinomie présente dans la perplexité dans laquelle se trouve l'esprit humain discursif lorsqu'il s'agit de décider si Dieu est plutôt créateur par sa libre volonté ou cause de toutes les choses dans le monde par l'essence de sa nature, c'est-à-dire par nécessité[1]. Toute la partie de la Théologie Cosmologique consacrée à cette difficulté révèle le dilemme dans lequel est un esprit humain non averti de la différence transcendantale. Du point de vue métaphysique dogmatique, un double raisonnement est en effet possible. « *Par l'expression* **Scientia Libera** *nous entendons la connaissance que Dieu possède des choses réelles, dans la mesure où il est conscient simultanément de son choix libre des choses ; en effet, ou toutes les choses sont réelles de par la nécessité de la nature de Dieu — ce qui serait le principe de l'émanation —, ou elles le sont de par la volonté de Dieu — ce qui est le système de la création. C'est parce que Dieu est toujours conscient de sa libre volonté dans sa connaissance de toutes les choses possibles, qu'il a transformées en choses réelles, que nous pensons une* **Scientia Libera** *en lui. Cette représentation est fondée sur le système de la création selon lequel Dieu est l'auteur de toutes les choses de par sa volonté. Mais cela est vrai aussi selon le principe de l'émanation. En effet, puisque, selon ce principe, tout ce qui est réel l'est de par la nécessité de la nature divine, Dieu est alors conscient de toutes les choses non de par sa conscience de son libre choix des choses mais de par sa conscience de sa propre nature de cause de toutes les choses*[2]. »

Quelles conclusions pour l'esprit humain peut-on tirer à ce stade de la réflexion ? A tout le moins, on peut dire que si, pour Dieu, *sa* connaissance est libre (entendons-nous, en tant qu'*idéal* de la raison pure) car le monde (dans son unité

---

vidu, pp. 293-294, ce qu'il appelle « *un point de vue de point de vue* ». Voir aussi Luc Ferry in *Philosophie politique*, vol. II, p. 227 et suivantes.

   1. Ceci fera l'objet de toute la troisième section de la Théologie morale, que l'on verra en détail par la suite.

   2. *Leçons*, pp. 123-124.

systématique) dépend de lui (comme perspective idéale), et
si la connaissance n'est libre que lorsque que c'est l'objet
qui dépend d'elle, c'est alors pourquoi la connaissance
humaine n'est pas libre car les objets eux-mêmes lui sont
donnés ; la connaissance dépend d'eux. Elle doit donc se
régler sur la constitution de ces objets. Nous voyons ici la
double nature de la faculté de connaissance humaine. Il faut
d'une part que tous les objets nous soient donnés, sans quoi
l'entendement tourne en rond, travaille dans le vide ; il est
nécessaire d'autre part de reconnaître l'aspect spontané de
notre connaissance qui ne saurait se régler sur la *constitution* des objets, c'est-à-dire se régler sur les conditions
objectives de possibilité de tout phénomène, pour autant
que les objets se présentent à la conscience humaine et
soient saisis activement, conceptuellement par l'esprit
humain. On apprécie alors de nouveau combien sont futiles
les arguments tendant à prouver l'existence de Dieu. Car,
tout comme l'ontothéologie était incapable d'en avancer
des preuves convaincantes, la cosmothéologie échoue également dans ses tentatives illégitimes et prétentieuses.

A la suite de ces considérations sur l'entendement de
Dieu, Kant aborde la question de la sagesse divine. Il commence par énumérer les attributs intrinsèques aux deux qualités qui doivent appartenir à tout être possédant la
connaissance. La première qualité est décrite comme une
perfection théorique de la connaissance. « *Cette qualité doit
appartenir à cette connaissance dans la mesure où elle est
ou ordinaire ou scientifique. Mais ni l'une ni l'autre ne
s'applique à Dieu, car* **elles ne concernent que
l'homme** [1]. » En effet, concernant Dieu, cette perfection
théorique de la connaissance s'appelle l'omniscience [2]. La
seconde qualité est la perfection pratique de la connaissance
qui comprend trois propriétés :

« *a) L'habileté, c'est-à-dire la perfection de la connaissance dans le choix des moyens nécessaires pour arriver à*

---

1. *Leçons*, p. 126. Nous soulignons.
2. Celle-ci a déjà été examinée en détail dans la section sur l'ontothéologie.

272 Théorie philosophique de la religion

ses fins, quelles qu'elles soient, même si elles sont problématiques.

b) La justesse, c'est-à-dire la connaissance des moyens nécessaires pour arriver à des fins données, dans la mesure où ces moyens ne sont pas entièrement en notre pouvoir. Ces moyens sont des êtres rationnels. C'est pourquoi la justesse n'est rien d'autre que l'habileté à se servir des êtres agissant librement en vue de fins données.

c) La sagesse, c'est-à-dire la perfection de la connaissance dans la déduction de chaque fin du système de toutes les fins. La satisfaction repose sur l'unité de ces fins[1]. »

Or, les deux premières perfections de la connaissance, l'habileté et la justesse, ne peuvent être attribuées à Dieu car elles ressemblent trop à ce qui est humain[2]. En séparant, suivant le processus de décomposition qui nous est maintenant familier, ce qui ne saurait appartenir à Dieu, qui, idéal de la raison pure, *et* dorénavant, pratique, seul possède la vraie sagesse, ce qui reste de la réalité, ce que seulement nous pouvons saisir, nous revient, renvoie à ce qui est le propre de l'homme. Ainsi s'opère une ouverture vers une prise de conscience renforcée de la condition de l'homme dans le monde. La sagesse est mise en strict parallèle avec l'omniscience comme étant toutes deux des qualités de l'idéal divin, la première au niveau théorique, la seconde au niveau pratique. Car, tout comme la connaissance totale de Dieu est l'omniscience[3], « *la sagesse **correctement comprise** n'appartient qu'à l'être d'une perfection suprême*[4] ». En revanche, ce sont les qualités d'habileté et de justesse (avec tout ce que celles-ci impliquent de discernement, de décision, d'efforts et de tâches, même problématiques) qui constituent le sort, la condition de l'homme dans le monde. Ce qui éclaire la signification profonde de la cosmothéologie. Car sa condition dans le monde, dans le *cosmos*, intéresse à juste titre tout homme.

---

1. *Leçons*, pp. 126-127.
2. *Ibid.*, p. 127.
3. *Ibid.*, p. 128, mais aussi p. 54.
4. *Ibid.*, p. 127. Nous soulignons.

Il ne s'agit plus ici seulement des sèches spéculations scolastiques réservées à une élite, mais de ce qui préoccupe
tout homme. C'est la raison pour laquelle cet examen de la
théologie cosmologique va se prolonger par une étude du
problème des fins pour en arriver à une toute nouvelle idée,
celle de la moralité. « *Si l'on veut attribuer également la
sagesse à l'homme, on doit alors la comprendre comme
la composition* [Zusammensetzung] *de toutes nos fins en
relation à la moralité. Car la moralité a précisément pour
objet de prendre en considération la manière dont chaque
fin peut prendre position dans l'ensemble de la totalité de
toutes les fins et de juger toutes les actions selon une règle
commune* [1]. » Dans ce passage capital des *Leçons*, se
concrétisent la plupart des éléments importants et nécessaires à la transition de la raison uniquement spéculative à la
raison pratique — c'est-à-dire de la théologie théorique à
la théologie morale. On l'aura remarqué, tout se passe,
encore une fois, sous l'égide de la notion de Totalité [2],
notion clé indispensable dans la pensée de Kant.

En introduisant ainsi, et non sans raison comme nous
l'avons vu, la notion de sagesse au beau milieu de la discussion cosmologique, Kant anticipe. Car, confronté à l'obligation de passer du domaine théorique (l'ontothéologie,
laquelle s'est avérée déficiente pour l'intérêt humain qui,
lui, est de nature morale et pratique, ce qui fera l'objet
de la deuxième partie des *Leçons*) au domaine pratique, il
entrevoit la nécessité de faire appel à un autre pouvoir spirituel [3] (une autre faculté essentielle de l'esprit humain), celui
du plaisir, de la satisfaction, ainsi qu'il le nomme.

Kant anticipe, disons-nous ; en effet, la doctrine des pouvoirs, ou facultés, fondamentaux de l'esprit ne sera pour la
première fois pleinement thématisée que dans la *Critique
de la faculté de jugement*, publiée en 1790, quelque sept
ans après ces *Leçons sur la théorie philosophique de la*

---

1. *Leçons*, p. 127.
2. *Ibid.*, p. 128.
3. *Ibid.*, p. 129.

Religion [1]. Mais ici, déjà, on constate les premières tentatives [2] pour effectuer une transition du théorique au pratique par le biais du jugement en termes de plaisir, de satisfaction, thèmes qui seront repris de manière explicite dans la *Critique du jugement*, sous les formes du *goût* et du *sublime*. Il suffit d'indiquer ici que Kant a déjà entrevu la difficulté critique du passage du théorique au pratique sans l'intermédiation du plaisir qui, comme il va le développer amplement dans les *Leçons*, évoque la question des fins qui, seule, peut faire la jonction entre le fait (objectif, domaine du *vrai*) et le devoir (subjectif, domaine du *bon*) pour nouer le Tout par la considération du beau, qui seule conduit du vrai (théorie) au bon (pratique).

Dans la dernière partie de cette section sur la cosmothéologie, vont être rassemblés les acquis que la critique a permis d'obtenir, et qui ont été exposés et examinés jusque-là, dans un double but : d'une part montrer la signification pour l'homme, pour la raison humaine, pour son *passage à l'âge adulte*, de ces nouvelles acquisitions [3], et d'autre part indiquer leur signification profonde pour la religion, laquelle est décrite, rappelons-le, comme l'application de la théologie à la moralité [4].

En ce qui concerne la raison humaine, ce qui nous est apporté ici au plan de la pensée, ne serait-ce qu'hypothétique, conduit à une réévaluation de ce qu'impliquent *nos conditions* de recherche du sens même du monde sensible, le seul que nous connaissions. L'idée même d'une cause première, conçue comme une idée de perfection, de totalité, comme étalon par rapport auquel nous pouvons déterminer le degré des différentes réalités dans le monde, est ce qui permet à nos facultés intellectuelles de faire face, au moyen d'un idéal divin, d'un modèle idéalisé de Dieu, aux exigences auxquelles nous confronte notre esprit lorsqu'il s'attelle

---

1. A ce propos, voir les tables établies par Kant dans la *Première Introduction à la critique de la faculté de jugement*, pp. 76-77.

2. *Leçons*, p. 130.

3. On se souviendra que Kant rédigeait, précisément à cette époque, son essai *Qu'est-ce que les Lumières ?*

4. *Leçons*, p. 57.

à la tâche, apparemment interminable, de comprendre le monde. L'idée d'un agent intelligent et libre, posé comme cause et créateur, est donc indispensable à l'homme s'il veut s'expliquer ce qu'est, ce que serait, le monde, son monde, si celui-ci a un sens au-delà d'une simple causalité mécanique, au-delà d'une justice apparaissant souvent injustifiable. C'est donc à l'homme que revient, par nécessité subjective, le besoin d'une idée de Dieu légitimant son effort de recherche et donnant, ainsi, un sens à sa quête, justifiant le besoin d'aller toujours plus avant dans ses investigations.

En somme, l'homme, dans sa recherche de Dieu, dans l'échec de cette recherche, découvre qu'il peut utiliser l'idée de Dieu comme un idéal afin de poursuivre, et éventuellement parfaire, sa connaissance du monde, de l'univers, et éclairer, ainsi, la nature même de l'esprit humain, ce besoin de se projeter au-delà des simples phénomènes, de donner un sens, une direction à ses réflexions. Ce rejet de toute entreprise métaphysico-dogmatique dans le domaine spéculatif permet à l'homme de devenir majeur en le confrontant à sa propre finitude, à sa propre subjectivité théorique et pratique qui est la clé de son humanité proprement dite, de son autonomie [1]. Les conséquences ultimes de ce rejet seront tirées dans la section consacrée à la Théologie physique.

En ce qui concerne la religion, le besoin d'évoquer la question des fins, d'un système des fins, que seule la moralité justifie, permet de cerner la signification que pourrait avoir pour nous une religion, car moralité et finalité se retrouvent dans l'idée même de totalité. « *Car la moralité a précisément pour objet de prendre en considération la manière dont chaque fin peut prendre position dans l'ensemble de la totalité de toutes les fins et de juger toutes les actions selon une règle commune. Dans la mesure où notre connaissance des actions humaines est déduite du principe d'un système possible de toutes les fins, on peut l'appeler*

---

1. Voir : *Réponse à la question : Qu'est-ce que les Lumières* ?

sagesse humaine. [1]. » Et c'est pour cette raison que Kant, à
ce moment précis, distingue la moralité, nécessaire et universelle, du bonheur, contingent et particulier [2]. L'important
est la recherche de la raison de notre bonheur, éventuellement mérité, sur la base d'un idée de moralité totale, dans
le royaume de toutes les fins. C'est précisément cet aspect
religieux que Kant développera dans la deuxième partie des
Leçons, la Théologie morale. Mais c'est à ce point précis,
dans la Théologie cosmologique, que Kant ouvre la voie à
cette nouvelle théologie en faisant converger [3] moralité et
système de toutes les fins, non seulement les fins du monde
naturel mais aussi les nôtres.

Kant rapproche ainsi l'idée de Dieu, pourvoyeur de bien
dans le monde, de l'idée d'une nécessité morale totale. Car
dans le domaine de la moralité, où la sagesse joue le même
rôle pour la raison pratique que l'idéal de la raison pour la
raison théorique, il faut que la raison se base sur la notion
de Totalité de toutes les fins [4] afin de déterminer la valeur
de chaque fin particulière, afin de « *juger toutes les actions
selon une règle commune* [5] ». Ce qui pourrait alors sembler
l'introduction d'une nouvelle confusion entre notion
métaphysique et notion critique s'explique désormais aisément, en rappelant simplement que lorsque l'on parle de
Dieu on se situe sur un plan symbolique, et que ce symbo-
lisme révèle les caractéristiques propres à l'homme. « *Nous
pouvons donc même donner un exemple* in concreto *d'un
entendement supérieur qui déduit le particulier de la totalité : c'est celui de notre conduite morale qui nous permet
de déterminer la valeur de chaque fin à partir de l'idée de
la totalité de toutes les fins* [6]. » Autrement dit, si la moralité

---

1. *Leçons*, p. 127.
2. *Leçons*, pp. 127-128.
3. *Leçons*, p. 128
4. *Leçons*, p. 127.
5. *Ibid*. On remarquera la similitude de cette formulation et de la toute
première phrase des *Leçons* (p. 51) qui annonce à la fois les formules de
la deuxième partie (Le Théisme moral) et « l'impératif catégoriel » dans la
Critique de la raison pratique et dans les *Fondements de la métaphysique
des mœurs*.
6. *Leçons*, p. 127-128.

nous sert de règle *in concreto* allant, tout comme l'entendement divin, de l'ensemble de la totalité possible aux réalités
particulières, l'acte moral reste pour nous au niveau pratique, nécessaire et universel il est vrai mais de façon uniquement subjective. Toute confusion éventuelle renverrait ainsi
à une position non critique, non transcendantale mais dogmatique vis à vis de la théologie et retomberait donc, une
nouvelle fois, dans l'erreur d'oublier la différence entre
« penser » et « connaître » (*cf.* les pages consacrées à la
théologie ontologique). Ce qui nous conduit, directement,
aux ultimes considérations transcendantes des *Leçons*, examinées dans la section sur la Théologie physique.

LA THÉOLOGIE PHYSIQUE
(Première partie, troisième section)

La théologie physique est autant révélatrice de la condition humaine qu'elle est impuissante à atteindre son but
principal, établir la preuve finale de l'existence de Dieu,
démontrer son existence par l'ordre et l'harmonie du
monde. En effet, ni la notion de beauté naturelle, trop souvent contredite par les faits, ni celle d'harmonie universelle,
que l'on ne peut, tout au plus, qu'entrevoir partiellement,
ne permettent d'arriver à un Dieu absolument nécessaire et
original. Kant souligne cependant que cette façon de raisonner est, de toutes les tentatives de prouver l'existence de
Dieu, à la fois la plus ancienne et la plus respectueuse.
Et, nous l'avons vu, sa signification, en forme de finalité,
autrement dit de téléologie, permet la jonction entre le vrai
et le bon, par la voie du beau. Sur un plan spéculatif elle
est un échec, mais sur un plan pratique elle s'annonce révélatrice de ce qu'il y a de plus profond dans l'homme.

Echec au plan spéculatif car, en effet, le concept de Dieu
ne saurait être un concept naturel « *...car dans la psychologie et la connaissance de la nature, on ne doit jamais parvenir directement à Dieu par la perception de la beauté et
de l'harmonie. Ce serait une sorte de raison paresseuse qui
se dispenserait volontiers de toute recherche supplémen-*

taire pour découvrir des causes naturelles à des effets natu-
rels [1] ». Pourquoi, alors, consacrer à la théologie physique
une section particulière ? D'une part afin de compléter la
description de l'homme et de sa situation dans le monde,
grâce à la décomposition de toutes les démonstrations spéculatives de l'existence de Dieu, et d'autre part, ce faisant,
préparer le lecteur à la théologie morale par la mise en
perspective d'une disposition proprement religieuse [2].

Notre raison nous pousse à accepter l'idée de Dieu [3] et
si nous ne pouvons le faire de façon apodictique et démonstrative, la raison a néanmoins besoin de l'accepter subjectivement. S'il faut choisir entre l'hypothèse qui affirme que
le monde a été créé par un entendement divin et celle qui
dit que le monde est le résultat d'une *Natura Bruta*, « *l'hypothèse d'une* Summa Intelligentia *est incomparablement
plus satisfaisante pour la raison que l'hypothèse contraire ;
le tout est de se souvenir que cette hypothèse ne saurait
prétendre à déterminer ce qu'est Dieu en soi* [4] ».

La théologie physique prend ouvertement le parti de
l'homme, de l'homme *cosmopolite* qui, face au besoin qu'il
ressent devant l'immensité de l'univers, « juge » nécessaire
d'accepter une finalité, un sens dans le monde [5]. En fait, en
plaidant pour une volonté et un entendement suprêmes qui
seraient à l'origine du monde, c'est-à-dire en rejetant la
notion d'une cause non suprême mais partagée, l'homme
se confronte à sa propre structure intellectuelle. Pour autant
qu'il accepte de penser, de réfléchir sur le monde et son
sens, il est obligé de raisonner de façon conséquente, c'est-
à-dire de façon téléologique. C'est pourquoi il faut écarter
toute notion d'une *Natura Bruta* : « *Si, en revanche, nous
supposons une intelligence supérieure à l'origine de toute
la création de par sa volonté, nous pouvons alors tout à*

---

1. *Leçons*, p. 145
2. Voir *Critique de la raison pure*, A 678, et aussi Philonenko, *Kant*,
vol. II, p. 134.
3. *Leçons*, p. 134.
4. V. Delbos, *La Philosophie pratique de Kant*, p. 258.
5. Voir *Idée d'une histoire universelle au point de vue cosmopolitique*,
surtout les toutes premières pages.

*fait admettre l'ordre final de la nature, puisque nous le
déduisons d'un entendement suprême. La façon dont cet
être suprême possède et se procure toutes les perfections
nécessaires résulte de sa nécessité absolue que nous ne
pouvons ni comprendre ni nier, il est vrai, précisément à
cause des limites de notre raison* [1]. » Bien sûr, cette prédisposition naturelle de l'esprit humain ne relève que de ce
qui nous est nécessaire subjectivement car elle indique la
possibilité d'un sens à chercher au-delà du monde simplement mécanique, au-delà par conséquent des objets d'une
expérience possible, d'une justification objective. C'est
pourquoi Kant invoque si souvent la notion du besoin de la
raison [2]. Si l'homme ne peut jamais connaître Dieu, il peut
le penser, ce qui implique un ordre, des règles de réflexion.
C'est dire que l'homme dans sa quête d'une signification
du monde doit accepter « *la présupposition que tout dans
le monde a son utilité et son bon dessein* » [3]. Cette présupposition, ne pouvant être démontrée de façon objective,
n'est donc pas constitutive. « *Mais comme principe purement régulateur elle est tout à fait appropriée à l'élargissement de notre compréhension et peut, par conséquent, être
toujours utile à la raison et ne jamais lui porter préjudice.
Car si, par anticipation, nous acceptons des centaines de
sages intentions du créateur dans le monde, nous pouvons
alors, ainsi, faire toutes sortes de découvertes* [4]. » Mais en
passant du théorique au pratique, l'esprit humain sort de ce
qui *est* pour aller vers ce qui *doit être* et la raison effectue
la transition du spéculatif au moral. « *Il y a en nous une
faculté, la raison, dont l'exercice est lié à des principes
objectifs de détermination ; ces principes sont des idées
pures et leur puissance déterminante, ne relevant en rien
de la nature sensible, n'exprime rien de ce qui est, mais ce
qui doit être* [das Sollen] ; *autrement dit, les idées de la*

---

1. *Leçons*, pp. 135-136.
2. *Leçons*, p. 134. Voir l'analyse remarquable du rôle du besoin dans la
pensée de Kant *in* Philonenko, Introduction à *Qu'est-ce que s'orienter dans
la pensée*, p. 8 et suivantes, p. 68 et suivantes.
3. *Leçons*, p. 141.
4. *Ibid.* p. 141.

raison fournissent des règles universelles, indépendantes de
toute condition du temps [1]. » En insistant sur l'aspect pratique de notre raison, avec ses besoins et ses règles, Kant
met en relief la nécessité pour l'homme d'accepter sa responsabilité d'agent moral. « *Dès lors, quand le sujet raisonnable agit par raison pure, ses actes peuvent être
considérés comme absolument premiers, leur rapport au
monde sensible n'est pas un rapport au temps ; néanmoins
ils se révèlent dans le monde sensible selon un ordre cons-
tant, effet des maximes qu'ils ont adoptées [2].* »

Ce faisant, Kant opère un véritable renversement [3] des
perspectives en théologie. Au lieu de *progresser* du
domaine de la spéculation à celui du pratique, il inverse la
perspective pour faire valoir, après la décomposition des
arguments en faveur de l'existence de Dieu, la *priori*té
morale et pratique de toute théologie saine et respectueuse.
C'est donc à ce point précis, dans la théologie physique,
qu'il avance la nécessité, pour nous, de prendre en considération le sens d'une argumentation physico-théologique qui
ne trouvera de véritable fondation que dans une théologie
morale [4]. Mais toute discussion de moralité renvoie immédiatement à la question de la liberté. Et, suivant le même
processus, Kant va évoquer d'abord le cas de Dieu avant
d'en venir à ce qui en découle pour l'homme. « *La volonté
divine est libre. La liberté de la volonté est la faculté de
se déterminer à des actions indépendamment d'une Causa
Subjectis ou d'impulsions sensibles ; en d'autres termes, la
capacité de vouloir a priori. Mais, puisque chez l'homme
les penchants sont justement les conditions subjectives de
la satisfaction de soi, le concept de la liberté humaine est
soumis à maintes difficultés psychologiques. Car l'homme
fait partie de la nature ; il appartient donc au monde sensible et est donc, lui aussi, soumis aux lois des phénomènes.*

1. V. Delbos, *op. cit.*, p. 250.
2. *Ibid.*
3. *Leçons*, p. 71.
4. Delbos, *op. cit.*, p. 262. *Cf* aussi la toute dernière section de la
Critique du jugement, « Remarque générale sur la Téléologie ».

Tous les phénomènes sont déterminés entre eux par certaines lois et c'est précisément cette détermination par des lois universelles de toutes ces données dans la nature qui constitue le mécanisme de la nature. En tant que partie de la nature, l'homme est donc soumis également à ce mécanisme et, donc, à un mécanisme psychologique [1] ». En quoi consiste alors la liberté humaine ? Car il faut bien la supposer, sinon l'idée de moralité serait vide de sens. « *Dieu possède à la fois la liberté transcendantale, qui consiste en une spontanéité absolue, et la liberté pratique ou, si l'on préfère, l'indépendance de sa volonté à l'égard de toutes les impulsions sensibles. En ce qui concerne l'homme, cette spontanéité absolue ne peut absolument pas être démontrée ; sa possibilité même ne peut pas être connue parce que nous appartenons, en tant qu'hommes, au monde et sommes donc affectés par des choses. Cette spontanéité absolue peut être, en revanche, pensée chez Dieu sans la moindre difficulté. Mais cela est également vrai de la liberté pratique qui, elle, doit être présupposée chez les hommes si l'on ne veut pas supprimer la moralité tout entière. **L'homme agit selon l'idée d'une liberté, comme s'il était libre et, eo ipso, il est libre*** [2]. » Ainsi, par rapport à l'idée d'une liberté parfaite chez Dieu, la liberté humaine connaît des manques, des carences, parce que l'homme a la possibilité, contrairement à la perfection divine, de ne pas agir toujours selon la raison, selon ses règles universelles. L'homme peut effectivement décider d'opter en faveur de ses impulsions [3], comportement incompatible avec la perfection divine. Si donc l'idée de Dieu comprend celle d'une liberté transcendantale, d'une spontanéité absolue, et les anges sont décrits comme abouliques [4], la liberté pratique de l'homme participe à sa façon à une véritable spontanéité et, par-là, se situe dans le domaine des intelligibles, au moins en ce qui concerne les lois morales. Pourtant,

---

1. *Leçons*, pp. 137-138.
2. *Leçons*, p. 139 ; nous soulignons.
3. *Leçons*, ibid., mais aussi pp. 137-138.
4. *Leçons*, p. 153.

pour que l'homme soit libre, il faut qu'il s'assume, qu'il s'approprie, qu'il agisse comme s'il était libre. De plus, cette réalisation par l'homme de sa liberté le libère, justement, du fatalisme qui « *apparaît lorsque l'on ne distingue plus la nécessité aveugle de la nature de la nécessité physique et pratique*[1] ». Cette ouverture de l'esprit vers un domaine au-delà des limites de l'uniquement sensible est très clairement dépeinte dans ce passage des *Prolégomènes* : « *Quand j'examine toutes les idées transcendantales, dont l'ensemble constitue le problème propre de la raison pure naturelle, qui l'oblige à abandonner la simple considération de la nature, à s'élever au-dessus de toute expérience possible et à réaliser par cet effort la chose (qu'elle soit science ou ratiocination) qu'on nomme métaphysique, je crois me rendre compte que cette disposition naturelle a pour but de dégager notre conception des chaînes de l'expérience et des bornes de la simple considération de la nature en sorte qu'elle aperçoive au moins, ouvert devant elle, un champ ne contenant que des objets pour l'entendement pur, qu'aucune sensibilité ne peut atteindre, non il est vrai dans le dessein que nous les traitions spéculativement (parce que nous n'y trouvons pas de sol où nous puissions mettre le pied), mais afin que puissent au moins être admis comme possibles des principes pratiques qui, s'ils ne trouvaient devant eux un tel espace pour leur attente et leur espérance nécessaires, ne pourraient s'étendre jusqu'à l'universalité dont la raison a inévitablement besoin pour sa fin morale. Je trouve alors que l'idée **psychologique**, si peu qu'elle me fasse prendre en vue la nature pure, supérieure à tous les concepts empiriques de l'âme humaine, me montre pourtant du moins de façon assez évidente l'insuffisance de ces derniers, et m'écarte ainsi du matérialisme comme d'une conception psychologique incapable d'expliquer la nature et restreignant en outre la raison dans sa fin pratique. C'est ainsi que les idées **cosmologiques**, en manifestant l'insuffisance de toute connaissance possible de la nature à satisfaire la raison dans ses deman-*

---

1. *Ibid.*, p. 140.

*des légitimes, servent à nous éloigner du naturalisme qui veut présenter la nature comme se suffisant à elle-même. Enfin, comme toute nécessité naturelle dans le monde sensible est toujours conditionnée, en tant qu'elle suppose constamment la dépendance de toute chose à l'égard des autres, que la nécessité inconditionnée ne doit être cherchée que dans l'unité d'une cause du monde sensible distincte de lui, mais que la causalité de celle-ci à son tour, si elle était simplement nature, ne pourrait rendre compréhensible l'existence du contingent comme sa conséquence, la raison, grâce à l'idée théologique, se dégage du fatalisme, comme nécessité aveugle de la nature aussi bien dans la connexion de la nature elle-même sans principe premier que dans la causalité de ce principe lui-même, et elle conduit au concept d'une cause par liberté, et donc d'une intelligence première. Les idées transcendantales servent donc, sinon à nous instruire positivement, du moins à annuler les affirmations impudentes du **matérialisme**, du **naturalisme** et du **fatalisme**, qui restreignent le domaine de la raison, et à ménager ainsi une place pour les idées morales hors du champ de la spéculation ; et cela expliquerait, me semble-t-il, dans une certaine mesure, cette disposition naturelle* [1]. »

Si donc Kant termine la première partie des *Leçons*, la Théologie transcendantale, par un examen de la physico-théologie en l'appelant « *la théologie physique universelle, le principe selon lequel ce qui est bon et conforme à une fin provient de Dieu* [2] », il n'a pas pour autant négligé l'homme. Au contraire, en réduisant la métaphysique traditionnelle jusqu'à sa signification essentielle pour nous, il a relativisé le rôle de la spéculation à propos de Dieu, l'a ainsi traduit en idée de la raison pure, en méthode de penser un sens possible, et a revalorisé le besoin, la nécessité subjective pour l'homme de se prendre en main en suivant les règles et les lois de sa seule raison [3]. L'homme est doréna-

---

1. P. 60, mais aussi la *Critique de la raison pure*, A 228 et B XXIV et suivantes.
2. *Leçons*, p. 142.
3. Voir la préface de Luc Ferry à la *Critique de la raison pure*, édition G.F. Flammarion.

vant en possession de ses facultés intellectuelles, conscient
de sa finitude comme dépendant du monde pour toute
connaissance qui se veut vraie, c'est-à-dire objective, et
conscient en même temps de sa liberté qui seule peut être
le fondement de sa moralité en tant que membre du
royaume de toutes les fins. Désormais l'homme est disposé
à se confronter à sa véritable vocation, celle que va lui
proposer la Théologie morale.

CONCLUSION DE LA PREMIÈRE PARTIE

Pour conclure cette étude de la première partie des
Leçons, il nous semble utile de nous pencher sur quelques
thèmes récurrents dans ces trois sections consacrées à la
théologie transcendantale, et qui nous semblent primor-
diaux pour comprendre correctement cette théologie critique qui, seule, peut nous indiquer les limites du sens de
tous les discours sur Dieu. Nous proposons donc d'examiner successivement : l'utilisation par Kant de l'Analogie ;
la notion de causalité qui en découle et, enfin, les différentes formes d'anthropomorphisme, acceptables ou non. Une
lecture enrichissante de la seconde partie des *Leçons*,
consacrée à la théologie morale, en sera, pensons-nous,
favorisée.

Dès l'ontothéologie, Kant précise au lecteur que la seule
façon sensée de parler de Dieu passe nécessairement par
« *la voie excellente de l'Analogie* [1] ». En quoi consiste-
t-elle ? Il ne s'agit pas d'une procédure analogique ordinaire, car il faudrait supposer alors qu'il existe une possibilité d'analogie parfaite avec Dieu, en d'autres termes,
qu'une compréhension intellectuelle, même indirecte, de la
nature de la divinité soit possible, hypothèse dont Kant ne
cesse de démontrer l'impossibilité pour l'esprit humain et
l'antinomie avec la nature insondable de l'être divin. « *Si,
pourtant, nous comprenons par analogie la parfaite similitude des relations, ce que les mathématiciens comprennent*

---

1. *Leçons*, p. 87.

par proportions — encore une fois non des choses mais des relations —, nous sommes enfin satisfaits et nous pouvons, alors, nous former un concept suffisamment adéquat et de Dieu et de ses attributs, de sorte que nous n'ayons besoin de rien d'autre [1]. » Est ainsi rappelé combien il est important de distinguer entre un emploi classique et dogmatique de l'analogie qui voudrait, parce qu'ignorant la différence entre penser et connaître, conférer à l'être divin un caractère constitutif, et un emploi qui permet à la raison humaine de penser au-delà des limites imposées par une connaissance objective et naturelle [2].

Il faut donc écarter absolument la tentative métaphysique qui voudrait faire de l'analogie une sorte de causalité constitutive [3], donc un moyen privilégié, ô combien dogmatique, de prétendre pénétrer la nature même de la divinité, de la connaître. Mais l'inutilité de cette procédure spéculative une fois reconnue, l'analogie permet à l'esprit humain de poursuivre, au-delà des limites purement empiriques, la recherche d'un sens, d'un point de vue qui dépasse le simplement mécanique [4].

Si donc Dieu « n'existe pas », on peut néanmoins utiliser son idée comme une méthode pour guider nos efforts vers une meilleure compréhension du monde et de nous-mêmes. Par conséquent, si, dans le meilleur des cas, l'utilisation de l'analogie dans ce domaine restera toujours « *problématique* [5] », il n'en demeure pas moins qu'elle est la seule manière appropriée de parler de Dieu. « *...Car elle nous apprend que la relation entre les choses dans le monde, où une chose est considérée comme la cause et l'autre comme l'effet, et la relation entre Dieu et le monde, qui tient de Lui son existence, sont parfaitement similaires* [6]. »

---

1. *Leçons*, p. 87.
2. Kant développe ce thème dans la *Critique de la raison pure*, A 675, et dans les *Prolégomènes*, § 58,59.
3. Voir *Critique de la raison pure*, 179, 180.
4. Voir les *Prolégomènes*, § 60.
5. *Leçons*, p. 141.
6. *Ibid.*, p. 117.

L'emploi critique de l'analogie, au-delà de toute prétention métaphysico-dogmatique à une connaissance de Dieu
et de ses attributs, est cependant d'un usage correct, en tant
que principe régulateur, car « *elle est tout à fait appropriée
à l'élargissement de notre compréhension et peut, par
conséquent, être toujours utile à la raison et ne jamais lui
porter préjudice* [1] ». Ainsi, dans le domaine de la raison
théorique, l'idée de Dieu nous sert, de façon analogique, à
établir un principe d'unité systématique permettant une plus
grande cohérence de nos recherches de connaissances phé-
noménales ; de même, dans le domaine de la raison pratique, cette idée de Dieu, saint, bienveillant et juste, nous
servira de modèle moral afin d'améliorer notre conduite
d'êtres intelligents et libres, c'est-à-dire à même de
reconnaître devoirs et obligations. Dans les deux cas, ces
idées de Dieu, bien que d'une importance essentielle, restent uniquement immanentes, c'est-à-dire non transcendantes, non dogmatiques, et ne nous disent rien sur la nature
de Dieu ou son existence [2].

Par conséquent, lorsque nous employons des expressions
telles que « cause divine » (Dieu comme cause première du
monde) et « création de par la volonté divine » (Dieu
comme créateur du monde), nous les utilisons uniquement
de façon analogique, nous ne faisons qu'établir une similitude de relations nécessaire dans la mesure où notre esprit
cherche un sens à l'existence du monde. La notion de causalité n'est ici elle-même qu'une analogie, une sorte d'er-
satz là où la notion scientifique de cause et d'effet ne
s'applique plus [3].

---

1. *Leçons*, p. 141.
2. Voir *Critique de la raison pure*, A 478, *Leçons*, p. 136.
3. « *Nous avons en nous une faculté qui n'existe pas simplement en
liaison avec ses fondements déterminants subjectifs, causes naturelles de
ses actions, et en tant que faculté d'un être appartenant lui-même aux
phénomènes, mais qui est rapportée à des fondements objectifs, qui sont
de simples idées, dans la mesure où ils peuvent déterminer cette faculté ;
cette liaison s'exprime par le* devoir. » *Prolégomènes*, § 53.

Ceci bien compris, nous voyons que lorsque Kant aborde la causalité divine, supra-sensible, surnaturelle, il remplace la notion de causalité scientifique (objective et théorique) par l'usage régulateur de l'analogie. En théologie, la causalité n'est bien employée qu'en terme de « *relation de cause à effet ou, mieux, une relation de fondement à conséquences, afin de pouvoir, de cette façon, raisonner tout à fait philosophiquement. C'est-à-dire que, de même que dans le monde une chose est considérée comme la conséquence d'une autre qui en est son fondement, nous considérons le monde entier comme une conséquence provenant de son fondement, Dieu, et nous raisonnons donc selon le principe de l'analogie* [1] ». Là où il n'est plus possible d'appliquer la liaison objective de cause à effet, car elle n'a plus de *support* pour fonctionner étant hors de toute sensibilité, de toute perception, de toute expérience possibles, l'esprit humain est contraint de recourir à une expression autre, symbolique, pour pouvoir garder un sens.

L'essence même de cette difficulté nous place devant une double impasse : ou bien Dieu est cause du monde de par sa nature seulement, de par son entendement, ce que le déiste appelle une *Natura Bruta*, ou bien Dieu a créé le monde de par sa libre volonté, ce qui est la position du théiste. Ou nécessité naturelle, ou intervention libre ! « *S'il doit y avoir une conjonction entre l'entendement de Dieu et sa volonté, il faut alors montrer comme un être auto-suffisant peut être la cause de quelque chose qui lui est extérieur. Car sa volonté est déduite précisément du fait qu'il est supposé être le créateur du monde. Nous voyons bien que les choses dans le monde peuvent être la cause d'autres choses mais cette qualité ne se rapporte pas aux choses elles-mêmes, mais plutôt à la seule détermination de ces choses ; non pas à leur substance, mais plutôt à leur seule forme. Il s'ensuit donc que la causalité de Dieu, selon laquelle il est supposé être l'auteur du monde, doit être d'une tout autre nature. On ne peut pas penser, en effet, la causalité de Dieu, ou sa faculté de rendre réelles des choses qui lui sont*

---

1. *Leçons*, p. 87.

*extérieures, comme autre chose que son entendement ; en
d'autres termes, un être auto-suffisant ne peut devenir la
cause d'autres choses qui lui sont extérieures que par le
moyen de son entendement ; et c'est justement cette causalité de son entendement, qui permet de rendre réels les
objets de ses représentations, qui s'appelle la volonté. Cette
causalité de l'être suprême par rapport au monde, c'est-à-
dire la volonté par laquelle il a créé le monde, repose et
ne peut reposer que sur son entendement suprême* [1]. » Ainsi
donc, Kant préfère, pour surmonter une difficulté apparemment insoluble, nous proposer la possibilité transcendantale
de modifier nos points de vue de ce dilemme. Nous ne sommes plus dans une situation de pure alternative, ou/ou, mais
plutôt dans une situation de conjonction, et/et. Les deux
points de vue peuvent cohabiter sans heurts ni contradiction, comme le résume très clairement ce passage des *Prolégomènes* : « *Si l'on peut penser sans contradiction une
telle influence des êtres intelligibles sur les phénomènes,
tout enchaînement de cause et d'effet dans le monde sensible tiendra certes à une nécessité naturelle, mais on pourra
cependant accorder la liberté à cette cause qui n'est pas
elle-même un phénomène (bien qu'elle en soit le fondement) et donc attribuer sans contradiction nature et liberté
à une même chose, mais sous des rapports différents, en la
considérant tantôt comme phénomène, tantôt comme chose
en soi* [2]. »

Pour en terminer avec nos réflexions sur la théologie
transcendantale, examinons les difficultés que peut nous
poser l'anthropomorphisme, dont on peut distinguer trois
formes : le vulgaire, ou dogmatique, le subtil, ou sceptique,
le symbolique, ou critique [3].

1. *Leçons*, p. 131.
2. P. 53, voir aussi note en bas de page, et p. 57. On peut consulter à ce
propos V. Delbos, *La Philosophie pratique de Kant*, pp. 249-250.
3. On peut aussi consulter les *Progrès de la métaphysique en Allemagne
depuis Leibniz et Wolff* pour des considérations similaires, notamment la
préface, pp. 9-15.

L'anthropomorphisme vulgaire est écarté d'emblée et sans ambages, car ce premier type, qui voudrait penser Dieu sous une forme humaine, « *est trop manifestement erroné pour que l'homme puisse se laisser souvent duper* [1] ». Cet anthropomorphisme primaire évoque des images de Dieu tantôt coléreux, tantôt bienveillant [2], à l'instar d'un souverain humain qui agirait selon son humeur du moment [3].

La deuxième forme d'anthropomorphisme est, en revanche, plus difficile à traiter en raison de sa subtilité qui lui permet de « *se glisser dans notre concept de Dieu et de le corrompre* [4] ». Afin de se prémunir contre ce danger, il y a lieu d'appliquer les règles de la *Via Negationis* [5], autrement dit d'écarter tous les éléments négatifs des qualités réelles que nous tirons de l'expérience de nous-mêmes avant de les attribuer à Dieu, car l'*Ens Realissimum* ne saurait admettre de limitation. Mais, de plus, il faut créditer ces éléments réels d'une qualité prééminente [6]. C'est en effet l'oubli de ces deux précautions qui est à l'origine de la déviation anthropomorphique du concept de Dieu. « *Par conséquent, quand nous découvrons de la réalité, quelle qu'elle soit, dans une des propriétés des choses qui nous sont données par l'expérience, nous devons alors attribuer ce réel à Dieu totalement et éminemment. C'est ce qu'on appelle procéder* Per Viam Eminentiae. *Mais nous ne pouvons procéder de cette façon sans avoir, préalablement, fait apparaître le réel pur par la* Via Negationis. *Car si nous avons négligé de le faire et si nous n'avons pas soigneusement séparé tout élément négatif de notre concept, nous obtenons un concept de Dieu totalement corrompu en lui attribuant le concept d'une réalité telle que les apparences nous la montrent, avec ses limitations. De là provient*

---

1. *Leçons*, p. 114.
2. *Leçons*, p. 106.
3. Voir aussi, sur le même sujet, la *Religion*, livre III, *Observation générale*, ainsi que le livre IV, deuxième partie, *passim*.
4. *Leçons*, p. 114.
5. *Leçons*, p. 85.
6. *Ibid.*, p. 86.

l'anthropomorphisme. Les limitations doivent donc être préalablement supprimées et seul le réel pur qui subsiste doit être attribué à Dieu, par Via Eminentiae [1]. » Ceci n'en reste pas moins problématique, car la question fondamentale qui est de penser Dieu de façon correcte n'est toujours pas résolue ; la tentation d'attribuer directement et sans réserve un équivalent de nos qualités humaines à Dieu existe toujours et brouille le rapport de relations qui, seul, permet une compréhension adéquate, analogique, donc respectueuse, de la relation Homme-Dieu, et cela de manière philosophique [2].

C'est donc uniquement l'utilisation de l'analogie, en tant que principe régulateur [3], qui permet d'éviter que notre concept de Dieu ne soit déformé par l'anthropomorphisme. L'analogie permet d'utiliser l'anthropomorphisme de façon symbolique [4], la seule façon acceptable à propos de Dieu, comme le montre ce passage des *Prolégomènes* : « *Quand je dis : nous sommes contraints de considérer le monde comme s'il était l'ouvrage d'un entendement et d'une volonté suprêmes, je ne dis en réalité rien de plus que cela : de même qu'une horloge, un vaisseau, un régiment se rapportent à l'artisan, à l'ingénieur, au commandant, de même le monde sensible (ou tout ce qui constitue le fondement de cet ensemble de phénomènes) se rapporte à l'inconnu que je ne distingue sans doute pas ainsi par ce qu'il est en soi, mais par ce qu'il est pour moi, c'est-à-dire à l'égard du monde dont je suis une partie [5].* »

Au cours de cette première partie, la Théologie transcendantale, cette propédeutique à la Théologie morale, il s'est donc opéré une certaine réduction de l'idée de Dieu, ce que nous avons appelé une décomposition de la métaphysique traditionnelle. Kant en a fini avec ce Dieu *Ens Realissimum*, cet être de tous les êtres qui justifiait, qui harmonisait tout.

---

1. *Ibid.*
2. *Leçons*, p. 87.
3. *Leçons*, p. 141.
4. *Prolégomènes*, § 57.
5. *Ibid.*

Ce Dieu n'existe plus. Si pourtant il nous faut un Dieu, il s'agit désormais d'un Dieu « pour nous », un Dieu qui n'a d'existence qu'en Idée, notre Idée, comme méthode d'organisation de nos propres projets et modèle de notre comportement moral [1].

LA THÉOLOGIE MORALE

Après l'ontothéologie, où Dieu est considéré comme le fondement, ou cause, de toutes les autres choses [2], et la théologie naturelle, qui nous a procuré « *plus en détail* » le concept entier de Dieu [3], Kant en arrive au concept conçu à partir du théisme moral, lequel, nous dit-il, est celui qui nous donne « *un concept de Dieu tout à fait précis et déterminé* [4] ». Dans cette seconde partie des *Leçons*, l'idée de Dieu va donc être re-composée sous l'égide des concepts moraux. En ce sens, la théologie va être déduite de la moralité.

Le primat de la moralité sur la théologie est fortement souligné : « *Car si nous pensons Dieu comme créateur du monde mais non comme maître du monde en même temps, il n'en résulte aucune influence sur notre comportement. Dans la théologie morale, nous ne pensons pas Dieu comme le principe suprême de la nature mais, plutôt, comme le principe suprême du royaume des fins. La théologie morale est totalement différente de la moralité théologique, c'est-à-dire de la moralité où le concept de l'obligation présuppose le concept de Dieu. Une telle moralité théologique n'a aucun principe ou, tout au plus, n'est-il que le fait que la volonté de Dieu soit révélée et découverte. La moralité ne doit pas être fondée sur la théologie, mais doit avoir son propre principe en elle, le fondement de notre comportement ; la théologie peut, alors, être*

---

1. Voir à ce propos la belle introduction de Luc Ferry à la *Critique de la raison pure*, Flammarion, 1987.
2. *Leçons*, p. 76 et suivantes.
3. *Ibid.*, p. 115.
4. *Ibid.*, p. 73, p. 148.

liée à la moralité qui gagne, ainsi, plus de motivation et une puissance moralement active [1]. » Ainsi, seule la moralité permet de préciser le sens, le rôle d'une telle idée de Dieu grâce à son indépendance vis-à-vis de tous les concepts de Dieu. Dieu n'est réintroduit que comme une idée incitative, « *une fois que nous nous sommes intéressés à la moralité elle-même* [2] », à l'observance des lois morales et à l'éventuelle récompense de notre bonne conduite.

L'idée de Dieu est ainsi réduite à une simple fonction de notre vie morale, ce qui permet de mettre en relief ce qui est le propre de l'humanité. Car, en reléguant Dieu à un rôle nécessaire pratiquement mais secondaire essentiellement, un nouveau champ de réflexion sur le sens et le fondement de l'existence humaine s'ouvre. « *Ce fondement est la moralité — tout le système de ses devoirs — qui est reconnue* a priori *de façon certaine et apodictique par la raison pure. Cette moralité des actions absolument nécessaires provient de l'idée d'un être libre de ses actes et rationnel, ainsi que de la nature de l'action elle-même. Rien de plus certain et de plus ferme que notre obligation aux actions morales ne peut être pensé en aucune science. La raison devrait cesser d'être si elle pouvait nier cette obligation d'une manière ou d'une autre. Car les actions morales se règlent non pas selon leur résultat ni selon les circonstances ; elles sont déterminées, une fois pour toutes, pour les hommes par leur nature. Ainsi seulement — c'est-à-dire en prenant pour but le fait de suivre son obligation morale — devient-on un être humain ; sans cela, on est un animal ou un monstre* [3]. » Par conséquent, la théologie est considérée comme reposant entièrement sur les obligations de la loi morale ; l'idéal de la raison pure que Kant nous a proposé, dans la première partie des *Leçons*, comme idée régulatrice permettant l'unification systématique de nos recherches scientifiques sur le monde, comme hypothèse heuristique, est désormais perçu comme une sorte d'idéal

---

1. *Ibid.*, p. 62 ; Voir aussi *Critique de la raison pure*, A 632.
2. *Ibid.*, p. 63.
3. *Leçons*, p. 72 et suivantes.

de la raison pratique, comme la projection de nos exigences morales dans le domaine de notre responsabilité d'êtres rationnels, libres et donc moraux. Puisque cette qualité morale est la seule qui, chez l'homme, soit fondée de façon absolument nécessaire, le concept de Dieu qui lui correspond n'est plus seulement une hypothèse nécessaire mais, en tant qu'image d'un « *sage souverain du monde* », un postulat de la raison pratique [1]. Tout comme la critique de la théologie spéculative a décomposé les illusions métaphysiques du concept d'*Ens Realissimum*, pour en dévoiler le caractère essentiellement idéal, la théologie morale, également critique, nous présente un concept de Dieu en tant que *Summum Bonum*, l'idéal de nos convictions morales. « *Dieu est, pour ainsi dire, la loi morale elle-même, mais pensée de façon personnifiée* [2]. » Et la notion d'un royaume de toutes les fins, sous le règne d'un gouverneur du monde, fonctionne dans la pensée morale de Kant de la même manière que le *focus imaginarius* [3] nous guide dans le monde des investigations théoriques.

Les Attributs de Dieu

On comprend alors le rôle de la triade des attributs ontologiques (l'omniscience, la toute-puissance et l'éternité) au sein des qualités morales de la divinité (la sainteté, la bienveillance et la justice). Les premiers sont tout aussi essentiels aux secondes qui, elles-mêmes, les justifient. « *Car ce Dieu qui doit nous juger selon les principes de la moralité, en d'autres termes décider si nous sommes dignes du bonheur, ce Dieu doit aussi, dans ce cas, nous faire participer effectivement à ce bonheur et doit tout connaître, même les plus secrets remuements de notre cœur, parce que, précisément, c'est ce qui importe le plus dans la valeur de notre comportement. Mais il doit aussi avoir en son pouvoir la*

---

1. *Leçons*, p. 74 ; voir aussi *Critique de la raison pure*, A 818.
2. *Leçons*, pp. 150-151 mais aussi p. 165 et pp. 166-167. Voir en comparaison *Critique de la raison pure*, A 583, note de bas de page.
3. Cf. *Critique de la raison pure*, A 644.

nature entière pour être capable d'ordonner de façon méthodique notre bien-être futur dans le cours des choses. Il doit, enfin, assembler et guider les conséquences des différents états de notre existence. Bref, il doit être omniscient, tout-puissant, éternel et non pas temporel [1]. » Cet aspect triple des caractéristiques divines s'ancre dans l'inévitable tendance de l'esprit humain à représenter de façon discursive tout idéal insaisissable. Premièrement, « *la raison nous conduit à Dieu en tant que saint législateur, notre inclination au bonheur souhaite voir en Dieu un bon gouverneur du monde et notre conscience morale le représente à nos yeux comme le juge juste* [2] ». Ce symbole d'un gouvernement bien ordonné est la base et l'expression mêmes du royaume divin de toutes les fins. Deuxièmement, « *cette idée d'une triple fonction divine est au fond déjà très ancienne et semble être à la base de presque toutes les religions* [3] ». Cette note historique n'est que la confirmation de la prédisposition qui constitue le propre de l'homme de par sa raison, son inclination et sa conscience morale. C'est pourquoi lorsqu'il traite du mal dans le monde, Kant s'attache moins à s'opposer, d'un point de vue théologique, aux objections soulevées quant à la sainteté, la bonté et la justice de Dieu par le fait que ces qualités sont souvent bafouées dans le monde, qu'à exposer, dans une sorte d'anthropologie morale [4], le mal nécessaire qui accompagne toute notion de progrès de l'espèce humaine. Aux attributs divins déjà évoqués, la sainteté, la bienveillance et la justice, s'opposent le mal, le malheur et l'inégalité régnant dans le monde [5] ; et l'être humain possède trois caractéristiques essentielles : le rationnel, le physique et le moral. Nous reviendrons ultérieurement sur la signification de ces triades.

---

1. *Leçons*, pp. 149-150.
2. *Ibid.*, p. 148.
3. *Ibid.*
4. Voir l'excellente « mise en situation » anthropologique faite par Philonenko, *Kant*, vol. II, dernier chapitre, pp. 25 à 88.
5. Toute cette discussion est reprise au début de l'essai *Sur l'insuccès de toutes les tentatives philosophiques en matière de Théodicée.*

Loin d'être le fait de Dieu, le mal est donc une caractéristique de l'homme[1], de sa liberté et du développement incomplet de sa raison. Du fait de sa liberté, la possibilité du mal est nécessaire : si l'homme n'est pas condamné à faire le mal, il n'est pas non plus obligé de faire le bien. Mais son progrès vers toujours plus de raison, et donc vers la moralité, réduit la part du mal ; à ce titre, l'homme libre peut prétendre mériter le bien, en se comportant moralement, en accord avec le système de toutes les fins.

La foi morale

De quelle nature est cette croyance morale et quelle certitude pouvons-nous en avoir ? La deuxième section de la seconde partie s'attache à répondre à cette question en nous offrant un résumé non de la théorie kantienne de la connaissance (ce que l'on pourrait nommer une épistémologie), car nous savons désormais qu'on ne peut prétendre connaître l'être divin, mais de ce que nous appellerons sa théorie de la conviction, laquelle ne concerne pas le domaine théorique et scientifique, mais le domaine pratique et moral. « *La conviction est de deux sortes, ou dogmatique ou pratique. La première doit être obtenue par les purs concepts* a priori *et être apodictique. Mais nous avons déjà vu que nous ne pouvons pas être convaincus avec certitude de l'existence de Dieu au moyen de la spéculation pure. Tout au plus l'intérêt spéculatif de notre raison nous oblige à présupposer un tel être comme une hypothèse subjectivement nécessaire ; mais notre raison n'a nullement le pouvoir suffisant pour la démontrer. Notre besoin nous le fait désirer mais notre raison ne peut le saisir. Nous pouvons, il est vrai, déduire de l'existence du monde et des apparences contingentes une sorte d'être original suprême ; mais nous ne pouvons pas connaître de cette manière sa nature et ses propriétés de façon suffisante. Pourtant, il nous reste encore une autre sorte de conviction, une conviction prati-*

---

1. Consulter *La Faculté de jugement*, § 87. Voir aussi Philonenko, *Kant*, vol. II, p. 172 et suivantes.

que. C'est là un domaine particulier qui présente des perspectives bien plus satisfaisantes que ce que peut produire la spéculation aride. Car, tandis qu'une présupposition basée sur des arguments subjectifs n'est que simple hypothèse, une présupposition basée sur des arguments objectifs est en revanche un postulat nécessaire. Ces arguments objectifs sont ou théoriques, comme pour les mathématiques, ou pratiques, comme pour la morale. Car les impératifs moraux, parce qu'ils se fondent sur la nature de notre être en tant que créature libre et rationnelle, ont autant d'évidence et de certitude que peuvent en avoir les mathématiques qui, elles, prennent leurs racines dans la nature des choses. Un postulat nécessaire et pratique est donc à notre connaissance pratique ce qu'est précisément un axiome à notre spéculation. L'intérêt pratique que nous avons en effet à l'existence d'un Dieu en tant que gouverneur sage du monde est le plus grand qui puisse être car, si nous supprimons ce principe fondamental, nous nions en même temps toute prudence et honnêteté et devons alors agir contre notre propre raison et contre notre conscience morale [1]. » Il s'agit là, en fait, des différentes façons d'envisager le réel, ce que Kant a clarifié par ailleurs : « *La croyance, ou la valeur subjective du jugement, par rapport à la conviction (qui a en même temps une valeur objective), présente les trois degrés suivants : l'opinion, la foi et la science. L'opinion est une croyance qui a conscience d'être insuffisante aussi bien subjectivement qu'objectivement. Si la croyance n'est que subjectivement suffisante et si elle est en même temps tenue pour objectivement insuffisante, elle s'appelle foi. Enfin, la croyance suffisante aussi bien subjectivement qu'objectivement s'appelle science. La suffisance subjective s'appelle conviction (pour moi-même) et la suffisance objective certitude (pour tout le monde)* [2]. » La foi, ou croyance [3], est ainsi située entre l'opinion purement

---

1. *Leçons*, p. 158 et suivantes.
2. *Critique de la raison pure*, A 822 ; voir aussi les *Leçons*, p. 138.
3. Par crainte d'imputer au mot *Glauben* trop de signification religieuse, nous avons préféré, sauf là où le français voudrait employer le mot « foi », utiliser le mot « croyance », plus neutre.

subjective et la science ou la connaissance qui, elle, est pleinement objective. En ajoutant le qualificatif moral à la foi, Kant peut dire que, appartenant aux deux domaines, subjectif et objectif, la foi morale est et subjective et certaine, car fondée sur la moralité, la loi morale en nous. Mais cette attitude, cette certitude est toute personnelle : « *Je ne dois pas dire : il est moralement certain qu'il y a un Dieu, etc., mais : je suis moralement certain...* [1] » Sur fond de postulat moral, Dieu devient ainsi l'*objet* de foi. Si l'on a des doutes quant à cette certitude, on commet alors un *Absurdum Practicum* qui « *est le fait de montrer que celui qui nie ceci ou cela est malhonnête. Et il s'agit bien de cela dans le cas de la croyance morale. Cette croyance n'est pas pour autant une sorte d'opinion ne reposant que sur des hypothèses, c'est-à-dire des présuppositions se fondant sur des apparences contingentes... Par conséquent, cette croyance n'est pas un savoir, et heureusement, car c'est précisément là qu'apparaît la sagesse de Dieu, dans le fait que nous ne le connaissons pas mais que nous devons pourtant croire qu'il existe* [2] ». Deux remarques s'imposent ici. En premier lieu, si une démonstration spéculative de l'existence de Dieu pouvait réellement s'avérer, toute notre moralité, et par conséquent notre relation religieuse à Dieu, disparaîtraient. La foi dans un bien suprême saint comme guide spirituel serait alors impossible parce que, une fois « démontré », un tel être retomberait dans le domaine du phénomène, où seuls les objets naturels peuvent être prouvés par la raison humaine. Dieu ne serait plus cet idéal de perfection suprême dont l'homme a besoin. Il redeviendrait une simple *Natura Bruta* sans aucun rapport avec nous. En second lieu, si l'on devait accepter la démonstration spéculative de l'existence de Dieu, si, en d'autres termes, il fallait accepter l'argument ontologique, s'écroulerait alors tout notre système de connaissance objective. Car, si l'on pouvait déduire l'*existence* d'un simple concept, il n'y aurait plus aucune adéquation, satisfaisant à la notion kantienne

---

1. *Critique de la raison pure*, A 829.
2. *Leçons*, p. 159.

de vérité, entre ce que l'on a pensé préalablement dans ce concept simple et ce que l'on a pensé *a posteriori* en lui. Que l'on songe aux fameux cent Thalers. Non seulement la moralité, mais aussi la science s'écrouleraient devant nous.

La raison pratique, morale, nous pousse donc, conformément à notre propre intérêt, à accepter, parce que nous sommes, de par nos prédispositions naturelles, sommés de le faire, une notion de sagesse primordiale divine [1]. Cette certitude peut nous procurer l'énorme avantage de nous conduire à la religion, objet de l'attitude de croyance, qui joint solidement la pensée de Dieu à notre moralité et fait de nous, ainsi, « *des hommes meilleurs* [2] ».

Ainsi, la sincérité et la vérité, au lieu d'être imputées à Dieu, puisque de telles expressions sont indignes de l'être suprême, sont en revanche des qualités que *Dieu* exige de nous [3]. De même, la justice revient plutôt à l'homme, puisque c'est elle qui nous attribue la part de mérite que valent nos actions [4]. Il en va ainsi pour la patience, l'impartialité et l'équité qui sont autant de qualités que l'homme doit s'efforcer d'atteindre [5].

Pour couronner l'édifice ainsi bâti de la théologie morale, « *il reste à noter que les trois articles de la croyance morale, c'est-à-dire Dieu, la liberté de la volonté humaine et un monde moral, sont les seuls qui nous permettent de nous transposer, par la pensée, au-delà de toute expérience du monde sensible et d'accepter de croire en quelque chose, d'un point de vue purement pratique, pour lequel nous n'avons aucun argument spéculatif adéquat* [6] ». C'est dire que la foi ou la croyance morale est une attitude qui reflète de façon positive, voire optimiste [7], une manière d'être, un *habitus* qui repose sur un fond certain, celui du devoir moral, et que cette foi vise, au-delà d'une simple

---

1. *Leçons*, p. 159.
2. *Ibid.*
3. *Ibid.*, p. 160.
4. *Ibid.*
5. *Ibid.*, p. 163 et suivantes.
6. *Leçons*, pp. 167-168. Voir aussi *Critique de la raison pure*, A 828 f.
7. *Cf.* p. 174 des *Leçons*.

hypothèse théorique permettant une plus grande unification systématique de nos idées sur le monde, une harmonie authentiquement humaine par l'accord de tous les bons esprits dans un royaume de toutes les fins. Mais en conséquence, si la foi, la théologie morale, est basée sur une moralité et une prédisposition humaine, toute notion de favoritisme, qu'il s'agisse de grâce ou d'élection, est alors à exclure car, comme Kant ne cesse de le dire, l'homme, s'il souhaite le bonheur, doit le mériter.

La causalité divine

La troisième section de la Théologie morale, consacrée à la causalité divine, est divisée en trois parties qui vont permettre un réexamen complet de la théologie à la lumière de la moralité pratique. Après avoir examiné l'idée de Dieu par rapport à ses attributs moraux, puis avoir procédé à une étude de la foi qui a permis de la considérer comme l'attitude la plus appropriée pour la raison envers ce concept de Dieu, Kant, dans cette troisième section, va relier ces deux éléments par une réflexion sur « *la causalité de Dieu ou sa relation au monde* [1] ». Il s'agit d'une étude de la religion proprement dite, c'est-à-dire du rapport homme-Dieu, considérée sous l'angle de la raison pratique. Cette section est articulée autour des trois catégories de la relation : la substance, la causalité et la communion, qui vont être examinées dans les trois parties qui la composent sous les aspects suivants : *In Nexu Effectivo*, en terme de cause, *In Nexu Finali*, en terme de création, et *In Nexu Morali*, en terme de souveraineté [2]. De cette façon, Kant intègre la totalité de la théologie avec ses différentes parties — ontologique, naturelle et morale — dans l'unité établie par la raison pratique.

Si Dieu est cause du monde, il l'est alors *Per Libertatem*, et non du fait de sa nature. Toute autre thèse est absurde et c'est pourquoi le panthéisme « *provoque une horripilation*

---

1. *Leçons*, p. 168.
2. *Ibid.*

de la raison contre le système de l'émanation, où Dieu est
considéré comme cause du monde selon la nécessité de sa
nature, et dévoile en même temps le motif de l'aversion
pour ce système que tout un chacun éprouve même s'il ne
peut pas toujours l'expliquer clairement [1] ». L'important
pour l'homme est de bien différencier l'ordre naturel du
monde, légitime du point de vue de la raison théorique, et
l'ordre moral également nécessaire mais du point de vue de
la raison pratique. « *Car ici* [à l'intérieur du monde] *la*
cause et l'effet sont homogènes, par exemple dans la repro-
duction des animaux et des plantes. Vouloir penser, en
revanche, une homogénéité entre Dieu et la totalité du
monde est absurde parce que, comme nous l'avons déjà
montré, cela contredit complètement le concept d'un Ens
Originarium *qui doit être isolé du monde* [2]. » Dieu est en
effet l'idéal de la raison et ne saurait en conséquence faire
partie du monde naturel ni laisser confondre partiellement
ou en totalité le monde comme faisant partie de lui-même.

Comment alors envisager le problème de Dieu comme
auteur du monde ? Ce Dieu *Autor Mundi* peut être considéré soit comme architecte du monde, soit comme créateur
du monde. Kant rejette d'emblée la première conception,
comme il l'avait déjà fait dans la dernière section de la
Théologie transcendantale, car elle s'apparente à la théologie physique qui n'est ni une théologie véritable (car on
peut penser un Dieu toujours plus grand [3]) ni une vraie
science naturelle (car elle ouvre la voie à la raison paresseuse [4]). En revanche, Dieu est bien le créateur du monde
car cette conception est la seule qui corresponde aux vrais
exigences et intérêts de la raison. Pour en convaincre le
lecteur, vont être utilisées toutes les possibilités méthodiques de la philosophie critique. Au lieu de le laisser se
débattre avec les vieux arguments métaphysiques transcen-

---

1. *Leçons*, p. 169.
2. *Ibid.*, p. 170.
3. *Ibid.*, pp. 145-146.
4. *Ibid*. Ces propos, rapportés ici *In Nuce*, sont repris et largement développés dans la *Critique du jugement* ; voir surtout la fin du § 85.

dants, qui ne sont que confusions et illusions[1], Kant lui propose de renverser les perspectives et de tout reconsidérer du point de vue moral, du point de vue de la raison pratique. « *Chez les Anciens, on prenait la matière, ou l'étoffe fondamentale, de laquelle toutes les formes des choses sont issues, pour éternelle et nécessaire dans son ensemble. Par conséquent, on considérait Dieu simplement comme l'architecte du monde et la matière comme l'étoffe qu'il avait utilisée pour confectionner toutes les choses. Au fond, on supposait ainsi deux principes : **Dieu et la nature**[2].* ».De cette manière, non seulement la moralité n'était pas garantie car elle n'était pas fondée sur le seul principe valable la concernant, le devoir, mais de plus cette façon d'envisager une duplicité cosmique n'apportait aucune réponse réelle au problème du mal. Kant inverse alors les perspectives et annonce que la véritable conception de Dieu comme créateur du monde ne concerne pas tant la forme des choses, lesquelles, une fois le monde créé, ne suivent que les lois qui y sont inscrites, mais les substances, la matière, l'étoffe même de l'univers. « *La création se rapporte uniquement aux substances. Par conséquent, quand on dit que la création du monde est arrivée tout à coup, on doit seulement comprendre la création des substances. Et ces substances demeurent toujours constantes ; leur nombre ne peut ni augmenter ni diminuer. Dieu ne crée qu'une fois. C'est pourquoi on ne peut pas prétendre que Dieu crée encore de nouvelles substances, tout au moins pas dans le sens où nous l'entendons habituellement, bien que de nouvelles formes, combinant d'une manière bien différente de la matière déjà existante, puissent naître dans le monde[3].* » Il ne faut donc pas essayer de voir Dieu dans les formes de la nature. Celles-ci doivent être l'objet des efforts de notre intelligence qui doit chercher et trouver les rapports et les liaisons de cause à effet selon les principes

---

1. *Leçons*, p. 172 et p. 181.
2. *Leçons*, pp. 171 ; nous soulignons.
3. *Leçons*, pp. 173-174.

naturels, ce qui est à l'opposé d'une raison paresseuse [1]. En revanche, lorsque l'on considère l'ensemble du monde, on peut alors, sous l'égide de la notion de Totalité, tout faire rentrer à l'intérieur de l'idée de Dieu. « *Car si l'on accepte que les substances aient aussi elles-mêmes leur origine en Dieu, la matière, alors, Lui est subordonnée et toutes ses lois ont en dernier lieu leur origine en Lui.* [...] *A juste titre peut-on dire qu'ici, dans le monde, aucune substance n'a pu naître qui n'existait préalablement. Et la proposition* Ex Nihilo Nihil Fit *ne veut dire que cela. S'il s'agit, en revanche, de l'origine du monde dans son ensemble — et la création du monde n'est pas pensée comme un événement dans le temps, car le temps a commencé avec elle —, il n'y a alors aucune difficulté à penser que l'univers entier ait été produit par la volonté d'un être hors du monde, même s'il n'y avait rien antérieurement* [2]. »

Encore une fois, toute la question se résume à un problème de point de vue, de perspective. « *Il faut se garder de mélanger les concepts de temps, de provenance et de commencement, car il n'en résulte que la confusion. Nous devons même avouer que cette production des substances, et partant la possibilité d'une création, ne peut pas être comprise par la raison humaine puisque nous ne sommes pas en position de citer un cas similaire,* in concreto, *où la naissance d'une substance se produise devant nos yeux. En général, la question de savoir comment une substance peut être produite par une autre recèle beaucoup de difficultés : est-ce par émanation ou par liberté ? Une substance existant pour elle-même est-elle possible ? De telles difficultés ne peuvent que rester, au moins en partie, irréductibles. Pourtant, cet argument n'est certainement pas suffisant pour douter du système d'une telle création, parce que la question, ici, est d'une telle nature que, ligotés par les représentations sensibles, nous n'en aurons sans doute jamais une compréhension claire. Pour nous, il suffit de*

---

1. Déjà remarqué, ce thème est un véritable leitmotiv des *Leçons* ; voir, *inter alia*, pp. 56, 145, 193.

2. *Leçons*, p. 172.

ressentir d'une certaine façon le désir d'accepter un tel
événement et de le croire. La raison spéculative, quelle
qu'elle soit, n'a alors qu'à admettre cette idée comme la
plus rationnelle de toutes et la plus appropriée à son propre usage [1] ». Du point de vue de l'ensemble des choses
dans le monde, du point de vue par conséquent qui serait
celui de Dieu, point de vue purement idéaliste précisément
parce que l'ensemble n'est pas donné tel quel, on peut et
on doit dire que la solution de cette question se trouve dans
un appel à la notion de totalité, notion toujours fondamentale chez Kant, parce que c'est là que la raison trouve l'explication la plus satisfaisante [2]. Cette notion de totalité
permet aussi de faire face au problème du mal, abordé par
une discussion de la thèse selon laquelle le monde, notre
monde, est le meilleur possible.

« *Que ce monde, créé par Dieu, soit le meilleur de tous
les mondes possibles est clair car, si un monde meilleur
que celui qu'il a voulu existait, une volonté meilleure que
la sienne devrait alors être possible. Car, indubitablement,
meilleure est la volonté qui choisit le meilleur* [3]. » Le
monde ayant été créé par Dieu suivant sa liberté suprême,
il est donc le plus parfait possible ; ainsi, c'est du point de
vue idéal de la *totalité* que l'on peut donner une réponse
transcendantale au problème du mal. Cette discussion n'a
d'ailleurs pour but que de maintenir ouverte cette possibilité de réponse aux objections qui sont faites à cette théorie,
objections qui, se basant sur l'existence de tant de mal dans
le monde, sont pourtant réfutées « *par le fait que, puisque
notre terre est seulement une partie de l'univers et que chaque partie doit cependant exister, en soi et pour soi, imparfaitement, car seule la totalité de l'univers est censée être
parfaite, il est alors impossible de déterminer si le mal
également doit faire partie du monde le meilleur selon le
dessein global. Car celui qui demanderait que notre terre
soit entièrement libre de tout mal, donc totalement bonne,*

---

1. *Leçons*, pp. 172-173.
2. Voir aussi V. Delbos, *op. cit.*, p. 258.
3. *Leçons*, p. 174.

ferait précisément comme s'il voulait qu'une partie puisse être le tout [1] ».

De même que dans la théologie transcendantale cette notion de totalité joue le rôle de principe régulateur, dans la théologie morale elle nous sert de guide, de modèle idéal pour nous orienter vers la véritable morale universelle qui, seule, est appropriée à tout être raisonnable, donc à tout être humain acceptant sa responsabilité d'homme rationnel et libre. Pour conforter cette thèse, l'exemple de la science astronomique est tout à fait éloquent : « *Grand merci aux astronomes qui, par leurs observations et leurs conclusions, ont élevé notre concept de l'univers bien au-delà de notre sphère terrestre et, par-là, nous ont non seulement procuré un élargissement de notre connaissance mais nous ont aussi appris la modestie et la prudence dans le jugement du tout. Car bien sûr, si notre boule terrestre était le monde entier, il nous serait alors difficile de conserver la conviction qui nous fait le reconnaître comme le monde le meilleur parce que, pour parler franchement, la somme des douleurs doit bien y égaler la somme des biens* [2]. » De la même façon, on peut, indépendamment de la théologie, admettre cette théorie du monde le meilleur selon les maximes de la raison seulement. « *Dans l'ensemble de la nature organisée, il faut supposer comme une maxime nécessaire à notre raison que dans chaque animal et dans chaque plante il n'y a pas la moindre chose qui soit inutile ou sans dessein ; toute chose contient, au contraire, le moyen le plus approprié à certaines fins* [3]. » Cette maxime, basée sur la notion capitale de totalité, nous aide à développer notre propre raison. Qui plus est, elle nous pousse à toujours chercher plus avant, à nous approcher ainsi de l'idéal de la totalité, ce qui nous ouvre des horizons magnifiques. Car, « *si dans l'ensemble de la nature organisée — bien que irrationnelle — les choses sont établies pour le mieux, alors*

---

1. *P. 175, nous soulignons.*
2. *Leçons*, p. 175 ; voir aussi l'analyse de V. Delbos, *op. cit.*, pp. 260-261.
3. *Ibid.*

*dans la partie la plus noble du monde, dans la nature
rationnelle, on peut supposer qu'il en est de même. D'après
cette harmonie nécessaire selon laquelle tout est lié par le
principe suprême et nécessaire de l'unité, cette même loi
est également valable pour les créatures organisées et pour
le domaine minéral. Dans l'intérêt de la raison, on peut et
on doit en conséquence accepter le fait que tout dans le
monde est arrangé pour le mieux et que la totalité de ce
qui existe est aussi la meilleure possible. Cette théorie a
autant d'influence sur la moralité qu'elle en a sur les sciences naturelles...* [1] ». Les différents *ordres de légalité* sont
donc concernés : le mécanique, le vivant, le rationnel et le
moral [2]. Cette nouvelle perspective ne pouvait être ouverte
sans la sollicitation de la finalité, ni confirmée sans la
nécessité de la moralité. Reste à poser l'ultime question de
la théologie morale : quelle est la signification pour
l'homme de tout ceci ?

Quelle est donc la fin de la création ? Pourquoi Dieu a-t-
il créé le monde ? En vue de quelle perfection ? La réponse
donnée dans les *Leçons*, qui présage nettement les para-
graphes 85 et 86 de la *Critique du jugement* [3], va permettre
une déclaration de principe. Après avoir exclu la possibilité
de chercher cette fin chez les créatures irrationnelles,
dépourvues d'intention propre, il faut examiner les qualités
humaines : la raison et la liberté, qui expriment l'intention,
la finalité et la moralité, qui forment la base du système
kantien. « *La vraie perfection de l'univers réside dans l'utilisation que les créatures rationnelles font de leur raison
et de leur liberté. Dans ce domaine seulement peuvent
s'établir les fins absolues, car la raison est toujours nécessaire à ce qui est intentionnel. Mais quelle utilisation correcte de la volonté doit vraiment être celle de la créature
rationnelle ? C'est celle qui peut s'établir sous le principe*

---

1. *Ibid.*, p. 176.
2. Voir les commentaires remarquables de Philonenko in *Kant*, vol. I,
p. 140 et suivantes et vol. II, p. 206 et suivantes. Philonenko indique également l'importance que ces idées auront par la suite dans la *Critique du
jugement*, notamment dans les § 66, 70, 90 *inter alia*.
3. Voir les pages 176 à 182 des *Leçons*.

du système de toutes les fins. Un système universel des fins n'est possible que selon l'idée de la moralité. Ainsi, seule l'utilisation de notre raison selon la loi morale est judicieuse. La perfection du monde consiste donc dans la compatibilité de la raison avec la moralité selon laquelle, seulement, un système de toutes les fins est possible [1]. »

Cette première perfection présente un double aspect en ce qu'elle relève et de la liberté et de la nature des choses. Mais un système de toutes les fins selon la liberté des créatures rationnelles n'est possible qu'au moyen des principes de la moralité. Il est la perfection morale du monde [2]. En tant que membre du grand royaume de toutes les fins, c'est-à-dire dans la mesure où, de par sa volonté bonne, l'homme participe à ce système universel, il devient une personne, absolument en soi et pour soi. Nous voici en face de l'impératif catégorique qui sera développé dans la *Raison pratique* : « *La possibilité d'un tel système universel de toutes les fins dépend uniquement de la moralité. Car les créatures rationnelles ne peuvent se placer sous un principe communautaire et, ensemble, constituer un système de toutes les fins que dans la mesure où elles agissent toutes conformément à ces lois éternelles de la raison. Si tous les hommes disent la vérité, un système de toutes les fins est alors possible entre eux. Mais si l'un d'entre eux ment, sa fin n'est plus liée à celle des autres. Par conséquent, la règle universelle selon laquelle la moralité d'une action est jugée est toujours la suivante : si tous les hommes agissaient ainsi, une corrélation des fins serait-elle possible* [3] ? »

Le système de toutes les fins selon la nature des choses, la perfection physique du monde, permet à la condition humaine de gagner une valeur supérieure. Et la combinaison de la perfection morale et de la perfection physique du

---

1. *Ibid.*, p. 177.

2. *Ibid.*, pp. 177-178. Voir aussi les toutes premières pages des *Fondements de la métaphysique des mœurs.*

3. *Ibid.* Cet exemple du mensonge, souvent lié à l'élucidation de l'impératif catégorique, est complété par l'allégorie de Job concernant la sincérité que Kant a trouvée dans un vieil ouvrage ; voir *L'Insuccès de toute théodicée*, trad. Fustigière, pp. 206-213.

monde, forme la notion du monde le meilleur[1]. Mais au-delà d'une simple reconnaissance de ce qui est bon, de la moralité objectivement bonne et de l'obligation qu'elle entraîne, l'homme a besoin d'une incitation pour le pousser à agir, et cette motivation à opter pour le bien se trouve dans son propre intérêt à vouloir réaliser, au-delà du simple jugement qu'un acte est noble et beau, sa propre liberté[2]. Ainsi, tout comme Dieu, en tant qu'idéal de la Raison Pure, est devenu, dans la première *Critique*, le *focus imaginarius* du monde empirique, et donc l'objectif de toutes nos recherches théoriques, dans les *Leçons* déjà, Dieu, en tant qu'idéal de la Raison Pratique, devient la loi morale, et donc l'objectif de tous nos efforts moraux. L'hommage qu'on lui doit n'est donc que l'expression symbolique du devoir, de l'obligation pour l'homme d'obéir aux commandements moraux, devoir qui lui est imposé par sa propre conscience d'être libre et rationnel, donc moral. Moralité et religion sont donc étroitement liées en ce qu'elles expriment l'idée de la perfection suprême, de la fin totale de la création, l'homme dans toute sa liberté[3]. « *Le monde entier peut être considéré comme un système universel des fins, non seulement selon la nature mais aussi selon la liberté. Cette théorie des fins s'appelle la téléologie. Tout comme il existe un système physique des fins, dans lequel toutes les choses naturelles sont des moyens correspondant à certaines fins propres aux créatures rationnelles, il y a de même un système pratique des fins, c'est-à-dire un système conforme aux lois de la volonté libre, dans lequel toutes les créatures rationnelles se lient mutuellement les unes aux autres comme fins et moyens[4].* »

Le lecteur est désormais invité à effectuer la transition d'une théologie physique, dont la base est erronée, à une théologie morale authentique, nommée ici une *Theologia*

---

1. *Leçons*, pp. 177-178, mais aussi pp. 179-180.
2. *Ibid.*, p. 178. Au sujet de l'équation liberté et besoin, voir Philonenko, Introduction à *Qu'est-ce que s'orienter dans la pensée ?*, pp. 67-74.
3. *Leçons*, p. 51.
4. *Ibid.*, pp. 180-181.

Practica Sua Pneumatica, une théologie pratique se révélant être une théologie morale, spirituelle. L'homme s'est progressivement libéré de la confusion métaphysique, des illusions, des paralogismes et des antinomies de la dialectique, pour se placer au centre du monde, avec toutes les tâches et responsabilités que cela implique.

Notre conviction est qu'à ce point de cette section consacrée au théisme moral[1] Kant a, pour l'essentiel, achevé sa théologie pratique. Les développements abordés dans la suite de ces *Leçons* peuvent être considérés comme autant de *parerga*, de développements non sans importance, mais secondaires par rapport au cœur de son système critique. Ils correspondent aux quatre questions qu'il abordera lors de son cheminement intellectuel ultérieur. La partie consacrée à la providence correspond ainsi à une ébauche de sa philosophie de l'histoire, la sous-section intitulée *De Dieu comme souverain du monde* présage sa réflexion approfondie sur la liberté, la quatrième section consacrée à la révélation annonce certains éléments de sa conception de la foi religieuse, l'appendice, enfin, peut être considéré comme une tentative de situer sa théorie de la religion dans l'histoire de la théologie naturelle en général.

Rappelons que la providence divine, pour la philosophie critique, n'est à considérer qu'en termes transcendantaux. En d'autres termes, toute référence à ce sujet ne doit pas être l'occasion d'un retour à la métaphysique dogmatique par le biais d'un Dieu unique dispensateur d'une éventuelle harmonie universelle[2]. Ici, comme dans toute la réflexion critique, les catégories de communauté et de substance, comme celle de causalité, ont une signification analogique, ou symbolique, uniquement. Si la création est définie comme l'actualisation du monde et la conservation comme l'actualisation de la durée du monde, cela signifie que, tout

---

1. *Leçons*, pp. 179, 181 notamment.
2. On peut trouver un exemple d'un tel glissement dans l'article *Freedom and Providence in Kant's account of Religion*, L.A. Mulholland, in *Kant's Religion*, Editions P.J. Rossi, 1991 (Indiana University Press).

comme nos recherches empiriques doivent avoir pour but la totalité du monde, nos efforts moraux visent l'union de tous nos projets, théoriques et pratiques. La providence (*Vorsehung*) est un pont entre nos projections (finalité) et nos présuppositions (causalité), elle est l'ordre idéalisé du monde, la conjonction entre le cours des choses (l'être, la nature) et l'ordre des choses (le devoir, la morale). On peut alors imaginer un véritable *concours* entre cause efficiente (création) et cause finale (objectif), une coopération éventuelle, à tâche pour nous de la réaliser, entre les *lois* mécaniques et les *causes* intentionnelles [1].

Toutefois, si le concours divin permet, lorsqu'il est compris comme l'unification du monde physique et du monde moral, d'arriver à une unité idéale, intervient-il également dans les actions libres ? Si l'on veut faire coïncider notre volonté avec une autre, on obtient alors une situation totalement incompréhensible [2], car nous perdons notre propre autonomie, le fait d'être l'auteur de nos actions, d'agir selon l'idée de la liberté. Si nous sommes donc obligés d'accepter une coordination des mondes physique et moral du point de vue pratique, il nous faut récuser, de ce même point de vue, toute interférence avec notre liberté ou perdre la possibilité même, le droit, d'exercer notre libre arbitre, notre responsabilité, partant notre capacité à mériter le bonheur. Si l'homme doit agir selon l'idée de la liberté, cela ne peut être qu'en l'absence de tout concours extérieur.

En insistant sur le caractère omniprésent du divin dans toutes les choses dans le monde, Kant dénonce l'aspect faussement métaphysique des doctrines théologiques précédentes qui confondent présence virtuelle (c'est-à-dire spirituelle) et présence physique, localisée [3]. La vieille tradition, qui se poursuit jusqu'à Baumgarten, joue sur l'équivoque omniprésence, au sens physique d'une localisation, tandis que la philosophie critique a su dégager clairement le sens

1. *Cf.* La *Critique du jugement*, § 69 et 70, ainsi que E. Cassirer, *Kants Leben und Lehre*, p. 344 ff.
2. *Leçons*, p. 185.
3. Cf. *Les Progrès de la métaphysique*, pp. 68 et suivantes.

transcendantal de toute présence, toute immédiateté, qui ne peuvent être qu'idéales. En refusant expressément la notion newtonienne de *Sensorium*, d'un espace pour l'âme (Dieu) de l'univers, Kant renforce le caractère idéal de Dieu. « *Puisque l'espace n'est qu'une apparence de nos sens et une relation au milieu dans lequel se trouvent les choses, la relation entre les choses elles-mêmes n'est rendue possible que dans la mesure où Dieu les maintient et leur reste présent de façon intime et immédiate, son omniprésence déterminant ainsi la place de chacune d'elles ; Dieu est lui-même, dans cette mesure, la cause de l'espace et l'espace est un phénomène de son omniprésence. L'omniprésence de Dieu n'est pas, par conséquent, localisée mais virtuelle, c'est-à-dire que Dieu œuvre constamment et partout, par sa puissance, dans toutes les choses ; il maintient de cette manière les substances elles-mêmes et gouverne leur fonctionnement* [1]. »

Est ainsi affirmé, de façon définitive, le caractère absolument idéal de notre concept de Dieu et de toute notion de providence divine. « *La comparaison de l'être des êtres avec l'espace est fort instructive. Elle nous amène à comprendre en premier lieu que l'Idéal, ou la Totalité, ne doit pas être saisi comme une* **chose** *indépendante, mais comme une* **forme**, *ainsi que l'espace* [2]. » La Totalité n'est donc pas à considérer simplement comme spatiale, en terme de quantité physique (comme la plus grande), mais aussi, en terme de qualité morale, comme le plus intime, *innig*, en nous[3].

Notons alors que toute notion de miracle devient proprement inacceptable puisque étant, de par son essence même, une « *dérogation à la règle de la nature* [4] ». Plutôt qu'une conception extraordinaire, miraculeuse, la conception du divin est calquée sur celle du gouvernement humain, les

---

1. *Leçons*, p. 188.
2. A. Philonenko, *Kant*, vol. I, p. 316 et *passim* ; *Leçons*, pp. 185 et suivantes.
3. *Leçons*, pp. 186-187.
4. *Ibid.*, p. 189.

fonctions de prévoyance, d'administration et de direction correspondant à celles de législation, d'exécutif et de justice [1]. Cette conception catégorielle, par cette triade de relations, saisit, c'est-à-dire synthétise, le réel et, partant, l'explique.

L'omniscience, tout comme l'omniprésence, n'a qu'un caractère idéal : « *Dieu n'a besoin d'aucune expérience ; il connaît, au contraire, tout a priori parce qu'il a lui-même tout créé, qu'il prend soin de tout, et que tout n'est possible que par Lui. Dieu a façonné les lois selon lesquelles le monde doit suivre son cours, c'est-à-dire avec une connaissance totale de tous ses événements isolés et, avec certitude, a eu en vue également dans leur établissement leur perfection la plus grande possible parce qu'il est la sagesse même, qu'il est le tout dans le tout* [2]. » Dieu n'a pas besoin de l'expérience parce qu'il en est précisément le substratum conceptuel, la totalité apriorique, tout comme l'espace est pour nous, de manière intuitive, la totalité spatiale. La providence de Dieu, parce qu'il connaît tout *a priori*, est donc universelle [3].

Ces développements permettent de mieux mettre en valeur les qualités réelles de l'homme, lesquelles sont la véritable base de toute notion de Dieu et de sa providence. En effet, le concept de Dieu, l'idée de la perfection suprême, l'idéal de la raison, n'est autre que l'orientation de notre esprit dans son entreprise de donner un sens au monde. La prière devient ainsi un véritable examen de conscience, la réflexion un véritable exercice spirituel et la vocation un appel au développement de notre raison [4]. Le propre de l'homme est ainsi révélé grâce à la décomposition de l'illusion dialectique [5]. C'est pourquoi, dans une

---

1. *Ibid.*, p. 190, et *supra* p. 148 et suivantes.
2. *Leçons*, p. 191.
3. *Ibid.* ; voir aussi *L'Idée d'une histoire universelle*, proposition IX, ainsi que A. Philonenko, *Kant*, vol. II, pp. 28 et suivantes, et E. Cassirer in *Kants Leben und Lehre*, chap. IV.
4. *Leçons*, p. 193.
5. On peut consulter sur ce point J. Rivelaygue, *Leçons de métaphysique allemande*, vol. I, p. 415 et suivantes.

sorte de dénouement critico-spirituel, Kant se livre, pour conclure son étude de la providence, à cet éloge de l'être humain : « *Si l'homme doit être une créature libre et avoir la responsabilité du développement et du perfectionnement de ses capacités et dispositions, il doit donc aussi disposer du pouvoir de suivre ou de fuir les lois de la moralité. L'utilisation de sa liberté doit dépendre de lui, même si elle devait être en conflit total avec le plan de Dieu à l'égard du monde moral* [1] ». Tout être *censé être rationnel*, qu'il s'agisse de l'homme ou de « Dieu », *doit* se conformer aux règles, *primordiales*, de la moralité qui, *seule*, comme primat de la raison dans ses emplois variés, pratiques et théoriques, nous présente le sens même de notre existence.

La cohésion téléologique de l'univers

La troisième section de la Théologie morale se conclut, et conclut véritablement les *Leçons*, par un examen de Dieu comme souverain du monde, c'est-à-dire par une étude du rapport homme-Dieu selon la dernière catégorie de la relation, celle de la communauté ou de la communion. L'idéal de la raison pure y est présenté comme l'unique souverain, comme le monarque qui seul dirige tout [2]. Et l'unique règle, l'unique idéal d'une seule loi qui guide et oriente l'univers, n'est autre que celle de l'obligation de toujours choisir le bien, le meilleur. Cette règle unique commande donc de façon et rationnelle (théorique) et morale (pratique) « *l'ensemble de la Totalité, dans toute son étendue* [3] ». C'est donc seulement dans le cadre de cette règle, hypothèse et postulat tout à la fois, que l'esprit humain est « *autorisé à présumer une cohésion téléologique* » dans l'univers [4]. C'est dire que si la théologie physique, qui n'est ni une véritable physique ni une véritable théologie, avait pour

---

1. *Leçons*, pp. 193-194. On peut aussi se reporter à l'essai de Kant, *Qu'est-ce que les Lumières ?*
2. *Leçons*, p. 194.
3. *Leçons*, p. 194. Voir J. Rivelaygue, *Leçons de métaphysique allemande*, vol. II, p. 253 et suivantes.
4. *Ibid.*

dessein d'intégrer le naturel et le divin, c'est en fait l'unité éthico-téléologique [1] qui permet une véritable cohérence universelle en posant la liberté de l'homme comme le but ultime de la création, unissant ainsi dans un même idéal physique et moralité, nature et finalité, mécanique et intentionnel [2]. Ce qui suppose aussi des efforts de la part de l'homme, du travail et de la réflexion. Alors que Dieu connaît tout de façon intuitive, l'homme doit s'en tenir à l'universel car « *la nature de notre raison nous impose, au contraire, le devoir de méditer d'abord sur les lois universelles, puis de rassembler, dans la mesure du possible, sous ces lois universelles tous les individus et toutes les espèces et de tracer, ainsi, une esquisse du tout ; cette façon de procéder, bien que très déficiente, suffit pourtant à nos besoins* [3] ». Ce triple devoir de méditer, de rassembler et de tracer cette harmonie de la Totalité résume par excellence l'avancée réalisée par la pensée critico-transcendantale.

Les notions de Dieu fournies par les doctrines traditionnelles de la théologie classique apparaissent inadaptées alors que l'homme porte désormais la dignité de la conception de Dieu. Ainsi la damnation est déshonorante pour Dieu et rend toute moralité chimérique, ce qui implique que les hommes qui l'ont conçue n'ont pas réfléchi sur la signification profonde de leur propre humanité. Elle est, de plus, en conflit total avec l'idée de la liberté humaine [4]. De même, la doctrine de la prédestination suppose, au fond, un ordre immoral de la nature [5]. Précisément parce que ces doctrines traditionnelles ne sont pas acceptables pour l'homme moderne, humaniste, Kant met en relief toute la responsabilité, l'autonomie [6] de l'homme dont la dignité ne consiste que dans le fait d'accepter l'obligation d'opter pour le bien et le meilleur, ce qui peut lui permettre d'espérer qu'un jour le bien physique et le bien moral coïncident,

---

1. Formule reprise dans la *Critique du jugement*, § 85.
2. *Leçons*, p. 195.
3. *Ibid.*
4. *Leçons*, p. 196.
5. *Ibid.*
6. C'est à ce moment qu'il rédigeait son essai sur les Lumières.

conduisant ainsi la totalité de l'humanité vers une unité har-
monieuse de l'univers [1]. Ainsi s'affirme le primat de la raison pratique (morale) sur la raison théorique (physique)
dans le monde [2]. Cette tâche, cette mission de réunir tout
dans l'univers dans une harmonie communautaire, est la
véritable vocation de l'homme.

Ici s'achèvent véritablement les *Leçons*, sur la dernière
forme de la relation, la communion qui rassemble en elle
la cause primordiale (substance) et l'auteur du monde (causalité), dévoilant ainsi la signification profonde du rapport
homme-Dieu dans la mesure où ces trois catégories concep-
tuelles de la relation ne trouvent leur véritable sens que
dans et par une reprise morale ordonnée par la raison pratique. C'est dire que cette vision morale du monde est avant
tout la nôtre et que tout être qui se veut rationnel (« Dieu »
tout comme l'homme) doit reconnaître cette priorité universelle [3].

De la révélation

Cette section s'ouvre sur la distinction fondamentale
entre révélation extérieure et révélation intérieure. Est extérieure toute révélation qui relève des œuvres ou des paroles
de Dieu, c'est-à-dire qui relève d'une action spéciale, surnaturelle, d'une providence *specialis* que l'on a déjà examinée. En revanche, « *la révélation divine intérieure est la
révélation de Dieu par la raison. Cette révélation intérieure
doit précéder toutes les autres et servir de critère aux révélations extérieures. Elle doit être la pierre de touche qui
nous permette de déterminer si une révélation extérieure
est divine et si les concepts de Dieu qu'elle nous fournit
sont ceux qui conviennent* [4] ». Et les attitudes telles que la

---

1. *Leçons*, p. 197.
2. Propos repris inter alia in *Fondements de la métaphysique des mœurs*,
début du chapitre III, et dans la *Critique de la raison pratique*, livre II,
chapitre II, section III.
3. *Leçons*, pp. 197-198. Voir J. Rivelaygue, *op. cit.*, p. 307, et A. Renaut
in *L'Ere de l'individu*, pp. 292 et suivantes.
4. *Leçons*, p. 198.

crainte, la flatterie, la superstition, l'hypocrisie, ne conviennent pas à l'idée véritable, morale, de Dieu car elles sont commandées par le surnaturel, par l'image par trop humaine d'un Dieu personnifié. Mais le concept de Dieu en tant que gouverneur du monde, selon la plus haute moralité, est le critère, la norme qui permet de juger, de mesurer toute éventuelle expression divine extérieure. Sans la raison comme guide, nous ne saurions jamais reconnaître ce qui est censé provenir de Dieu.

Cette exigence de l'esprit critique n'est pas simplement d'ordre théorique ; elle est également d'ordre pratique car si l'on pouvait se convaincre de façon scientifique de l'existence de Dieu, la moralité disparaîtrait puisque la nécessité de s'efforcer d'y croire, d'espérer y parvenir par la pratique d'un comportement moral visant le bien, n'existerait plus [1].

Kant peut donc prononcer ce jugement sans équivoque : *Quod supra nos, nihil ad nos.* Un Dieu préférentiel et partial, électif, ne serait pas un idéal pour tous ; un Dieu qui dispenserait ses faveurs sans qu'on les mérite ne serait pas un juge juste ; enfin, un Dieu qui doterait certains d'une information spéciale (la révélation), en privant les autres de cette même faveur, ne serait pas moral. Il ressort très clairement des *Leçons sur la théorie philosophique de la religion* que toute discussion à propos de mystère (mot ne faisant pas vraiment partie du vocabulaire kantien) ne relève en aucun cas de la philosophie, qu'une telle discussion « *n'appartient pas au domaine de la Théologie rationnelle* [2] ». Quand bien même de telles questions se poseraient, il revient à la philosophie d'en définir les limites, de poser les bornes au-delà desquelles la raison spéculative ne peut plus prétendre à aucune légitimité objective [3].

---

1. *Leçons*, p. 200.
2. *Ibid.*, p. 202.
3. Voir : *Le Conflit des facultés.*

L'appendice

L'histoire de la théologie naturelle selon l'œuvre de
Meiners reprend[1] et annonce[2] un schéma historique cher
à Kant, celui des trois stades de la philosophie : le dogmatisme, le scepticisme et le criticisme. Avant la philosophie
critique, la raison humaine, lorsqu'elle abordait la théologie
rationnelle, tombait dans deux extrêmes, l'un qui prenait
pour allant de soi, avec une entière assurance, les prétendus
faits du monde divin, l'autre qui refusait, au contraire, à
l'esprit humain toute capacité à connaître quoi que ce soit
de supra-sensible. Entre le dogmatisme et le scepticisme, le
criticisme transcendantal offre une perspective synthétique,
à la fois réaliste et idéale. En effet, « *si l'on y réfléchit avec
sincérité et avec un esprit d'investigation impartial, on
découvrira que la raison a, en fait, la capacité de se former
un concept de Dieu qui soit moralement déterminé et, pour
elle, peut-être complet*[3] » .

Cette capacité de réflexion, dont dispose tout être
humain, constitue la valeur, la dignité de la personne ; elle
est le propre de l'humanité. L'adhésion libre à son devoir
moral constitue son autonomie[4]. Il n'est donc pas besoin
d'érudition pour pouvoir dégager un concept moral de
Dieu, simple et évident, pour croire en un souverain
suprême du monde, ce qui est compréhensible pour tous les
hommes et les intéresse tous. Et les erreurs commises par
les Anciens en matière théologique étaient dues à un mauvais usage de la raison confrontée aux conflits apparents
entre les fins dans le monde[5]. La raison est bonne en soi,
est salutaire, et, grâce à une réflexion aiguë et profonde,
« *il n'est presque rien de plus facile que de penser un être*

---

1. Voir : *Critique de la raison pure*, A IX, et les *Prolégomènes*, § 4.
2. *Critique de la raison pure*, B XXXV, *inter alia*, et surtout *Les Progrès
de la métaphysique*, p. 13 et suivantes, p. 59 et suivantes. On peut aussi
consulter le premier volume de *Kant*, A. Philonenko, p. 126 et suivantes.
3. *Leçons*, p. 203.
4. Ces thèmes sont développés dans *Qu'est-ce que s'orienter dans la
pensée ?*
5. *Leçons*, p. 207.

absolument suprême qui soit le tout dans le tout [1] ». Il est donc aisé d'établir un concept moral de Dieu, le seul qui soit vraiment utile à l'humanité. Nous voici renvoyés aux toutes premières pages des *Leçons*. Mais, grâce à la décomposition des illusions spéculatives initiales et à la recomposition de ces idées par une conscience commune et morale de l'humanité et de ses responsabilités reconnues comme devoirs, la confusion est dissipée et remplacée par une véritable communion d'esprits, communion qui demande à chacun *Sapere aude*, le courage de se servir de son propre entendement [2].

---

1. *Ibid.*, p. 205.
2. Voir P. Tillich, *The Courage to Be*, passim.

Repères Biographiques

Repères Biographiques
(1724-1804)

1724 — Le 22 avril à Königsberg, naissance d'Emmanuel Kant, quatrième enfant de la famille. Son père est maître-sellier.

1732 — Scolarité brillante en dépit de problèmes de santé, au *Collegium Fridericianum*. Apprend notamment le latin et la théologie. Il restera dans l'établissement jusqu'en 1740.

1737 — Décès de sa mère.

1740 — Il entame des études de philosophie, théologie, mathématiques et physique, à l'université de Königsberg. Sa formation durera sept ans.

1746 — Décès de son père. La même année, il présente sa première dissertation : *Pensées sur la véritable évolution des forces vives*. Il s'agit, pour lui, d'arbitrer le conflit qui a opposé Descartes et Leibniz. Parallèlement à ses études, il exerce le métier de précepteur.

1754 — Kant publie deux articles : *Cosmogonie, ou essai de déduction de l'origine de l'univers, de la formation des corps célestes et des causes du mouvement* à partir des lois du mouvement universel de la matière et de la théorie de Newton ; et *Peut-on savoir si la terre vieillit du point de vue physique ?*

1755 — Nouveaux travaux écrits. Dont un mémoire en latin : *Esquisse de quelques médiations sur le feu*, qui lui permet d'obtenir le grade de magister. En septembre de la même année, il publie une seconde thèse, *Nouvelle explication des premiers principes de la connaissance métaphysique*. Grâce à elle, cette fois il obtient l'« habilitation », c'est-à-dire le droit de professer à l'université comme privat-docent (professeur payé par ses étudiants).

1756-1761 — Tente à plusieurs reprises, mais en vain, d'accéder à une chaire de l'université de Königsberg. Malgré les contraintes de son enseignement (plus de vingt heures de cours par semaine), il publie divers textes, dont l'*Essai de quelques considérations sur l'optimisme*, texte dont il interdira ensuite la réimpression.

1762 — *De la fausse subtilité des quatre figures du syllogisme*. L'événement de l'année, pour Kant, sera la découverte de l'ouvrage publié par Rousseau, *L'Emile*.

1763 — Publication de plusieurs textes qui marquent, chez Kant, une prise de distance avec la métaphysique allemande.

1764 — Succès des *Observations sur les sentiments du beau et du sublime*. Kant devient un auteur à la mode. Et on lui offre enfin une chaire (poétique et rhétorique), mais il la refuse, car en fait il convoite celle de métaphysique et de logique.

1765 — Nommé sous-bibliothécaire à la bibliothèque royale du château de Königsberg. Il conserve cependant son enseignement à l'université.

1770 — Kant soutient une nouvelle thèse, la *Dissertation de 1770 : De la forme et des principes du monde intelligible*, ce qui lui permet, à quarante-six ans, d'occuper la chaire, tant désirée, de métaphysique et de logique.

1775 — *Des différentes races humaines.*

1777 — Rencontre avec Mendelssohn qui lui transmet un message du ministre de l'éducation de Prusse : on lui propose d'occuper la chaire de philosophie de Halle, avec des appointements qui sont quatre fois plus élevés que ceux qu'il perçoit. Refus.

1781 — Publication de la *Critique de la raison pure.* Un pesant silence salue l'événement.

1783 — *Prolégomènes à toute métaphysique future* : à la fois résumé et tentative de vulgarisation des grandes thèses de la *Critique de la raison pure.*

1784 — *Idée d'une histoire universelle du point de vue cosmopolite.*

1785 — *Fondements de la métaphysique des mœurs.* Il s'agit du premier grand texte de Kant en matière de morale.

1786 — *Premiers principes métaphysiques de la science de la nature.*

1787 — Seconde édition, profondément remaniée, de la *Critique de la raison pure.*

1788 — *Critique de la raison pratique.*

1790 — *Critique de la faculté de juger.*

1791 — *Sur l'insuccès de toutes les tentatives des philosophes en matière de théodicée.* Au cours de l'année, rencontre avec Fichte qui est venu le voir à Königsberg. Un texte de Kant est récusé par la censure et ne sera publié que deux ans plus tard, à Iéna : *La Religion dans les limites de la simple raison.*

1794 — *De l'influence de la lune sur le temps. La fin de toutes choses.* Au mois de juillet, Kant est élu à l'Académie des sciences de Russie. A l'automne, il reçoit un rescrit royal qui remet en question sa manière d'aborder et de considérer les dogmes religieux.

1796 — *Sur un ton supérieur nouvellement pris en philosophie.* Il prononce son dernier cours.

1797 — *Métaphysique des mœurs.*

1798 — *Le Conflit des facultés. Anthropologie du point de vue pragmatique.*

1800 — *Logique.*
1802 — *Géographie physique.*
1803 — *Propos de pédagogie.*
1804 — Kant s'éteint le 12 février.

ŒUVRES DE KANT

Edition de l'ensemble des œuvres philosophiques
(Bibliothèque de la Pléiade)

Vol. I : *Des premiers écrits à la Critique de la raison pure*, Gallimard, Paris, 1980.
Vol. II : *Des Prolégomènes aux écrits de 1791*, Gallimard, Paris, 1985.
Vol. III : *Les derniers écrits*, Gallimard, Paris, 1986.

Editions séparées

1763 : *L'unique fondement possible d'une démonstration de l'existence de Dieu*, Vrin, Paris, 1963.
1766 : *Rêves d'un visionnaire éclaircis par les rêves de la métaphysique*, Vrin, Paris, 1977.
1781 : *Critique de la raison pure*, P.U.F., Paris, 1950 (deuxième édition de Kant, 1787).
1783 : *Prolégomènes à toute métaphysique future qui pourra se présenter comme science*, Vrin, Paris, 1965.
1784 : *Idée d'une Histoire universelle au point de vue cosmo-politique*, Aubier, Paris, 1947.

1784 : *Réponse à la question : qu'est-ce que les Lumières ?* Aubier, Paris, 1947.

1785 : *Fondements de la métaphysique des mœurs,* Delegrave, Paris, 1957.

1786 : *Qu'est-ce que s'orienter dans la pensée ?* Vrin, Paris, 1967.

1788 : *Critique de la raison pratique*, P.U.F., Paris, 1949.

1790 : *Critique de la faculté de juger*, Vrin, Paris, 1974.

1793 : *La Religion dans les limites de la simple raison*, Vrin, Paris, 1965.

1798 : *Anthropologie du point de vue pragmatique*, Vrin, Paris, 1964.

1803 : *Réflexions sur l'éducation*, Vrin, Paris, 1966.

A PROPOS DE L'ŒUVRE DE KANT

L'environnement intellectuel

— CASSIRER, E. : *La Philosophie des Lumières*, Paris, Fayard, 1966.

— COPLESTON, F. : *A History of Philosophy*, Volume VI, « *Wolff to Kant* », London, Burns and Oates, 1960.

— HAZARD, P. : *La Crise de la conscience européenne*, Paris, Boivin, 1935.

— HEINZ, H. : *La Religion et la Philosophie en Allemagne*, Paris, in *La Revue des Deux-mondes*, 1834.

L'Homme et l'Œuvre

— CASSIRER, E. : *Kants Leben und Lehre*, Berlin, 1918.

— COMBES, J. : *L'Idée critique chez Kant*, Paris, P.U.F., 1971.

— GOULYGA, A. : *Emmanuel Kant, Une Vie*, Paris, Aubier, 1985.

— HÖFFE, O. : *Immanuel Kant*, München, Beck, 1983.

— JASPERS, K. : *Kant*, Paris, Plon, 1967.

— KEMP, J. : *The Philosophy of Kant*, Oxford University Press, 1968.

— KÖRNER, S. : *Kant*, Penguin Books, 1955.
— LACROIX, J. : *Kant et le Kantisme*, Paris, P.U.F., 1966.
— PHILONENKO, A. : *L'Œuvre de Kant*, Paris, Vrin, Tome I, 1969, Tome II, 1972.
— RIVELAYGUE Jacques : *Leçons de métaphysique allemande* : Tome 2 : *Kant, Heidegger, Habermas*, Paris, Grasset, 1992.
— WEIL, E. : *Problèmes kantiens*, Paris, Vrin, 1963.

La Dialectique

— ALQUIÉ, F., *La Critique kantienne de la métaphysique*, Paris, P.U.F., 1968.
— FERRY, L., *Philosophie critique (2)*, Paris, P.U.F., 1984.
FERRY, L. et RENAUT, A., *Système et Critique*, Bruxelles, Ousia, 1984.
— RENAUT, A., *L'Ere de l'individu*, Paris, Gallimard, 1989.

Autour des *Leçons*

— BEISER, F., *The Fate of Reason*, Boston, Harvard University Press, 1987.
— PHILONENKO, A., *La Théorie kantienne de l'Histoire*, Paris, Vrin, 1986.
— PHILONENKO, A., L'introduction de *Qu'est-ce que s'orienter dans la philosophie?* Paris, Vrin, 1988.
— PHILONENKO, A., L'introduction de *Réflexions sur l'éducation*, Paris, Vrin, 1989.

Glossaire
des expressions latines et grecques

Absolute necessaria : absolument nécessaire.

Absurdum logicum : absurdité logique, absurdité de jugement.

Absurdum practicum : absurdité pratique, c'est-à-dire une absurdité qui résulte, dans ce cas précis, du refus de l'homme de se considérer comme un agent moral, libre. Être raisonnable, l'homme, pour autant qu'il décide d'agir, doit agir moralement, avec toutes les conséquences qui en résultent.

Accidentia : accidents, contingences.

Acquiescentia in semetipso : satisfaction de soi-même, auto-satisfaction.

Actu : acte.

Actus divinus : acte de Dieu.

Analogon modi : analogie dans la forme, dans le mode.

Angustior suo definito : plus étroit que [ce qui est] défini.

Anthropomorphus crassior : anthropomorphisme vulgaire.

Anthropomorphus subtilis : anthropomorphisme fin, subtil.

Autor mundi : auteur du monde.

Beatitudo : béatitude.

Causa, causae : cause, causes.

Causa prima : cause première, principale.

Causa proxima : cause la plus proche, immédiate.

Causa solitaria : cause unique.

Causa solitaria absolute prima : cause unique absolument première.

Causa subjecta : cause « seconde », soumise, sujette ou influencée par le monde sensible.

Causatum alterius : causé par un autre.

Commercium : commerce, rapport, relation, échange, interaction.

Complementum ad sufficientiam : aide à la réalisation, *coup de pouce* pour permettre d'atteindre le but.

Compositum reale : une réelle composition, ou une composition d'éléments réels.

Corollaria : corollaires, propositions déduits d'une proposition déjà démontrée.

Concausae : causes concurrentes.

Concursus : concours.

Concursus dei : concours, aide de Dieu.

Concursus divinus : concours divin.

Concursus moralis : concours moral.

Concursus physicus : concours physique, naturel.

Conceptus : concept.

Contingentia mundi : contingence du monde.

Contradictio in adjecto : inconsistance logique entre le substantif et l'adjectif, par exemple *un cercle carré*.

Crassior : vulgaire.

Creator, creatrix : créateur, créatrice.

Credenda : articles de foi.

Decretum : décret, principe.

Derivativum : dérivé.

Effectus : effet.

Ens a mundo diversum : un être extérieur au monde. L'adjectif latin **diversus** présente de nombreux sens : extérieur, séparé, opposé, hostile. Le sens initial est, sans doute, dissemblable.

Ens entium : être des êtres.

Ens extramundanum : un être hors du monde.

Ens maximum : l'être le plus réel.

Ens omni modo negativo : un être négatif sous tous ses aspects ou modes, un **non ens**, un non-être.

Ens originarium logica tale : un être original, logiquement parlant.

Ens partim reale, partim negativum : un être en partie réel, en partie négatif, limité.

Ens perfectissimum : l'être le plus parfait.

Ens realissimum : l'être le plus réel.

Entia absolute necessaria : les êtres absolument nécessaires.

Eo ipso : de ce fait.

Ex nihilo nihil fit : rien n'a été tiré du néant.

Extramundanum : hors du monde.

Factum : fait, donnée.

Genera : espèces.

Generalis : général.

Generaliter : en général.

Immutabile : inaltérable, inchangeable.

Impassibile : qui n'est pas susceptible de souffrance, d'influence.

In abstracto : de façon abstraite.

In concreto : de façon concrète.

In commercio : en rapports, en commerce, en interaction.

Independens : non dépendant.

In nexu : en liaison.

Influxum mutuum : influence mutuelle, réciproque.

Intuitus : intuition.

Justitia distributivae : justice distributive.

Justitia punitiva : justice punitive.

Justitia remunerative : justice de récompense.

Justitia ultrix : justice vengeresse.

Logica tale : logiquement parlant.

Μεταβασις εις αλλο γενος : une transition ou un passage en un autre ordre ou domaine.

Modi : modes, manières.

**Modus phaenomenon, sensibilis et non modus noume-
non, intelligibilis** : mode phénoménal, sensible et non
mode simplement intelligible, c'est-à-dire mode des choses en soi telles quelles.

Mundus noumenon : le monde intelligible.

Natura bruta : nature brute, irrationnelle.

Ne peccetur : littéralement, *que l'on ne pèche pas*.

Nexus effectivus : liaison efficiente.

Nexus finalis : liaison finale.

Nexus moralis : liaison morale.

Nihil negativum : un *rien* négatif. Comme l'explique Kant
dans la *Critique de la raison pure*, ce **nihil negativum**
est un objet vide sans concept.

Non entia : non-êtres.

Nota actionis : marque d'action.

Omne ens limitatum : tout être limité.

Omnisufficientia : toute-suffisance.

Omnitudo realitatis : le tout de la réalité, le tout réel.

Operativae : actives.

Originarie : originalement, originairement.

**Partim reale, partim negativum ; partim realia, partim
negativa** : en partie réel(s), en partie négatif(s).

Passibilis : qui n'est pas impassible, qui peut souffrir,
éprouver des sensations.

Per libertatem : par liberté.

Per viam analogiae : par voie d'analogie.

Per viam eminentiae : par voie éminente. Tout ce qui est
attribué à Dieu doit l'être au plus haut degré.

Per viam negationis : par la voie de négation ; on ne peut
attribuer quelque chose à Dieu qu'après en avoir ôté toutes les négations.

Perfectiones operativae : qualités, perfections actives.

Perfectiones quiescentes : perfections sans action.

Phaenomenon, phaenomena : phénomène, phénomènes.

Poenae correctivae : punitions visant à corriger, à *redres-
ser*.

Poenae exemplares : punitions visant à l'exemple.

Poenae vindicativae : punitions vengeresses.

Praedicta opposita : attributs ou prédicats opposés.

Praedicta contradictoriae opposita : prédicats opposés de façon contradictoire.

Praemia gratuita : récompenses non méritées.

Praescientia : prescience.

Prima causa mundi : cause première du monde.

Primo motore : moteur initial, cause de tout mouvement.

Principium, principii : principe, principes.

Principium bonum et malum : principe du bien et du mal.

Providentia generalis : providence générale.

Providentia specialis : providence spéciale, particulière.

Quia peccatum est : parce qu'il y a péché.

Quiescentes : inactives.

Quod non indiget existentiae alterius : qui n'a pas besoin de l'existence d'autre chose.

Quod non indiget subjecto inhaerentiae : qui n'a pas besoin d'être inhérent à un sujet.

Quod supra nos, nihil ad nos : ce qui est au-dessus de nous, ne nous est rien.

Realiter : réellement.

Realitas phaenomenon : réalité phénoménale.

Recordatio : souvenir, mémoire.

Regressus in infinitum : régression à l'infini.

Relative : relatif.

Revelatio latius dicta : la révélation au sens large du terme.

Scientia libera : connaissance libre, c'est-à-dire connaissance de ce que Dieu aurait pu créer de par sa volonté libre.

Scientia media : connaissance neutre, c'est-à-dire connaissance de ce qui pourrait se passer dans d'autres mondes possibles.

Scientia simplicis intelligentiae : connaissance intellectuelle simple ou pure, c'est-à-dire connaissance de tout ce qui est possible.

Scientia visionis : connaissance visuelle.

Sensorium : siège des sensations.

Significatio mentis divinae creaturis a Deo facta : la signification rationnelle divine faite par Dieu à ses créatures.

Simulacrum : simulacre, c'est-à-dire image ou représentation de quelque chose.

Singularis : singulier ou individuel.

Species : individu.

Subsistentia : subsistance ou indépendance.

Substentia est cujus existentia non indiget existentia alte rius : est substance ce qui n'a pas besoin d'une autre existence pour exister.

Subtilor : subtil, fin.

Summum bonum : le bien suprême.

Summum bonum finitum : le bien suprême fini, c'est-à-dire le monde.

Systema emanationis : système de déduction.

Systema inhaerentia : système inhérent ou intrinsèque.

Systema liberi arbitrii : système de libre arbitre.

Theologia archetypa, exemplaris : la théologie archétypique, exemplaire, c'est-à-dire la connaissance théologique que Dieu aurait de lui-même.

Theologia ectypa : la théologie à laquelle peut prétendre la raison humaine.

Theologia empirica : la théologie positive ou révélée.

Theologia moralis : la théologie morale.

Theologia naturalis : la théologie naturelle.

Theologia physica : la théologie physique ou téléologique.

Theologia practica seu pneumatica : la théologie pratique ou spirituelle.

Theologia rationalis : la théologie rationnelle.

Theologia transcendalis : la théologie transcendantale.

Universalis : universel.

Voluntas antecedens : volonté qui précède.

Voluntas consequens : volonté conséquente, qui exprime pleinement, donc définitive.

Voluntas derivata : volonté dérivée.

Voluntas originaria : volonté originale, originelle ou originaire.

Index

Table

342

Table

Table 343

Dans Le Livre de Poche

Extraits du catalogue

Classiques de la philosophie

Emmanuel Kant

Leçons de métaphysique   4167

Présentation, traduction et notes de Monique Castillo.
Préface de Michel Meyer.

*Leçons sur la théorie philosophique de la
religion*   (nouveauté).

Traduction, notes et postface de Victor Delbos.
Présentation de Monique Castillo.

Fondements de la métaphysique des mœurs   (nouveauté).

Traduction de William Fink.
Présentation et commentaires de William Fink et Gérard Nicolas.

Gottfried Wilhelm Leibniz

La Monadologie   4606

Édition critique par E. Boutroux, étude de J. Rivelaygue : « La Monadologie de Liebniz », exposé d'E. Boutroux : « Philosophie de Leibnitz ».

Friedrich Nietzsche

Pour une généalogie de la morale   4601

Présentation et notes de Marc Sautet.

Par-delà le bien et le mal   4605

Présentation et notes de Marc Sautet.

La Volonté de puissance   4608

Traduction de Henri Albert, index par Marc Sautet.

Le Gai Savoir (nouveauté).   4620

Platon

Le Banquet   4610

Traduction de Philippe Jaccottet, introduction de Monique Trédé.

Apologie de Socrate, Criton, Phédon   4615

Traduction, notices et notes de Bernard et Renée Piettre.

Protagoras   4616

Traduction, notes et commentaires de Monique Trédé et Paul Demont.

Jean-Jacques Rousseau

Ecrits politiques   4604

Edition, présentation et notes de Gérard Mairet.

Arthur Schopenhauer

Le Fondement de la morale   4612

Présentation et notes d'Alain Roger, traduction de A. Burdeau.

Dans Le Livre de Poche

Extraits du catalogue

Biblio/essais

Composition réalisée par NORDCOMPO

IMPRIMÉ EN FRANCE PAR BRODARD ET TAUPIN
Usine de La Flèche (Sarthe).
LIBRAIRIE GÉNÉRALE FRANÇAISE - 6, rue Pierre-Sarrazin - 75006 Paris.
ISBN : 2 - 253 - 06221 - 9